LIGHT

500 recettes gourmandes et variées
pour garder la ligne

hachette
CUISINE

LIGHT

500 recettes gourmandes et variées
pour garder la ligne

Illustrations : Agathe Troussel

hachette
CUISINE

Sommaire

TECHNIQUES ET RECETTES DE BASE

Les différentes découpes de légumes

Tagliatelles au rasoir

1. Lavez soigneusement les légumes. Épluchez-les si besoin, puis réalisez des tagliatelles en posant le rasoir à plat et en continuant à « peler » le légume. Tournez le légume au fur et à mesure pour obtenir des tagliatelles régulières.

Julienne au rasoir

2. Lavez soigneusement les légumes. Épluchez-les si besoin, puis réalisez la julienne à l'aide du rasoir en tournant autour du légume. Le rasoir à julienne ressemble au rasoir à peler, avec des petites lames perpendiculaires qui permettent de découper les batônnets.

Julienne au couteau

3. Lavez soigneusement les légumes. Épluchez-les si besoin. Coupez les légumes en tranches régulières et fines dans l'épaisseur, puis taillez chaque tranche en fins batônnets.

Tranches à la mandoline

4. Lavez soigneusement les légumes. Épluchez-les si besoin. Coupez-les légumes en tronçons, puis débitez-les en rondelles fines avec la mandoline. Prenez bien garde à vos doigts et utilisez les gardes proposées avec l'appareil.

Émincer au couteau

5. Cette technique est idéale pour réaliser des chiffonnades de salade, pour du chou, des herbes ou des condiments.

Râper à l'aide d'une râpe

6. Lavez soigneusement les légumes. Épluchez-les si besoin. Coupez les légumes en tronçons, puis râpez-les, à l'aide d'une râpe manuelle ou d'un robot. Cette découpe est idéale si vous souhaitez consommer les légumes crus. Plus la grille de la râpe est grosse, plus les légumes seront croquants.

Pâte feuilletée

1 pâte feuilletée | Préparation : 30 min | Repos : 7 h

Pour la pâte

200 g de farine
150 g de margarine bien froide
8 cl d'eau
1 cuil. à café de sel

Pour le feuilletage

Un rectangle de 12 x 10 cm
50 g de margarine bien froide de type Astra

1. Préparez la pâte : dans un saladier, mélangez la farine, la margarine, l'eau et le sel jusqu'à l'obtention d'une boule de pâte homogène.

2. Taillez sur le dessus une croix à l'aide d'un couteau. Recouvrez de film alimentaire et réservez au frais pendant 30 min.

3. Sortez la pâte, aplatissez-la à l'aide de la paume de vos mains puis avec un rouleau à pâtisserie. Laissez le centre légèrement rebondi.

4. Au centre, disposez le rectangle de margarine bien froid. Rabattez chaque côté.

5. Retournez la pâte et farinez-la bien. Étalez-la en rectangle. Il doit être 3 fois plus long que large. Tournez la pâte à l'horizontale et rabattez le côté droit, puis le gauche. Laissez reposer au frais pendant 30 min.

6. Farinez la pâte. Gardez-la dans le sens où vous l'avez mise au frais. Formez un rectangle 3 fois plus long que large, faites pivoter horizontalement, pliez le côté droit, puis le gauche. Placez au frais pendant 1 h. Renouvelez l'opération 6 fois.

Pâte à pizza

2 pâtes à pizza | Préparation : 10 min | Repos : 1 h 15

20 cl d'eau tiède
4 cuil. à soupe d'huile d'olive
1 cuil. à café de sel
400 g de farine
1 sachet de levure de boulanger déshydratée

1. Dans la cuve d'un robot à bras, versez l'eau, l'huile et le sel. Ajoutez la farine et la levure. Mélangez pendant 3 min.

2. Laissez reposer pendant 30 min. Mélangez à nouveau durant 3 min.

3. Laissez reposer 45 min.

VARIANTE

Si vous utilisez une machine à pain, disposez tous les ingrédients dans la cuve et mettez en route le programme « pâte ».

Pâte brisée

1 pâte brisée | Préparation : 15 min

300 g de farine
½ cuil. à café de sel
150 g de margarine ou d'huile neutre
Eau froide

1. Dans un saladier, mélangez la farine et le sel.

2. Ajoutez la margarine coupée en dés, mélangez du bout des doigts jusqu'à l'obtention d'une pâte sablonneuse, puis ajoutez de l'eau froide petit à petit jusqu'à obtenir une boule homogène.

3. Filmez et réservez au frais jusqu'à utilisation.

Tortillas de blé

6 tortillas | Préparation : 10 min | Repos : 1 h 15 |
Matériel : Robot, rouleau à pâtisserie

250 g de farine de blé
+ un peu pour
travailler la pâte
1 cuil. à café de sel
4 cuil. à soupe d'huile d'olive

1. Dans le bol du robot, mélangez la farine avec le sel. Ajoutez l'huile d'olive et mixez.

2. Versez petit à petit de l'eau bouillante jusqu'à obtenir une pâte lisse ne collant plus aux parois du robot.

3. Séparez la pâte en 6 boules égales. Farinez vos mains, le plan de travail, ainsi que le rouleau à pâtisserie. Étalez bien chaque boule au rouleau.

4. Faites chauffer une poêle sur feu moyen. Faites revenir les tortillas sur les deux faces jusqu'à l'apparition de petites marques rousses. Réservez-les entre 2 assiettes chaudes.

VARIANTE

Si vous ne les consommez pas le jour même, conservez-les dans une boîte hermétique placée au frais.

Baguette
à la farine de lupin et graines de courge

4 baguettes I Préparation : 30 min I Cuisson : 50 min I Repos : 1 h I Matériel : Robot à bras ou machine à pain, rouleau à pâtisserie, plaque de four, papier sulfurisé

25 cl d'eau tiède
100 g de farine de lupin
300 g de farine blanche
2 cuil. à soupe de graines de courge
1 sachet de levure de boulangère déshydratée

1. Dans la cuve du robot ou de la machine à pain, versez tous les ingrédients et pétrissez pendant 10 min. Laissez la pâte reposer pendant 30 min. Relancez le pétrissage pour 10 min, puis laissez reposer de nouveau 30 min. Pétrissez enfin la pâte à la main pendant 5 min.

2. Préchauffez le four à 50 °C (th. 2). Séparez la pâte en 3 boules identiques. Au rouleau à pâtisserie ou avec la paume de votre main, aplatissez en longueur, pliez en deux, puis étalez de nouveau. Renouvelez l'opération 3 fois. Procédez de même pour les autres boules de pâte.

3. Disposez les pâtons sur une plaque couverte de papier sulfurisé, versez de l'eau bouillante dans la lèchefrite et enfournez pour 30 min de cuisson, jusqu'à ce que la pâte lève. Sortez les pâtons, montez le four à 220 °C (th. 7). Enfournez à nouveau pour 20 min de cuisson.

4. Sortez vos baguettes et laissez-les refroidir sur une grille.

Tofu nature

1 bloc de 150 g | Préparation : 10 min |
Cuisson : 3 min | Repos : 1 h 15 |
Matériel : Gazes stériles (en pharmacies ou parapharmacies), passoire, moule à faisselle ou autre

1 l de boisson végétale au soja
6 cuil. à café de vinaigre d'alcool
6 cuil. à café de jus de citron

1. Faites bouillir la boisson végétale dans une casserole. Ajoutez le vinaigre et le jus de citron puis laissez « cailler » pendant 30 min.

2. Dans la passoire, disposez les gazes et faites égoutter le caillé pendant 30 min.

3. À l'aide de vos mains, pressez les gazes pour enlever le petit lait.

4. Une fois bien pressé, disposez le caillé dans un moule (moule à faisselle ou un tout autre moule) et disposez sur une assiette avec un poids dessus. Laissez une journée au frais avant d'égoutter et de consommer.

VARIANTE

Ajoutez des épices ou des herbes au moment de l'égouttage.

Tofu soyeux

1 bloc de 400 g **I** Préparation : 5 min **I** Cuisson : 2 min **I** Matériel : Étamine

1 l de lait de soja
2 cuil. à café de nigari
ou 10 cl de jus de citron

1. Faites chauffer la boisson végétale à feu vif, puis ajoutez le nigari ou le jus de citron.

2. Laissez reposer pendant 5 min pour que le lait coagule et « caille ».

3. Filtrez à l'aide d'un tissu étamine et disposez la préparation obtenue dans une boîte hermétique. Laissez reposer une nuit avant de vous en servir.

Préparer les légumineuses

Lentilles, pois cassés, flageolets, haricots blancs ou rouges, pois chiches...
1 morceau de kombu

1. Faites tremper les légumineuses dans un grand volume d'eau : 4 h pour les lentilles et les pois cassés, 1 nuit pour les flageolets, les haricots blancs ou rouges et les pois chiches.

2. Jetez l'eau de trempage et mettez les légumineuses à cuire dans 3 fois leur volume d'eau, accompagnées d'un morceau de kombu. Cette algue a des propriétés émollientes, elle diminuera le temps de cuisson et attendrira les légumineuses. Comptez de 10 min de cuisson pour des lentilles corail jusqu'à 2 h pour les plus gros haricots.

3. Pour s'assurer que les légumineuses sont bien cuites, vous devez pouvoir les écraser à la fourchette. Servez-les avec des céréales. Le rapport idéal est de ⅔ de céréales pour ⅓ de légumineuses afin de bénéficier de tous les acides aminés essentiels.

1.

2.

3.

CONSEIL

Grâce au trempage des légumineuses, le temps de cuisson sera diminué et elles seront plus digestes.

1.

2.

3.

Préparer du kale

Kale
Huile d'olive
Jus de citron ou vinaigre
Sel

1. Lavez le kale sous un filet d'eau en retirant bien toute trace de terre. Retirez la côte du kale : très dure, elle n'est pas très bonne à la dégustation (en revanche, elle peut tout à fait passer l'extracteur de jus lorsque vous préparez un jus avec du kale). Il suffit de passer la lame du couteau au ras des feuilles ; pour ne pas en perdre trop, vous pouvez aussi le faire avec une paire de ciseaux.

2. Hachez grossièrement le vert du kale et déposez-le dans un saladier. Massez le kale. Parsemez sur les feuilles un peu de sel et arrosez-les de quelques cuillerées à soupe d'huile d'olive (ou autre), de citron ou de vinaigre (pour l'acidité) ; ensuite, massez avec vos deux mains pendant au moins 3 min de manière à ce que chaque feuille soit enrobée et s'attendrisse.

3. Vous pouvez cuire les feuilles au four pour du kale crousti-fondant, ou les laisser mariner 1 h et les déguster en salade.

Préparer un lait
végétal maison

Matériel : Blender (facultatif)

Pour du lait de sésame
50 g de graines de sésame

Pour du lait de châtaigne
50 g de farine de châtaigne

Pour du lait d'amande
50 g de purée d'amandes

1. Si vous possédez un blender, vous pouvez tester le lait de sésame. Mixez à pleine puissance 50 g de graines de sésame avec 25 cl d'eau, puis filtrez.

2. Pour un lait de châtaigne maison, faites chauffer 25 g de farine de châtaigne avec 50 cl d'eau tout en mélangeant. Après ébullition, faites cuire pendant 3 min à feu doux en continuant de mélanger. Puis filtrez et laissez refroidir.

3. Pour un lait d'amande express, délayez 50 g de purée d'amandes dans 50 cl d'eau tiède. Encore plus rapide au blender, cette technique est valable aussi avec la purée de sésame ou encore les purées de noix de cajou ou de pistaches. Évitez d'utiliser les purées complètes, préférez les blanches pour cette technique.

À SAVOIR

Il existe plusieurs types de poudres pour fabriquer ses boissons instantanées végétales, très pratiques pour éviter de stocker des briques toutes faites. Très simples d'utilisation, elles se diluent dans l'eau.

1.

Remplacer les œufs
dans une recette

Pour remplacer 1 œuf

50 g de tofu soyeux
ou de la fécule de pomme de terre
ou de maïs
ou 50 g de compote de pommes
ou de graines de lin
ou 1 yaourt de soja

Pour remplacer 1 blanc d'œuf

Poudre à lever

2.

1. Comme liant dans une recette, vous pouvez remplacer 1 œuf par 50 g de tofu soyeux ou par 1 cuil. à soupe de fécule de pomme de terre ou de maïs diluée dans 2 cuil. à soupe d'eau.

2. Pour apporter de la légèreté et humidifier une préparation, vous pouvez remplacer 1 œuf par 50 g de compote de pommes. Une demi-banane aura la même fonction, mais on la réservera aux recettes sucrées.

3. Les graines de lin moulues et mélangées avec un peu d'eau pourront également se substituer à 1 œuf. Le yaourt de soja sera préféré dans les recettes qui ont besoin d'un agent levant. La poudre à lever peut aussi remplacer le blanc d'œuf dans un gâteau.

3.

À SAVOIR

En cuisine vegan, pas d'œuf,
mais vous pouvez vous en passer
avec quelques astuces.

Utiliser l'agar-agar

Pour 50 cl de liquide
2 g d'agar-agar en poudre

1. Pour gélifier une préparation, il faut compter en général 2 g d'agar-agar en poudre pour 50 cl de liquide. Il faudra en ajouter un peu plus pour une préparation acide. Vous trouverez dans le commerce des dosettes de 2 ou 4 g très pratiques.

2. Portez la préparation à ébullition pendant 30 s et laissez refroidir. En refroidissant, la préparation va se gélifier.

À SAVOIR

Gélifiant végétal hors du commun, l'agar-agar est aussi réputé pour ses propriétés liantes, émulsifiantes, épaississantes, et se substitue idéalement à la gélatine animale dans une alimentation vegan. C'est un extrait d'algues marines rouges.

Utiliser
les purées d'oléagineux

Purées d'oléagineux
Purée d'amandes,
de noix de cajou,
de sésame, de noisettes,
de pistaches...

1. Pour remplacer le beurre dans un gâteau, mélangez de la purée d'oléagineux et de l'huile d'olive. Délayez 1 cuil. à soupe de purée d'amandes dans un peu d'eau pour avoir un substitut de crème fraîche. Délayez dans un plus grand volume d'eau, et vous obtenez un lait végétal.

2. Vous trouverez de la purée d'amandes, de noix de cajou, de sésame, de noisettes, de pistaches. La purée de cacahuètes – des légumineuses – s'utilisera de la même façon.

À SAVOIR

Les purées d'oléagineux sont intéressantes du point de vue nutritionnel car elles sont composées d'acides gras insaturés, ce qui en fait des substituts de choix aux graisses animales. Elles serviront pour remplacer tout ou partie de la crème ou du beurre dans les recettes.

Faire germer
des graines

Matériel : Gazes stériles (en pharmacies ou parapharmacies)

2 cuil. à soupe de graines à germer
Eau faiblement minéralisée

1.

2.

1. Faites tremper 2 cuil. à soupe de graines à germer pendant 1 nuit dans une eau faiblement minéralisée. Le lendemain matin, rincez-les et égouttez-les. Mettez-les dans un bocal avec de la gaze tenue par un élastique par-dessus. Il faut que l'air passe, mais pas les insectes.

2. Posez le bocal sur le rebord de l'évier par exemple, il doit être incliné pour que l'eau ne stagne pas dedans. Les graines pourraient pourrir si l'eau stagnait. Mettez les bocaux à la lumière non directe et dans un endroit tempéré.

3. Ensuite, pour rincer, vous n'aurez qu'à mettre de l'eau au travers de la gaze, mélanger doucement et vider l'eau. Vous devez rincer les graines 2 fois par jour, matin et soir, un peu plus s'il fait très chaud.

4. Dès que les premières petites feuilles sont visibles, vous pouvez les consommer. Pour les légumineuses, dès qu'une petite racine apparaît, vous pouvez y aller.

À SAVOIR

Suivant les variétés, les graines seront consommables pendant 3 à 10 jours.

Cuisson des céréales
à l'étouffée

Pour les céréales
Millet, quinoa, épeautre, orge...

1. Mesurez le volume de céréales dans un verre doseur, rincez-les bien sous l'eau.

2. Quand vous cuisinez des céréales complètes, faites-les tremper toute une nuit au préalable. Mettez les céréales dans la cocotte et versez de 2 à 4 fois leur volume d'eau suivant la graine. Laissez cuire à couvert à feu doux, le temps que toute l'eau soit absorbée.

3. Comptez 15 min pour le millet ou le quinoa dans 2 fois leur volume d'eau. Pour l'épeautre ou l'orge, comptez 45 min dans 4 fois leur volume d'eau. N'hésitez pas à vous référer aux indications fournies sur les paquets.

À SAVOIR

La cuisson à l'étouffée est une cuisson lente dans un récipient fermé, comme une cocotte ou une casserole munie d'un couvercle.

Préparer un steak
de légumineuses

Préparation : 15 min | Cuisson : 5 min

Pour 4 steaks
200 g de légumineuses
1 oignon
1 cuil. à soupe de fécule de maïs ou de pomme de terre
1 cuil. à soupe de purée d'oléagineux
1 gousse d'ail
Épices au choix
Huile d'olive
Sel

1.

2.

1. Faites cuire les légumineuses de votre choix. Pelez l'oignon et l'ail. Hachez l'oignon et pressez l'ail après avoir retiré le germe. Délayez la fécule dans 2 cuil. à soupe d'eau.

2. Écrasez les légumineuses. Faites revenir l'oignon dans de l'huile d'olive et ajoutez-le aux légumineuses. Ajoutez la fécule diluée dans l'eau. Incorporez la purée d'oléagineux et la gousse d'ail. Mélangez à la main avec 1 trait d'huile d'olive, du sel et des épices au choix. Façonnez 4 steaks, puis faites chauffer de l'huile d'olive dans une poêle. Faites cuire de chaque côté jusqu'à ce que les steaks soient bien dorés.

À SAVOIR

Un classique de la cuisine vegan, les steaks de légumineuses vous serviront à garnir des burgers végétaliens ; vous pourrez aussi les déguster accompagnés de légumes, de céréales ou d'une belle salade.

PETITS DÉJEUNERS

Granola abricot

1 bocal | Préparation : 10 min | Cuisson : 20 min

30 g d'amandes émondées • 30 g de noisettes • 90 g de flocons d'avoine • 30 g de flocons de quinoa • 15 g de riz soufflé nature • 20 g de graines de courge • 1 cuil. à soupe de miel neutre • 1 cuil. à soupe de miel de châtaignier • 120 g d'abricots séchés moelleux • 70 g de pépites de chocolat

1. Préchauffez le four à 160 °C (th. 5). Concassez très grossièrement les amandes et les noisettes. Mélangez-les avec tous les autres ingrédients sauf les abricots et les pépites de chocolat. Répartissez-les sur une plaque de four recouverte d'une feuille de cuisson.

2. Faites cuire pendant environ 20 min en mélangeant à mi-cuisson.

3. Sortez du four et laissez tiédir. Hachez grossièrement les abricots, puis ajoutez-les au mélange de céréales avec les pépites. Laissez refroidir avant de réserver dans un récipient hermétique.

Granola à la compote de pommes

650 g | Préparation : 15 min | Cuisson : 25 min

30 g de riz soufflé • 80 g de sirop d'agave • 40 g d'huile de coco • 50 g d'amandes • 150 g de gros flocons d'avoine • 70 g de petits flocons d'avoine • 30 g de sucre de coco • 50 g de graines de courge • 30 g de graines de tournesol • 40 g de noix de cajou • 100 g de compote de pommes • 50 g de chocolat noir • 50 g de cranberries séchées • 1 pincée de sel

1. Mixez grossièrement le riz soufflé. Préchauffez le four à 170 °C (th. 5-6).

2. Versez le sirop d'agave et l'huile de coco dans une petite casserole et faites chauffer doucement.

3. Concassez les amandes et mélangez-les avec les flocons d'avoine (gros et petits), le riz soufflé, le sucre de coco, les graines, les noix de cajou, la compote de pommes et la pincée de sel.

4. Versez sur le mélange le sirop d'agave et l'huile de coco chauffés, mélangez bien et étalez sur une plaque allant au four, puis enfournez pour 15 min. Baissez ensuite le four à 150 °C (th. 5) et poursuivez la cuisson pendant 10 min en mélangeant la préparation. Mélangez à nouveau en milieu de cuisson.

5. Laissez refroidir complètement et ajoutez le chocolat concassé en petits morceaux et les cranberries. Conservez dans un bocal hermétique.

Muesli aux fruits

350 g | Préparation : 5 min

100 g de flocons d'avoine • 50 g de flocons de quinoa • ½ cuil. à café de poudre de vanille (optionnel) • 60 g d'amandes • 30 g de noix de pécan • 50 g de cranberries • 30 g de pistaches • 30 g de copeaux de noix de coco • 40 g de baies de goji • 10 g de fraises déshydratées • 10 g de framboises déshydratées

1. Mélangez les flocons d'avoine et de quinoa ; ajoutez la poudre de vanille et mélangez à nouveau.

2. Concassez les amandes, les noix de pécan et ajoutez-les au muesli ainsi que les cranberries, les pistaches, les copeaux de noix de coco, les baies de goji, les fraises et les framboises.

3. Dégustez ce muesli cru avec du fromage blanc, du yaourt au soja ou du lait (animal ou végétal), ou cuit quelques minutes à la casserole dans du lait ou trempé toute une nuit dans du lait.

CONSEIL

Vous trouverez les fraises et framboises séchées dans votre magasin bio.

Bircher Muesli aux noisettes

4 personnes | Préparation : 10 min | Repos : 2 h à 12 h

150 g de flocons d'avoine • 50 g de raisins secs • 400 g de boisson au riz ou de jus d'orange (ou un mélange) • 50 g de lait concentré sucré (ou sirop végétal) • 4 cuil. à soupe de noisettes • 1 pomme • Quelques fruits de saison (abricots, fruits rouges...)

1. Versez la boisson au riz, le jus d'orange et le lait concentré sur les flocons de céréales et les raisins. Couvrez et réservez au frais pendant 2 à 12 h.

2. Juste avant de déguster, émincez les fruits et ajoutez-les aux céréales. Parsemez de noisettes concassées torréfiées.

Crémeux d'orge aux poires et aux noisettes

4 personnes | Trempage : 12 h | Préparation : 10 min | Cuisson : 1 h

120 g d'orge perlé • 1 l de boisson au soja à la vanille • 4 cuil. à soupe de noisettes • 2 petites poires • 10 cl de sirop d'agave • 2 cuil. à soupe de chicorée soluble

1. La veille, mettez à tremper l'orge perlé dans un grand volume d'eau pendant 12 h.

2. Portez la boisson au soja à ébullition dans une grande casserole antiadhésive ou dans un robot chauffant. Ajoutez l'orge égouttée et laissez cuire pendant 50 min en mélangeant très souvent. La préparation doit être bien crémeuse. Au besoin, ajoutez un peu de boisson au soja.

3. Concassez les noisettes et mettez-les à griller à sec dans une poêle pendant 5 à 10 min, jusqu'à ce qu'elles commencent à brunir.

4. Épluchez les poires, retirez les cœurs, puis coupez la chair en cubes.

5. Répartissez l'orge, les poires et les noisettes dans 4 coupelles. Arrosez de sirop d'agave et d'un trait de chicorée. Servez aussitôt.

Yaourt grec, fraises, dattes, miel et noix de pécan

1 personne | Préparation : 5 min | Cuisson : 8 à 10 min | Matériel : Mixeur

100 g de yaourt grec • 150 g de fraises (Gariguette, Mara des bois ou fraises des bois) • 1 datte • 1 cuil. à café rase de miel • 1 cuil. à soupe de noix de pécan

1. Dénoyautez la datte et mixez-la avec 1 cuil. à soupe de yaourt grec et le miel. Hachez les noix de pécan.

2. Lavez, équeutez et coupez les fraises en petits dés, puis mélangez-en la moitié avec le yaourt mixé et le yaourt nature dans un bol.

3. Parsemez avec les fraises restantes et les noix de pécan.

Good morning jar

1 personne | Préparation : 5 min | Cuisson : 2 min

2 cuil. à soupe de flocons d'avoine • 50 g de compote de pêches • 1 cuil. à soupe d'amandes • 1 cuil. à café de pistaches • 1 yaourt au soja • 1 cuil. à soupe de sirop d'agave • 1 abricot • 1 grappe de groseilles

1. Faites griller les flocons d'avoine 2 min à la poêle. Laissez refroidir.

2. Mettez la compote de pêches dans un petit bocal. Hachez les amandes et les pistaches, et mélangez-les au yaourt avec le sirop d'agave. Mettez la préparation sur la compote.

3. Lavez l'abricot et les groseilles. Coupez l'abricot en petits morceaux et ajoutez-les dans le bocal avec les groseilles. Parsemez de flocons d'avoine et dégustez.

Barres d'énergie crues

15 boules ou 6 barres | Préparation : 15 min | Matériel : Mixeur

6 abricots moelleux • 6 dattes dénoyautées • 30 g d'amandes • 50 g de noix de coco râpée • 1 citron jaune non traité ou bio • 1 cuil. à soupe de raisins secs blonds • 1 cuil. à soupe de baies de goji • 1 cuil. à soupe de graines de sésame • 2 cuil. à soupe de flocons d'avoine • 1 cuil. à soupe de graines de chia • 1 pincée de sel

1. Lavez le citron et prélevez le zeste.

2. Mettez tous les ingrédients ensemble dans le bol d'un mixeur et mixez jusqu'à ce que vous obteniez une pâte.

3. Étalez la pâte entre deux feuilles de papier sulfurisé en un carré, puis coupez-les en barres ou roulez-les en boules. Conservez au frais dans une boîte hermétique.

CONSEIL

Vous pouvez conserver vos barres d'énergie jusqu'à deux semaines au frais, dans une boîte hermétique.

Croissants & pains au chocolat

12 croissants ou 12 pains au chocolat I Préparation : 50 min I Cuisson : 15 à 20 min I Repos : 12 h + 3 h I Matériel : Machine à pain ou robot pâtissier, rouleau à pâtisserie

Pour la génoise
80 g de sucre en poudre
1 cuil. à café de sel
500 g de farine
1 cube de levure de boulanger fraîche
25 cl de boisson au soja
10 cl d'eau tiède
50 g de margarine ramollie
24 barres de chocolat
(pour des pains au chocolat)

Pour le feuilletage
230 g de margarine bien froide

1. Dans le bol d'un robot ou de votre machine à pain ou à la main, disposez dans cet ordre le sucre, le sel et la farine. Dans un bol, diluez la levure avec la boisson au soja et l'eau tiédie, et laissez reposer 10 min, puis ajoutez au mélange.

2. Pétrissez la pâte pendant 10 min, puis ajoutez la margarine ramollie et pétrissez jusqu'à ce que la pâte ne colle plus (ajoutez un peu de farine si celle-ci colle encore un peu). Aplatissez la pâte obtenue en forme de carré et laissez-la reposer pendant 1 nuit au frais.

3. Le lendemain, aplatissez les côtés et ajoutez au centre 230 g de margarine, repliez la pâte, et aplatissez-la à l'aide d'un rouleau à pâtisserie. Pliez-la en trois et disposez-la au frais pendant 1 h. Sortez votre pâton, étalez-le en un rectangle 3 fois plus long que large et repliez-le en 3. Remettez au frais et répétez cette opération 2 fois.

4. Enfin, étalez votre pâte en un large rectangle et découpez des triangles, puis roulez-les de la pointe vers le bord large. Disposez-les sur une plaque à pâtisserie, badigeonnez-les de boisson végétale et enfournez pour 15 à 20 min dans un four préchauffé à 220 °C (th. 7-8).

VARIANTE

Pour des pains au chocolat, coupez la pâte en rectangle et disposez au centre 2 barres de chocolat, roulez et enfournez.

Petits pains au lait
à la figue, noix de pécan et de macadamia

8 petits pains | Préparation : 22 min | Cuisson : 15 min | Repos : 2 h 30

20 cl de lait
+ un peu pour la cuisson
440 g de farine
1 sachet de levure de boulanger sèche
60 g de cassonade
2 cuil. à café de sel
1 œuf
1 cuil. à soupe de rhum brun
40 g de beurre demi-sel
60 g de figues sèches
60 g de noix de pécan décortiquées
60 g de noix de macadamia décortiquées

Pour la décoration
Graines de sésame
Graines de pavot
Sucre mélangé à de la cannelle
Fleur de sel

1. Faites chauffer le lait au four à micro-ondes. Dans la cuve d'un robot ménager, versez 400 g de farine, la levure, la cassonade et le sel. Ajoutez ensuite le lait chaud, l'œuf et le rhum. Pétrissez bien la pâte. Ajoutez le beurre coupé en morceaux et pétrissez à nouveau, jusqu'à ce que la pâte se détache des parois de la cuve du robot.

2. Farinez la pâte un peu collante avec 20 g de farine et ramassez-la en boule. Placez-la dans un saladier et recouvrez avec un torchon propre. Laissez lever la pâte 30 min dans un endroit chaud. Pour faciliter les temps de levée (pousse) de la pâte, placez-la dans le four préchauffé à 35 °C (th. 1). Si votre four ne descend pas en dessous de 40 °C, laissez la porte entrouverte pendant les 5 premières minutes de levée de la pâte.

3. Coupez les figues en morceaux. Hachez au couteau les noix de pécan et les noix de macadamia.

4. Farinez la pâte avec 20 g de farine, puis ajoutez-y les fruits secs hachés et pétrissez-la quelques instants. Formez 8 pâtons. Placez-les sur une plaque de cuisson tapissée de papier sulfurisé et laissez lever à nouveau 2 h dans un endroit chaud.

5. Préchauffez le four à 180 °C (th. 6). Badigeonnez les petits pains de lait à l'aide d'un pinceau. Parsemez-les de graines de sésame et de pavot ou de sucre à la cannelle. Saupoudrez chaque pain d'une pincée de fleur de sel. Enfournez pour 15 min de cuisson.

Tartines à la purée d'amandes et gelée de framboise express

1 personne **I** Préparation : 5 min **I** Repos : 10 min **I** Matériel : Mixeur

2 tranches de pain complet ou de campagne • 2 cuil. à soupe rase de purée d'amandes • 50 g de framboises + quelques-unes pour décorer • 2 cuil. à café de graines de chia • 1 cuil. à café de sirop d'agave

1. Lavez les framboises.

2. Mixez les 50 g de framboises avec les graines de chia et le sirop d'agave. Laissez reposer 10 min.

3. Faites griller les tranches de pain et tartinez-les de purée d'amandes. Ajoutez la gelée minute et quelques morceaux de framboises fraîches.

Pancakes à l'açaï, aux myrtilles et aux cranberries

15 pancakes **I** Préparation : 15 min **I** Repos : 1 h **I** Cuisson : 3 min

150 g de farine • 25 g de poudre d'amandes • 2 cuil. à café rase de levure chimique • 3 cuil. à soupe de sucre de canne complet • 1 cuil. à soupe d'açaï en poudre • 1 pincée de sel • 25 cl de lait ribot • 3 œufs • 3 cuil. à soupe d'huile de coco • 100 g de myrtilles • 2 cuil. à soupe de cranberries

1. Mélangez la farine, la poudre d'amandes, la levure, le sucre, l'açaï et le sel dans un grand bol.

2. Mélangez le lait ribot avec les œufs. Versez sur les ingrédients secs et mélangez rapidement pour éviter de former des grumeaux.

3. Ajoutez l'huile, les myrtilles et les cranberries hachées et mélangez. Couvrez le récipient et laissez reposer au frais pour au moins 1 h.

4. Faites chauffer une poêle à feu moyen, beurrez-la légèrement avec une feuille de papier absorbant. Lorsqu'elle est bien chaude, mélangez la pâte et versez-en une première louche en formant un pancake d'environ 8 cm de diamètre. Faites cuire 2 min et retournez pour faire dorer l'autre face. Poursuivez ainsi jusqu'à l'épuisement de la pâte.

5. Servez avec des fruits frais ou du sirop d'érable.

Pain aux fruits séchés et au kamut

1 gros pain | Préparation : 10 min | Repos : 2 h | Cuisson : 30 min

2 tasses de fruits séchés • 2 tasses de jus d'orange • 25 cl de lait ou boisson végétale tiède • 7 g de levure de boulanger (en granulés) • 500 g de farine de kamut • 10 g de sel • 10 cl de lait concentré sucré

1. Mettez à tremper les fruits séchés dans le jus d'orange pendant 3 h.

2. Délayez la levure dans 2 cuil. à soupe de lait. Versez la farine de kamut et le sel en fontaine. Ajoutez la levure, le reste de lait, le lait concentré et 10 cl d'eau.

3. Mélangez et pétrissez pendant environ 15 min. Laissez pousser pendant 1 h 30 à 2 h dans un endroit tiède.

4. Étalez la pâte en grand rectangle, répartissez dessus les fruits séchés égouttés, puis roulez-la en pain. Laissez-la gonfler pendant le préchauffage du four à 200 °C (th. 6-7).

5. Faites cuire pendant environ 30 min. Réduisez la température si le pain brunit trop vite.

Avocado toasts

1 personne | Préparation : 5 min

2 tranches de pain (traditionnel ou sans gluten) • 1 avocat mûr à point • ½ citron jaune • 1 poignée de graines germées • 1 filet d'huile d'olive • 1 pincée de fleur de sel • 1 pincée de piment

1. Faites dorer les tranches de pain 2 min (au four ou au gril).

2. Épluchez l'avocat et coupez-le en tranches. Arrosez-le de jus de citron.

3. Déposez les tranches d'avocat sur le pain grillé, arrosez d'huile d'olive, parsemez de graines germées, de fleur de sel et de piment.

Omelette aux tomates cerise, salade de concombre et feta

1 personne **I** Préparation : 10 min **I** Cuisson : 8 min

2 œufs extra-frais • 100 g de tomates cerise • ½ petit concombre • 50 g de feta • 2 brins de menthe • ½ cuil. à café d'herbes grecques séchées • 3 cuil. à soupe d'huile d'olive • Sel, poivre du moulin

1. Lavez les tomates et coupez-les en deux. Faites chauffer 2 cuil. à soupe d'huile d'olive dans une petite poêle et faites revenir les tomates cerise pendant 3 min. Salez et poivrez.

2. Pendant ce temps, fouettez les œufs ensemble et versez-les dans la poêle ; laissez cuire 3 min à découvert, parsemez d'herbes grecques et poursuivez la cuisson 2 min à couvert.

3. Lavez le concombre et coupez-le en petits morceaux ainsi que la feta. Mélangez-les avec le reste d'huile d'olive, les herbes grecques et la menthe ciselée. Salez légèrement et poivrez. Servez avec l'omelette aux tomates.

Muffins à la patate douce et aux graines

6 à 8 muffins **I** Préparation : 20 min **I** Cuisson : 20 min **I** Matériel : Caissettes, moules à muffins

220 g de patate douce cuite à la vapeur • 3 œufs • 90 g de sucre de canne complet • 90 g de poudre de noisettes • 180 g de farine • 1 cuil. à café rase de levure • 1 cuil. à café rase de bicarbonate de soude • 60 g d'huile de noisette • 1 cuil. à café d'extrait de vanille • 12 cl de boisson végétale à la noisette • 1 cuil. à soupe de graines de pavot • 1 cuil. à soupe de graines de courge • 1 cuil. à soupe de graines mélangées

1. Préchauffez le four à 180 °C (th. 6). Fouettez les œufs avec le sucre jusqu'à ce que le mélange mousse.

2. Mélangez la poudre de noisettes à la farine, à la levure et au bicarbonate de soude. Ajoutez au mélange précédent, mélangez bien, puis versez l'huile de noisette, l'extrait de vanille et la boisson végétale. Mélangez bien jusqu'à ce que vous obteniez une texture homogène.

3. Écrasez la patate douce en purée et ajoutez le tout à la pâte avec les graines. Versez l'appareil dans des moules à muffins recouverts de caissettes en papier, parsemez de graines et enfournez pour 20 min.

4. Sortez du four et laissez complètement refroidir avant de déguster. Conservez les muffins au frais.

Infusion aux épices

2 tasses | Préparation : 2 min | Infusion : 4 min | Matériel : Thermomètre de cuisson, passoire fine

½ cuil. à café de graines d'anis • ½ cuil. à café de graines de fenouil • ½ gousse de cardamome • ½ cuil. à café de graines de coriandre • ½ cuil. à café de copeaux de réglisse • 40 cl d'eau minérale ou filtrée

1. Écrasez toutes les graines et déposez-les dans la théière avec les copeaux de réglisse. Faites chauffer l'eau à 70 °C et versez-la sur les épices. Laissez infuser 4 min, filtrez et servez.

INFO NUTRITION

Les épices ont un rôle important dans la cure détox. Elles facilitent la digestion (anis, réglisse), ont des vertus diurétiques (cardamome, fenouil), apaisent et tonifient (réglisse) et détoxifient l'organisme (graines de coriandre).

Œufs brouillés à la ricotta et champignons sautés

1 personne | Préparation : 20 min | Cuisson : 6 min

2 œufs extra-frais • 1 cuil. à soupe de ricotta • 200 g de champignons frais (à choisir selon la saison) • 2 champignons de Paris • ½ citron jaune bio ou non traité • 1 gousse d'ail • 3 brins de persil • 3 cuil. à soupe d'huile d'olive • 1 cuil. à soupe de graines germées • 2 tranches de pain grillé • Sel, poivre du moulin

1. Lavez le citron et prélevez le zeste. Nettoyez les champignons et coupez-les en morceaux. Réservez 2 champignons de Paris et émincez-les crus. Arrosez-les de jus de citron.

2. Épluchez et écrasez la gousse d'ail. Nettoyez le persil et hachez-le.

3. Fouettez les œufs avec la ricotta et le zeste de citron. Salez, poivrez et ajoutez le persil.

4. Faites chauffer une petite poêle avec 1,5 cuil. à soupe d'huile d'olive et faites revenir l'ail avec les champignons pendant 5 min.

5. Dans une petite casserole, faites chauffer le reste d'huile et versez-y les œufs brouillés, faites cuire 30 s sans cesser de mélanger. Servez avec les champignons sautés, les graines germées et 2 tranches de pain grillé.

Chocolat chaud vanille-cannelle

4 tasses | Préparation : 10 min | Cuisson : 5 min

1 gousse de vanille • 100 g de chocolat noir • 30 cl de lait d'amande ou de boisson végétale de riz • 10 cl de crème d'amande ou de soja • 1 cuil. à café de sucre • 1 bâton de cannelle

1. Fendez la gousse de vanille en deux puis, à l'aide de la pointe d'un couteau, récupérez les graines.

2. Dans une casserole, faites fondre le chocolat noir dans le lait et la crème.

3. Ajoutez ensuite le sucre et les épices. Mélangez bien. Retirez les épices et servez dans des tasses.

VARIANTE

N'hésitez pas à remplacer le lait d'amande par du lait de coco, une boisson à l'épeautre ou à l'avoine...
Et même les crèmes : crème de coco, d'avoine, etc.
Vous pouvez aussi ajouter quelques marshmallows au moment de servir. Vous pouvez mettre du cacao en poudre à la place de la cannelle ou ajouter un peu de pâte de pistache.

Chocolat viennois à la crème de coco

4 chocolats viennois | Préparation : 15 min | Cuisson : 5 min | Repos : 1 nuit | Matériel : Batteur électrique, poche à douille munie d'une douille cannelée

20 cl de crème de coco • 150 g de chocolat extra noir • 50 cl de lait d'amande • 1 cuil. à soupe rase de Maïzena® • 2 cuil. à soupe de sucre • 2 cuil. à soupe de sucre glace • 1 cuil. à café de cacao amer

1. La veille, disposez la brique de crème de coco au frais.

2. Le lendemain, faites fondre le chocolat avec le lait d'amande à feu doux. Une fois fondu, ajoutez la Maïzena®, préalablement diluée dans un peu d'eau ou de lait, et le sucre. Remuez pendant quelques minutes, puis versez la préparation dans des mugs.

3. À l'aide d'un batteur électrique, fouettez la crème de coco jusqu'à obtenir une « crème Chantilly », ajoutez le sucre glace et mélangez.

4. Disposez la chantilly à la noix de coco dans une poche à douille munie d'une douille cannelée et décorez les mugs, puis saupoudrez de cacao amer.

Chocolat froid au sarrasin et à la noisette

2 grands verres I Préparation : 15 min I Trempage : 1 nuit I Matériel : Passoire, blender, étamine

100 g de sarrasin • 30 g de noisettes entières • 50 cl d'eau minérale • 1 cuil. à soupe de sirop d'agave • 2 cuil. à soupe de cacao en poudre

1. La veille, faites tremper le sarrasin et les noisettes dans une grande quantité d'eau pendant toute la nuit.

2. Le jour même, rincez le sarrasin et les noisettes, égouttez-les et placez-les dans le bol du blender avec l'eau minérale. Mixez pendant quelques minutes à forte puissance.

3. À l'aide de l'étamine, filtrez le liquide obtenu afin de supprimer les particules restantes. Replacez la boisson végétale dans le blender avec le sirop d'agave et le cacao. Mixez rapidement. Réservez au réfrigérateur et dégustez très frais.

Boisson végétale à l'avoine, cacao cru et cannelle

1 personne I Préparation : 10 min I Matériel : Blender

1 cuil. à soupe de flocons d'avoine • 2 cuil. à soupe de noisettes • 18 cl d'eau filtrée ou minérale • 1 cuil. à soupe de cacao cru • 1 cuil. à soupe rase de sucre de coco • ½ cuil. à café de maca en poudre • 1 pincée de cannelle • 1 cuil. à soupe de purée de noisettes

1. Déposez les flocons d'avoine et les noisettes concassées dans le bol du blender avec l'eau. Mixez pendant 5 min, puis filtrez.

2. Délayez le cacao, le sucre de coco, la maca et la cannelle dans un peu de boisson végétale obtenue précédemment. Versez le mélange, le reste de boisson végétale et la purée de noisettes dans un blender et mixez pendant 2 min.

Green smoothie
à l'amande

4 personnes I Préparation : 15 min I Matériel : Mixeur

1 pomme • 115 g de concombre • 25 g de branche de céleri • 10 feuilles de menthe • ½ citron vert • 20 g de jeunes pousses d'épinard • 2 cuil. à soupe de purée d'amandes maison ou du commerce • 1 pincée de sel

1. Pelez la pomme et le concombre. Retirez le cœur et les pépins de la pomme, ainsi que les graines du concombre. Coupez la pomme, le concombre et le céleri en morceaux. Lavez la menthe. Pressez le citron.

2. Mettez tous les ingrédients dans un mixeur avec 60 cl d'eau. Mixez bien, puis goûtez et rectifiez l'assaisonnement en sel et en jus de citron selon votre goût.

3. Filtrez le smoothie à l'aide d'une passoire afin d'éliminer les éventuels morceaux. Servez aussitôt.

Power smoothie
à la klamath

2 personnes I Préparation : 5 min I Matériel : Mixeur ou blender

1 banane • 1 citron • 1 cuil. à soupe de klamath en poudre • 2 dattes Medjool • 20 cl de lait d'amande • 125 g de myrtilles • 1 cuil. à café rase de sirop d'agave • 1 cuil. à café de graines de chia

1. Épluchez la banane, coupez-la en morceaux et déposez-la dans le bol du blender avec le jus du citron, la klamath en poudre, les dattes dénoyautées et 12 cl du lait d'amande.

2. Mixez pendant 3 min et répartissez dans 2 verres. Rincez le bol du blender à l'eau claire.

3. Lavez les myrtilles et déposez-les dans le bol du blender, ajoutez le sirop d'agave, les graines de chia et le reste de lait d'amande. Mixez pendant 2 min et répartissez dans 2 verres.

Smoothie coco, banane, maca et gelée royale

2 grands verres I Préparation : 5 min I
Matériel : Blender

20 cl de lait de coco • 200 g de yaourt • 1 banane • 1 cuil. à café de maca en poudre • 1 cuil. à soupe de miel • 1 g de gelée royale

1. Dans le bol du blender, versez le lait de coco. Ajoutez le yaourt, la banane épluchée et coupée en morceaux, le maca, le miel et la gelée royale. Mixez jusqu'à l'obtention d'une consistance homogène. Servez très frais dans 2 grands verres.

Thé glacé à l'acérola

1 l de thé | Préparation : 5 min | Infusion : 2 h |
Réfrigération : 2 h | Matériel : Carafe

6 cuil. à café de thé vert • Le jus de ½ citron vert • 1 cuil. à soupe de sirop d'agave • 2 cuil. à café d'acérola en poudre

1. Dans la carafe, versez 1 l d'eau à température ambiante ; ajoutez-y le thé vert, le jus du demi-citron et son zeste. Mélangez et laissez infuser pendant environ 2 h, puis filtrez.

2. Ajoutez ensuite le sirop d'agave et l'acérola en poudre. Mélangez bien et mettez au frais pendant au moins 2 h. Dégustez très frais avec de la glace pilée pour encore plus de fraîcheur.

Jus d'orange
au gingembre et à la grenade

2 grands verres | Préparation : 10 min |
Matériel : Presse-agrumes, centrifugeuse, blender

3 oranges • 1 grenade • 2 cm de gingembre frais

1. Pressez les oranges. Passez les graines de grenade et le gingembre pelé à la centrifugeuse. Versez les jus recueillis dans le bol du blender et mixez. Servez très frais dans 2 grands verres.

CONSEIL

Pour récupérer facilement les graines de grenade, coupez les 2 extrémités du fruit, faites 6 entailles peu profondes dans la peau sans entamer la partie où se trouvent les graines. Remplissez un saladier d'eau, immergez la grenade et rompez-la en plusieurs morceaux au niveau des entailles. Épluchez la grenade sous l'eau, les graines resteront au fond du saladier tandis que les morceaux de peau remonteront à la surface.

Veggie juice

1 grand verre | Préparation : 5 min |
Matériel : Extracteur de jus

3 carottes • ½ bulbe de fenouil • ½ betterave rouge crue • ⅓ de concombre • Le jus de ½ citron

1. Lavez les légumes, épluchez-les si vous le souhaitez. Coupez-les en morceaux et passez-les à l'extracteur de jus avec le jus de citron. Servez aussitôt.

INFO NUTRITION

Les carottes sont riches en carotènes, les précurseurs de la vitamine A, qui aident la peau à se préparer au soleil en donnant un joli teint halé. Elles contiennent également des fibres qui permettent de réguler le transit intestinal, surtout en cas de diarrhée.

Porridge au millet, lait d'amande et myrtilles

1 personne | Préparation : 10 min | Cuisson : 25 min

30 g de graines de millet • 25 cl de lait d'amande • 1 cuil. à soupe de sucre de canne • 50 g de myrtilles • Quelques mûres • Quelques groseilles à maquereau • 1 cuil. à café de graines de courge • 1 cuil. à soupe de noix de pécan

1. Rincez les myrtilles, les mûres et les groseilles.

2. Rincez abondamment le millet, égouttez-le bien. Déposez-le dans une casserole avec le lait d'amande, le sucre de canne et la moitié des myrtilles. Portez à ébullition, puis laissez cuire doucement pendant 25 min.

3. Lorsque le porridge est prêt, versez-le dans un bol et ajoutez-y le reste des myrtilles, les mûres, les groseilles, les graines de courge et les noix de pécan.

Granola maison

8 à 10 portions | Préparation : 10 min | Cuisson : 30 min | Repos : 15 min | Matériel : Lèchefrite

165 g de flocons d'avoine (avoine certifiée sans gluten) • 60 g de flocons de teff (ou autres flocons : sarrasin, quinoa, châtaigne, millet) • 70 g de noix du Brésil • 40 g de noix de pécan • 10 cl de sirop d'érable • 4 cuil. à soupe d'huile d'olive (peu parfumée si possible) • 1 cuil. à café de cannelle • 80 g de cranberries séchées, ou autres fruits secs type raisins secs, abricots secs, mangues séchées, etc.

1. Préchauffez le four à 165 °C (th. 5-6). Coupez les noix du Brésil et les noix de pécan en morceaux (de la taille qui vous convient) sur la planche à découper, à l'aide du couteau à pain.

2. Dans un bol, mélangez les ingrédients humides : le sirop d'érable et l'huile d'olive. Dans un saladier, mélangez les ingrédients secs : les flocons et les noix hachées. Arrosez avec le mélange des ingrédients humides, saupoudrez de cannelle et mélangez délicatement jusqu'à ce que tous les ingrédients secs soient bien imbibés.

3. Étalez le mélange en une couche dans la lèchefrite, puis enfournez pour 25 à 30 min ; à mi-cuisson, mélangez un peu à l'aide d'une spatule et retournez la plaque, jusqu'à ce que le granola soit doré uniformément. Laissez-le refroidir sur la plaque, hors du four, pendant 15 min.

4. Versez le granola dans un saladier et mélangez avec les fruits secs. Le granola est prêt à être conservé dans un récipient hermétique.

Galettes esséniennes

6 à 8 galettes | Préparation : 5 min | Repos : 12 à 14 h | Matériel : Moulin à céréales, hachoir à viande ou extracteur de jus
100 g de graines germées de céréales (d'environ 2 jours) • 1 cuil. à soupe d'huile d'olive • 5 petites dattes sèches • 1 pincée de ras-el-hanout • 1 pincée de sel

1. Moulez les graines germées (avec un moulin à céréales, un hachoir à viande, un extracteur de jus...). Hachez les dattes. Mélangez la pâte obtenue avec l'huile d'olive, les dattes, les épices et le sel.

2. Formez des galettes et faites-les sécher pendant 12 h à 24 h au four à basse température (moins de 40 °C).

3. Dégustez ces galettes avec une salade ou garnissez-les de fromage frais (brebis ou chèvre), éventuellement de cubes de légumes et arrosez d'un filet d'huile d'olive.

INFO NUTRITION

Les galettes esséniennes remplacent agréablement les toasts et les biscottes. Leur index glycémique est faible (35) et elles contiennent bien plus de vitamines (A, B, C) que leurs homologues au blé non germé.

Porridge minute aux myrtilles

1 personne | Préparation : 5 min | Cuisson : 8 min
50 g de myrtilles fraîches • 4 cuil. à soupe de petits flocons d'avoine • 1 cuil. à soupe de sirop d'agave • 20 cl de lait d'amande • 1 cuil. à soupe de myrtilles séchées (en épicerie bio) • ½ gousse grattée de vanille (ou ¼ de cuil. à café de vanille en poudre)

1. Lavez les myrtilles.

2. Mettez les flocons d'avoine, le sirop d'agave et le lait d'amande dans une petite casserole.

3. Portez à ébullition et faites cuire 8 min avec la moitié des myrtilles fraîches, les myrtilles séchées et la vanille.

4. Lorsque le porridge est prêt, versez-le dans un bol et parsemez de myrtilles fraîches et de quelques myrtilles séchées.

Porridge bowl à l'avoine, lait d'amande, framboises et pêche

1 personne | Préparation : 5 min | Cuisson : 8 min

50 g de framboises fraîches • ½ pêche • 4 cuil. à soupe de petits flocons d'avoine • 1 cuil. à café de sirop d'agave ou miel • 20 cl de lait d'amande • 1 pincée de vanille • 1 cuil. à café d'amandes effilées torréfiées

1. Lavez les framboises et la pêche.

2. Mettez les flocons d'avoine, le sirop d'agave et le lait d'amande dans une petite casserole. Portez à ébullition et faites cuire 8 min avec la moitié des framboises fraîches et la vanille.

3. Coupez la pêche en fines lamelles.

4. Lorsque le porridge est prêt, versez-le dans un bol et parsemez de framboises fraîches, de morceaux de pêche et d'amandes effilées.

Granola sans gluten aux graines et baies d'aguaymanto

350 g | Préparation : 5 min | Cuisson : 30 min

100 g de flakes de sarrasin • 30 g de quinoa soufflé • 20 g de flocons de riz • 30 g de riz soufflé • 35 g de graines de courge • 35 g de graines de tournesol • 50 g de baies d'aguaymanto séchées • 6 cl de sirop d'érable • 6 cl de jus de pomme • 4 cl d'huile de tournesol ou d'huile de coco • 1 pincée de cannelle en poudre • 1 pincée de sel

1. Préchauffez le four à 160 °C (th. 5).

2. Mélangez les graines avec la cannelle et les céréales. Versez le sirop d'érable, le jus de pomme, l'huile, le sel par-dessus et mélangez bien. Répartissez la préparation sur une plaque de cuisson et enfournez pendant 30 min. Mélangez les céréales à mi-cuisson et replacez au four jusqu'à ce qu'elles soient bien dorées.
Laissez-les refroidir complètement.

3. Mélangez le granola refroidi aux baies d'aguaymanto et placez-le dans une boîte hermétique. Dégustez ce granola avec du lait végétal.

Granola aux noix de pécan

4 portions I Préparation : 5 min I Cuisson : 15 à 20 min I Refroidissement : 30 min I Matériel : Hachoir ou mixeur
50 g de noix de pécan • 70 g de petits flocons d'avoine • 30 g de son d'avoine • 30 g de miel d'acacia • 40 g d'huile vierge de noix de coco • 2 pincées de fleur de sel

1. Préchauffez le four à 160 °C (th. 5-6). Hachez grossièrement les noix de pécan, réservez-les. Mélangez les flocons d'avoine avec le son d'avoine et le miel.

2. Faites fondre l'huile de coco au four à micro-ondes et ajoutez-la au mélange. Ajoutez la fleur de sel et les noix de pécan et mélangez.

3. Étalez la préparation en une couche fine sur une plaque recouverte de papier cuisson. Enfournez pendant 15 à 20 min en mélangeant à mi-cuisson.

4. Laissez refroidir le granola pendant 30 min pour qu'il devienne croustillant. Il se conservera pendant quelques jours à température ambiante, dans un pot bien fermé.

Açaï bowl des bois

1 personne I Préparation : 10 min I Congélation : 1 nuit
1 banane • 50 g framboises + quelques unes pour décorer • Quelques myrtilles • Quelques mûres • 1 cuil. à soupe bombée d'açaï en poudre ou 50 g d'açaï en purée (en épicerie bio) • 1 cuil. à soupe de purée d'amandes blanches • 1 cuil. à soupe de lait d'amande • 1 cuil. à café de baies de goji • 1 cuil. à café de graines de courge • 1 cuil. à soupe de graines de pavot • 1 cuil. à café de pollen • Quelque fleurs fraîches

1. La veille, épluchez la banane, coupez-la en rondelles et placez-la au congélateur.

2. Le jour même, lavez les framboises, les myrtilles et les mûres.

3. Déposez les framboises dans le bol du mixeur avec la banane surgelée, la poudre d'açaï (ou la purée d'açaï), la purée d'amandes et le lait d'amande. Mixez jusqu'à ce que vous obteniez un mélange homogène.

4. Versez dans un bol et ajoutez les 3 framboises, les myrtilles, les mûres, les baies de goji, les graines de courge et de pavot et le pollen. Décorez avec les fleurs et dégustez aussitôt.

Jus exotique

1 grand verre | Préparation : 5 min | Matériel : Blender

¼ d'ananas • ½ mangue • 3 fruits de la Passion • 10 cl d'eau de coco • Le jus de 1 citron vert

1. Écorcez l'ananas, pelez la mangue, et coupez leur chair en morceaux. Ouvrez en deux les fruits de la Passion, récupérez-en la pulpe et les graines et déposez-les avec l'ananas, la mangue, le jus de citron vert et l'eau de coco dans le bol du blender. Mixez avec 4 glaçons et servez sans attendre.

INFO NUTRITION

L'eau de coco est pauvre en sucre, donc pauvre en calories. Sa richesse en potassium en fait une boisson particulièrement diurétique, ce qui facilite l'élimination des toxines. Elle est aussi très désaltérante.

Jus bonne mine

1 grand verre | Préparation : 5 min | Matériel : Extracteur de jus, passoire

3 carottes • 40 grains de raisin blanc • 3 cm de radis noir • 1 branche de céleri • Le jus de ½ citron

1. Lavez tous les légumes et grains de raisin. Coupez-les en morceaux et passez-les dans l'extracteur de jus avec le jus de citron. Filtrez et servez aussitôt.

INFO NUTRITION

Le raisin est l'un des meilleurs fruits détox grâce à sa forte teneur en potassium et en substances antioxydantes qui activent les organes liés à la détoxication de l'organisme (foie, intestin, reins)..

Jus ananas,
citron vert et gingembre

4 personnes | Préparation : 5 min | Matériel : Extracteur de jus

2 citrons verts • 600 g d'ananas pelé • 2 pommes gala • 10 g de gingembre pelé

1. Pelez à vif les citrons verts en éliminant le zeste (la peau blanche amère située sous le zeste). Coupez-les en morceaux. Retirez le cœur de l'ananas, coupez la chair en morceaux. Faites de même pour les pommes et le gingembre.

2. Passez à l'extracteur les morceaux d'ananas, de pommes, de citrons verts et de gingembre, en les alternant.

3. Servez immédiatement.

INFO NUTRITION

Saviez-vous que l'ananas est riche en manganèse, un oligoélément essentiel qui participe au développement et à la protection des os ?

Jus épinard,
kiwi et basilic

3 à 4 verres I Préparation : 10 min I Matériel : Extracteur de jus

4 kiwis • 2 pommes • 200 g de pousses d'épinards • 30 feuilles de basilic

1. Pelez les kiwis, coupez-les en morceaux, ainsi que les pommes.

2. Passez à l'extracteur les morceaux de kiwis, de pommes, les pousses d'épinards et les feuilles de basilic, en les alternant.

3. Allongez avec un peu d'eau en fonction de la consistance désirée. Servez immédiatement.

INFO NUTRITION

Quand on parle de vitamine C, on pense immédiatement à l'orange ; pourtant le kiwi en contient davantage.

Jus green aromatique

2 verres I Préparation : 10 min I Matériel : Extracteur de jus

½ citron • 3 pommes • 1 grosse poignée de mâche • ¼ de botte de persil • Une dizaine de feuilles de basilic frais

1. Pressez le demi-citron au presse-agrumes.

2. Passez les ingrédients à l'extracteur en alternant les ingrédients durs (ou feuillus) et les plus juteux, et en finissant par une pomme.

3. Mélangez le jus obtenu avec le jus de citron.

INFO NUTRITION

La mâche, qui a une saveur naturellement « grasse », donnera une texture légèrement onctueuse à ce jus. Les plantes aromatiques ne servent pas qu'à faire joli... Loin de là. Eh oui : le basilic et le persil sont connus pour leurs vertus antioxydantes, et regorgent de vitamines A et C. À consommer sans modération, sauf en période d'allaitement ! Le persil, notamment, a la fâcheuse propriété de calmer la production de lait !

Jus orange,
citron, carotte et cumin

1 grand verre I Préparation : 5 min I Matériel : Centrifugeuse ou extracteur de jus, mixeur ou blender

2 oranges • 1 citron • 2 glaçons • 1 pincée de cumin • 2 carottes

1. Pressez les oranges et le citron et versez dans un mixeur ou un blender. Ajoutez les glaçons et la pincée de cumin. Passez les carottes à la centrifugeuse ou dans un extracteur. Versez le jus dans le mixeur. Mixez et dégustez aussitôt.

VARIANTE

Pour varier les goûts, ajoutez 2 bouquets de brocolis et passez-les avec les carottes dans la centrifugeuse ou l'extracteur.

Jus canneberge,
thé vert matcha et fraise

1 grand verre | Préparation : 5 min | Matériel : Blender, tamis

6 belles fraises • 15 cl de jus de canneberge froid • 1 pincée de thé vert matcha

1. Équeutez les fraises. Mettez-les dans le blender, versez le jus de canneberge et le thé vert matcha. Mixez bien, passez au tamis et dégustez immédiatement.

VARIANTE

Remplacez les fraises par des myrtilles ou des cassis.

Superfruits

1 grand verre | Préparation : 5 min | Matériel : Blender, presse-agrumes

100 g de myrtilles • 100 g de framboises • 15 cl de jus de canneberge • 2 oranges • 4 glaçons

1. Lavez les myrtilles, les framboises et pressez les 2 oranges à l'aide d'un presse-agrumes. Mixez le tout dans le blender avec le jus de canneberge et 4 glaçons. Servez aussitôt.

INFO NUTRITION

Les baies telles que les myrtilles, les framboises et les canneberges sont très riches en fibres qui aident au bon fonctionnement de l'intestin. Elles contiennent également de grandes quantités de substances antioxydantes.

Vitamine C

1 grand verre | Préparation : 5 min | Matériel : Blender, presse-agrumes

2 oranges • 1 kiwi • 5 fraises • 1 citron jaune • 3 brins de persil • 1 cuil. à café d'açaï en poudre • 4 glaçons

1. Pressez le citron et les oranges à l'aide d'un presse-agrumes. Versez leur jus dans le bol du blender. Épluchez le kiwi et coupez-le en morceaux ; lavez et équeutez les fraises, lavez le persil, essuyez-les. Déposez le tout ainsi que l'açaï dans le bol du blender. Mixez avec 4 glaçons et servez aussitôt.

INFO NUTRITION

Pour un jus riche en vitamine C, consommez vos fruits le plus rapidement possible après l'achat : la vitamine C est sensible à la lumière et se détruit partiellement lors du stockage.

Milk-shake vert

4 personnes | Préparation : 10 min | Matériel : Blender

50 cl de boisson de riz • 2 cuil. à soupe de graines de lin • 1 tasse de chou kale grossièrement haché • 1 grosse banane • ½ pomme verte • 1 kiwi bien mûr • 2 cuil. à soupe de sucre blond • 1 bac à glaçons

1. Dans un blender, mixez la boisson de riz avec les graines de lin jusqu'à ce qu'elles soient pulvérisées. Ajoutez le chou, les fruits et le sucre. Mixez jusqu'à l'obtention de la consistance souhaitée.

2. Ajoutez quelques glaçons et mixez de nouveau. Consommez rapidement.

INFO NUTRITION

La boisson végétale permet de remplacer le lait de vache. Naturellement sans lactose, elle est plus digeste. Sa saveur douce le destine davantage aux préparations sucrées.

Muesli smoothie

4 personnes | Préparation : 5 min | Repos : 30 min | Matériel : Blender

60 g de céréales croustillantes • 35 cl de lait ou de boisson végétale au choix • 1 grosse banane • 1 grosse poire mûre • 1 barquette de framboises • 2 cuil. à soupe de baies de goji • 10 g de graines de céréales germées

1. Versez le lait sur les céréales et laissez-les gonfler pendant 30 min. Pelez la banane, épluchez la poire et ôtez le trognon.

2. Versez dans un blender. Ajoutez la banane, la poire, les framboises, les baies de goji et les graines germées. Mixez, puis ajoutez des glaçons (selon la consistance souhaitée). Mixez à nouveau et servez aussitôt.

SUGGESTION

Filtrez le smoothie afin d'obtenir un liquide bien lisse.

Smoothie de nectarine, orange et framboise

4 verres | Préparation : 10 min | Matériel : Blender

8 oranges blondes à jus • 4 nectarines • 250 g de framboises

1. Lavez les fruits à l'eau froide.

2. Coupez les oranges en deux et pressez-les, versez le jus dans un blender.

3. Coupez les nectarines en quatre, retirez le noyau et déposez la chair dans le blender.

4. Ajoutez les framboises et mixez.

5. Répartissez dans les verres et dégustez bien frais.

Jus Tonic supervitaminé, stimulant, antioxydant

2 verres I Préparation : 10 min I Matériel : Extracteur de jus,
1 grosse orange • ½ citron • 3 pommes • 1 pointe de couteau de piment en poudre • 1 pointe de couteau de ginseng en poudre

1. Pressez l'orange et le demi-citron au presse-agrumes pour en extraire le jus.

2. Passez les pommes coupées et non pelées à l'extracteur. Mélangez les jus obtenus.

3. Ajoutez le piment et le ginseng. Comme pour toutes les recettes épicées : goûtez ! Cela vous permettra d'ajuster les épices à votre convenance.

Lassi spécial lève-tôt

2 verres I Préparation : 10 min I Matériel : Blender
1 banane mûre • 15 fraises • 2 yaourts de soja nature • 3 cuil. à soupe de sirop d'agave • 2 cuil. à soupe de graines de chia • ¾ d'un mug de lait d'amande

1. Mixez tous les ingrédients au blender.

2. Ajustez la quantité de lait d'amande.

Jus ananas, chou kale, citron vert et gingembre

1 grand verre I Préparation : 5 min I Matériel : Extracteur de jus ou centrifugeuse, blender
1 citron vert • 3 tranches d'ananas • 2 feuilles de chou kale sans tige • 1 pouce de gingembre • 1 pincée de poivre noir • 2 glaçons

1. Épluchez le citron vert, puis passez-le avec l'ananas, le chou kale et le gingembre dans la centrifugeuse ou l'extracteur de jus. Versez le jus dans le blender, ajoutez le poivre et les glaçons, mixez, puis buvez immédiatement.

VARIANTE

Ajoutez 1 cuil. à café de curcuma.

INFO NUTRITION

Le chou kale est une ancienne variété de chou très riche en nutriments essentiels : vitamine C, E et K, magnésium, fer.

Smoothie citron vert, kiwi et banane

1 grand verre I Préparation : 5 min I Matériel : Blender
Le jus de 1 citron vert • 1 banane • 2 kiwis • 5 glaçons

1. Versez le jus de citron vert dans le blender. Ajoutez la banane épluchée. Épluchez les kiwis et coupez-les en quatre. Mettez-les dans le blender et ajoutez les glaçons. Mixez jusqu'à ce que la préparation soit bien homogène. Dégustez immédiatement.

VARIANTE

Ajoutez 1 poignée d'épinards frais.

APÉROS

Tartinade à l'artichaut

1 bol de sauce I Préparation : 5 min I Matériel : Robot mixeur

1 boîte de fonds d'artichauts • 2 cuil. à soupe de jus de citron vert • 1 grosse cuil. à soupe de purée d'amandes • 2 cuil. à soupe d'huile d'olive

1. Égouttez les artichauts et disposez-les dans le bol d'un robot mixeur.

2. Ajoutez le jus de citron, la purée d'amandes et l'huile d'olive. Mixez jusqu'à l'obtention d'une préparation lisse et homogène. Salez, poivrez. Disposez dans un bol et mettez au frais.

VARIANTE

Vous pouvez remplacer la purée d'amandes par de la purée de sésame noir ou blanc, ou encorede la purée de noix de cajou.

Houmous à la pâte de noix

4 personnes I Préparation : 10 min

400 g de pois chiches cuits en conserve • 1 gousse d'ail • 1 citron non traité • 80 g de cerneaux de noix • 2 cuil. à soupe d'huile d'olive • Quelques cerneaux de noix concassés • Quelques pincées de graines de sésame • Quelques gouttes d'huile d'olive • Fleur de sel • Sel

1. Rincez et égouttez les pois chiches. Pelez la gousse d'ail, ôtez le germe si besoin, puis coupez-la grossièrement en morceaux. Prélevez le zeste du citron à l'aide d'un zesteur ou d'une râpe très fine. Pressez le citron.

2. Mixez les cerneaux de noix jusqu'à obtention d'une pâte. Ajoutez les pois chiches, le jus de citron et la moitié des zestes, l'ail, l'huile d'olive et du sel. Mixez bien, puis goûtez et rectifiez l'assaisonnement si nécessaire. Versez le houmous dans un récipient et recouvrez-le de film alimentaire. Conservez-le au frais.

3. Au moment de servir, mettez le houmous dans une assiette et aplanissez la surface avec le dos d'une cuillère. Parsemez-le des zestes de citron restants, de cerneaux de noix concassés, de graines de sésame et de fleur de sel. Arrosez de quelques gouttes d'huile d'olive.

VARIANTE

Utilisez de l'huile de noix à la place de l'huile d'olive.

Faux tarama

4 personnes | Préparation : 15 min | Trempage : 3 h | Matériel : Mixeur muni d'une lame en S

100 g de noix de cajou • 100 g de cerneaux de noix • 10 cl de crème d'amande • 3 cl de jus de citron • 20 g de betterave crue • 2 cl d'huile de colza • Sel, poivre du moulin

1. Faites tremper pendant 3 h les noix de cajou et les cerneaux de noix. Égouttez-les. Déposez-les dans le bol du mixeur.

2. Ajoutez la crème d'amande, le jus de citron et l'huile de colza, ainsi que la betterave épluchée et coupée en petits morceaux.

3. Salez, poivrez et mixez. Faites-le en plusieurs fois pour éviter que la préparation ne chauffe trop.

4. Servez sur des toasts.

ASTUCE

Pour accentuer naturellement la couleur rose, ajoutez un peu de poudre de betterave.

Houmous à l'avocat et aux graines

1 petit pot | Préparation : 10 min | Cuisson : 1 h | Trempage : 24 h | Matériel : Mixeur, passoire

300 g de pois chiches secs • 2 cuil. à soupe de graines de chanvre entières • 2 cuil. à soupe de graines de courge • 1 avocat • 2 cuil. à soupe de tahin • Le jus de ½ citron vert • 1 petit bouquet de coriandre fraîche • 4 cuil. à soupe d'huile d'olive • Sel, poivre du moulin

1. La veille, mettez les pois chiches à tremper dans un grand volume d'eau froide, couvrez et laissez reposer toute la nuit.

2. Le jour même, égouttez les pois chiches et placez-les dans une grande casserole d'eau froide. Portez à ébullition et laissez cuire pendant 1 h. Égouttez.

3. Dans une poêle, faites griller les graines de chanvre et de courge. Mixez ensuite les pois chiches, l'avocat épluché et coupé en morceaux, la purée de sésame, l'huile d'olive, le jus de citron et les graines grillées (réservez-en un peu pour décorer). Ajoutez de l'huile ou du citron selon votre goût, jusqu'à l'obtention de la texture souhaitée. L'houmous ne doit être ni trop liquide ni trop compact. Salez et poivrez.

4. Avant de servir, arrosez d'un filet d'huile d'olive et parsemez de coriandre fraîche ciselée et de quelques graines de chanvre et de courge grillées.

Fauxmage à la noix de cajou à tartiner

2 bols **I** Préparation : 12 min **I** Repos : 2 h

250 g de noix de cajou crues non salées • ¾ de citron • 1 gousse d'ail • 2 cuil. à soupe de vinaigre de cidre • 1 cuil. à soupe de sel • 1 cuil. à café de poivre du moulin • 2,5 cl d'eau filtrée • Quelques brins de ciboulette • 2 cuil. à café de cumin moulu • 20 g de raisins secs • 1½ cuil. à soupe de graines de sésame

1. Faites tremper les noix de cajou au moins 1 à 2 h dans de l'eau. Égouttez-les et rincez-les. Pressez le citron. Pelez l'ail.

2. Mixez les noix de cajou avec le jus de citron, le vinaigre, l'ail pelé, le sel et le poivre. Versez l'eau jusqu'à l'obtention d'une préparation à la texture crémeuse.

3. Répartissez le fauxmage dans deux récipients. Dans le premier, incorporez de la ciboulette ciselée.

4. Dans le second, ajoutez le cumin et les raisins secs, puis parsemez de graines de sésame. Recouvrez les préparations de film alimentaire, puis conservez-les au moins 1 h au frais.

Pâté végétal aux graines de tournesol et aux crudités

1 bol **I** Préparation : 15 min **I** Matériel : Mixeur, râpe

200 g de graines de tournesol germées • Le jus de ½ citron • 1 gousse d'ail • 1 carotte • 1 branche de céleri • 1 cuil. à soupe de ciboulette hachée • 2 cuil. à soupe de purée de noix de cajou • Sel, poivre du moulin

1. Mixez les graines de tournesol germées jusqu'à l'obtention d'une sorte de purée. Ajoutez-y le jus du demi-citron et la gousse d'ail pressée. Épluchez la carotte et râpez-la finement ainsi que la branche de céleri. Mélangez-les aux graines germées mixées avec la ciboulette et la purée de noix de cajou. Salez, poivrez et mélangez bien.

2. Placez ce pâté végétal dans un petit bol et dégustez-le en tartine sur du pain avec des cornichons, par exemple.

CONSEIL

Vous pouvez faire germer les graines de tournesol vous-même (voir recette p. 24).

INFO NUTRITION

Les graines de tournesol germées sont riches en protéines, acides aminés essentiels, mais aussi en vitamines A, D, E et en vitamines du groupe B.

Madeleines pruneaux-jambon

18 madeleines **I** Préparation : 10 min **I** Cuisson : 20 min **I** Repos : 1 h **I** Matériel : Moule à madeleines

8 tranches de jambon Aoste • 8 pruneaux dénoyautés • 120 g de farine • ½ sachet de levure chimique • 2 œufs • 60 g de margarine fondue ou d'huile d'olive • 1 cuil. à soupe de boisson végétale de riz

1. Dans un saladier, assemblez la farine et la levure, puis ajoutez les œufs, la margarine fondue et la boisson végétale. Mélangez bien la préparation.

2. Incorporez ensuite les tranches de jambon d'Aoste et les pruneaux découpés en dés. Placez la préparation au frais pendant 1 h.

3. Préchauffez le four à 180 °C (th. 6). Versez la pâte dans les petites alvéoles à madeleines et enfournez pour 20 min de cuisson.

4. Démoulez, puis servez les madeleines tièdes ou froides.

CONSEIL

Les madeleines se conservent quelques jours au frais dans une boîte hermétique.

Blinis au sarrasin, tartinade à l'avocat et graines de chanvre

20 blinis **I** Préparation : 15 min **I** Cuisson : 15 min **I** Repos : 1 h **I** Matériel : Mixeur

Pour les blinis : 200 g de farine de sarrasin • 100 g de farine de blé • 2 œufs • 5 g de levure de boulanger déshydratée • 50 cl de lait • 5 cl de crème fraîche • Huile pour la cuisson • Sel **Pour la tartinade :** 1 cuil. à soupe de graines de chanvre décortiquées • 1 petit oignon blanc • 1 avocat • Le jus de ½ citron vert • 1 cuil. à soupe de coriandre fraîche ciselée • Sel, poivre du moulin

1. Préparez les blinis. Dans un saladier, mélangez les farines. Ajoutez les jaunes d'œufs et réservez les blancs. Ajoutez ensuite la levure, le lait et la crème fraîche, salez et mélangez bien à l'aide d'un fouet pour éviter la formation de grumeaux. Couvrez et laissez reposer pendant 1 h.

2. Montez les blancs d'œufs en neige et incorporez-les à la pâte à blinis. Faites chauffer une poêle huilée et versez-y de petites louches de pâte. Faites cuire les blinis 2 à 3 min de chaque côté et recommencez jusqu'à l'épuisement de la pâte. Réservez-les au chaud.

3. Préparez la tartinade. Mixez grossièrement les graines de chanvre jusqu'à l'obtention d'une poudre épaisse. Mélangez cette poudre à l'oignon épluché et émincé. Écrasez la chair de l'avocat à l'aide d'une fourchette, arrosez-la du jus du demi-citron vert. Ajoutez-y le mélange précédent et la coriandre ciselée. Salez, poivrez et mélangez bien. Tartinez-en les blinis chauds ou tièdes.

Fougasse au pesto

6 personnes I Préparation : 20 min I Cuisson : 20 min I Matériel : Robot mixeur

300 g de pâte à pizza • 30 g de basilic • 3 cuil. à soupe de pignons de pin • 3 gousses d'ail • 1 cuil. à soupe de chapelure • 8 cuil. à soupe d'huile d'olive

1. Préchauffez le four à 200 °C (th. 6-7). Dans le bol d'un robot mixeur, disposez le basilic lavé et séché, les pignons de pin, les gousses d'ail pelées et écrasées, la chapelure et l'huile.

2. Mixez jusqu'à l'obtention d'une préparation homogène.

3. Étalez la pâte, puis déposez le pesto sur la moitié de celle-ci. Refermez l'autre moitié et soudez les bords. Déposez la fougasse sur une plaque à pâtisserie et enfournez-la pour 20 min. Servez tiède ou froid.

Pancakes au pimentón, chèvre et noix de cajou caramélisées

8 pancakes I Préparation : 5 min I Cuisson : 15 min

Pour la pâte : 50 g de beurre demi-sel • 100 g de farine • 2 cuil. à café de levure chimique • ½ cuil. à café de pimentón (paprika doux) • 1 œuf • 10 cl de lait • 1 cuil. à soupe d'huile d'olive • Fleur de sel, poivre du moulin

Pour la garniture : 100 g de fromage de chèvre • 60 g de noix de cajou • 10 g de beurre demi-sel • 20 g de sucre en poudre

1. Préparez la pâte à pancakes. Faites fondre le beurre au four à micro-ondes. Dans un saladier, mélangez la farine, la levure et le pimentón. Ajoutez l'œuf et le beurre fondu, puis incorporez progressivement le lait en mélangeant. La pâte doit être assez épaisse. Goûtez, salez et poivrez. Réservez.

2. Coupez le fromage de chèvre en morceaux. Hachez les noix de cajou au couteau. Faites fondre le beurre dans une poêle, puis ajoutez les noix hachées et une pincée de fleur de sel. Laissez torréfier quelques instants. Versez le sucre et laissez cuire quelques minutes, jusqu'à caramélisation. Retirez du feu et réservez au chaud.

3. Faites chauffer une poêle avec l'huile d'olive. Versez un peu de pâte à pancakes, étalez-la légèrement et laissez cuire 1 ou 2 min. Une fois la première face cuite, retournez le pancake, puis garnissez-le de fromage de chèvre et laissez cuire 1 min supplémentaire. Faites ainsi cuire tous les pancakes. Servez les pancakes chauds accompagnés des noix de cajou caramélisées.

Brownies à la carotte

6 personnes | Préparation : 25 min | Cuisson : 45 min

500 g de carottes • 3 œufs • 1 cuil. à soupe de sirop d'agave • 100 g de margarine • 25 g d'huile d'olive • 150 g de farine • 50 g de flocons d'avoine • 1 cuil. à café de levure chimique • 1 oignon • 3 feuilles de basilic • Sel, poivre du moulin

1. Épluchez et émincez les carottes et faites-les cuire à la vapeur pendant 20 min.

2. Réduisez-les en purée, et ajoutez les œufs, le sirop d'agave, la margarine fondue et l'huile d'olive. Mélangez bien, puis ajoutez la farine, les flocons d'avoine et la levure. Mélangez jusqu'à obtenir une pâte sans grumeaux.

3. Ajoutez l'oignon épluché et émincé, ainsi que le basilic émincé. Salez et poivrez. Mélangez jusqu'à obtenir un mélange homogène.

4. Préchauffez le four à 180°C (th. 6). Répartissez la pâte dans un moule carré et enfournez pour 45 min. Démoulez et servez frais.

Cubes apéro à la tomate et à l'agar-agar

4 personnes | Préparation : 5 min | Cuisson : 30 min | Réfrigération : 2 h | Matériel : Mixeur, plat de 50 x 15 cm, cure-dents

1 oignon • 1 gousse d'ail • 4 tomates • 1 cuil. à soupe de basilic frais ciselé • 1 cuil. à café d'agar-agar • Huile d'olive • Sel, poivre du moulin

1. Épluchez et émincez l'oignon, et faites-le revenir dans de l'huile d'olive. Ajoutez l'ail pressé. Pelez les tomates et coupez-les en morceaux. Ajoutez-les à l'oignon avec le basilic, couvrez et laissez mijoter pendant 20 min. Salez, poivrez. Versez l'agar-agar en pluie, mélangez et laissez cuire 3 min de plus. Mixez ensuite jusqu'à l'obtention d'une consistance bien homogène.

2. Versez la préparation dans le plat de façon à obtenir une couche d'environ 2 cm d'épaisseur. Laissez refroidir et placez au réfrigérateur pendant au minimum 2 h. Démoulez et coupez en cubes. Servez-les à l'apéritif piqués de cure-dents.

CONSEIL

Pour faciliter le démoulage, remplissez préalablement le plat d'eau et videz-le juste avant d'y verser le mélange à la tomate.

Roulés à la cacahuète, bacon et pruneau

20 roulés | Préparation : 13 min | Congélation : 1 h | Cuisson : 35 min

150 g de bacon • 100 g de pruneaux dénoyautés • 100 g de mascarpone • 50 g de purée de cacahuètes maison ou du commerce • 80 g de cacahuètes grillées • 1 pâte à pizza fine et rectangulaire • 1 œuf • Sel, poivre du moulin

1. Faites griller le bacon à sec (sans matière grasse) pendant 5 min dans une poêle sur feu vif. Émincez ensuite le bacon et les pruneaux. Mélangez le mascarpone avec la purée de cacahuètes, salez et poivrez. Hachez les cacahuètes.

2. Étalez le mascarpone sur la pâte à pizza. Garnissez-la de bacon, de pruneaux et de cacahuètes. Roulez la pâte sur elle-même de façon à former un boudin. Étirez-le délicatement pour l'allonger. Enveloppez-le de papier sulfurisé et placez-le 1 h au congélateur.

3. Préchauffez le four à 180 °C (th. 6). Détaillez le boudin en 20 tranches. Disposez-les sur une plaque de cuisson tapissée de papier sulfurisé. Dorez chaque roulé d'œuf battu à l'aide d'un pinceau. Enfournez pour 30 min de cuisson. Servez tiède.

Sauce apéro green

1 bol | Préparation : 15 min

1 avocat • ½ citron vert • 1 pomme • 200 g de fromage blanc • 1 échalote • 2 cuil. à soupe de ciboulette hachée • 1 cuil. à café de spiruline en poudre • Sel, poivre du moulin

1. Épluchez l'avocat, ôtez-en le noyau et écrasez-le à l'aide d'une fourchette. Arrosez du jus de citron vert.

2. Épluchez la pomme, râpez-la finement et mélangez-la à l'avocat. Ajoutez le fromage blanc et mélangez bien jusqu'à obtenir une texture homogène.

3. Épluchez et émincez l'échalote et ajoutez-la à la sauce avec la ciboulette et la spiruline. Salez, poivrez et servez bien frais en accompagnement de gressins, de toasts ou de crudités.

Petits pains au quinoa

6 petits pains I Préparation : 15 min I Repos : 2 h I Cuisson : 30 min I Matériel : Moules à muffins, pinceau alimentaire, film alimentaire

150 g de farine sans gluten • 100 g de farine de quinoa • 5 g de levure boulangère déshydratée • 22 cl d'eau • 1 cuil. à soupe d'huile d'olive • 1 pincée de sel

1. Mélangez la farine, la levure, le sel. Ajoutez l'eau à peine tiède et l'huile, pétrissez vigoureusement avec une cuillère. Filmez le récipient et laissez gonfler pendant 1 h (à température ambiante s'il fait chaud ou dans le four éteint, porte fermé, à côté d'un bol d'eau très chaude ou alors dans le four allumé à 35 °C en chaleur statique).

2. Lorsque la pâte a bien gonflé, dégazez-la en repétrissant quelques secondes. Farinez-vous bien les mains, prenez des petites portions de pâte et façonnez-les pour leur donner une forme de petite boule, puis déposez-les dans les empreintes du moule. Couvrez et laissez gonfler encore pendant 1 h dans un endroit chaud et sans courant d'air.

3. Préchauffez le four à 200 °C (th 6-7). Quand la pâte a bien gonflé, badigeonnez au pinceau les pains d'eau salée. Entaillez chaque boule en forme de croix avec la pointe d'une paire de ciseaux. Enfournez pour 30 min de cuisson.

Mini-quiches sans pâte

60 mini-quiches I Préparation : 30 min I Cuisson : 30 à 40 min I Matériel : Empreintes à mini-cakes en silicone, papier aluminium

35 g de farine de millet • 90 g de mix pâtisserie du commerce • ½ cuil. à café de bicarbonate de sodium • 3 œufs • 7 cl de crème liquide • 43 cl de lait • 70 g de gruyère râpé • 100 g d'allumettes de lardons • 150 g d'allumettes de jambon • 15 feuilles de persil plat • Sel, poivre du moulin

1. Préchauffez le four à 180 °C (th. 6). Mélangez les ingrédients secs : mix, farine et bicarbonate. Dans un bol, battez légèrement au fouet les ingrédients humides : œufs, crème, lait et gruyère. Salez et poivrez à votre goût. Versez les ingrédients secs dans les ingrédients humides.

2. Coupez en deux les lardons et les morceaux de jambon, puis ciselez le persil. Au fond de chaque moule, déposez quelques dés de jambon et de lardons, et saupoudrez de persil. Versez la pâte dessus, jusqu'en haut de chaque cavité. Si vous n'avez pas assez de moules, il faudra procéder en plusieurs fois.

3. Enfournez pour 15 à 20 min de cuisson, jusqu'à ce que les mini-quiches prennent une belle couleur dorée. Couvrez d'une feuille de papier aluminium et poursuivez la cuisson de 10 à 15 min.

4. Sortez du four, démoulez et laissez refroidir sur une grille.

Houmous au tofu fumé

6 personnes | Préparation : 10 min | Matériel : Robot mixeur

1 boîte de 265 g de pois chiches rincés et égouttés • 5 cl d'eau • 5 cl d'huile de sésame • 3 cl de jus de citron frais • 1 cuil. à café de purée de sésame demi-complet • 50 g de tofu fumé bio • ½ gousse d'ail hachée • Sel

1. Dans un robot mixeur, mixez les pois chiches rincés et égouttés. Ajoutez l'eau, l'huile de sésame et le jus de citron. Raclez les bords si besoin et continuez de mixer.

2. Ajoutez la purée de sésame, le tofu fumé en tranches et la demi-gousse d'ail hachée tout en continuant de mixer. Salez à votre goût.

3. À conserver dans une boîte hermétique au réfrigérateur durant une semaine.

ASTUCE

Si vous désirez un houmous plus onctueux, ajoutez de l'eau.

Petits pains aux figues et aux noix

6 petits pains | Préparation : 15 min | Repos : 2 h | Cuisson : 30 min | Matériel : Moules à muffins en silicone, pinceau alimentaire, film alimentaire

100 g de farine sans gluten • 50 g de farine de châtaigne • 5 g de levure boulangère déshydratée • 1 cuil. à café de sel • 13 cl d'eau tiède • 7 cl de lait à température ambiante • 4 ou 5 figues séchées • 40 g de noix concassées

1. Dans un saladier, mélangez les farines, la levure et le sel. Versez l'eau et le lait à peine tièdes, pétrissez vigoureusement avec une cuillère.

2. Coupez les figues en morceaux et concassez les noix, réservez-en un peu pour décorer et incorporez le reste dans la pâte à pain.

3. Filmez le saladier et laissez gonfler pendant 1 h dans un endroit chaud (par exemple, dans le four éteint, porte fermée, à côté d'un bol d'eau très chaude ou alors dans le four allumé à 35 °C en chaleur statique).

4. Lorsque la pâte a bien gonflé, dégazez-la en repétrissant quelques secondes. Huilez bien vos mains pour que la pâte ne colle pas trop et façonnez des petites boules. Déposez-les dans les empreintes du moule. Couvrez et laissez gonfler encore 1 h dans un endroit chaud.

5. Préchauffez le four à 200 °C (th 6-7). Badigeonnez de lait à l'aide d'un pinceau, puis saupoudrez de noix et de figues coupées en petits morceaux. Entaillez chaque boule en forme de croix avec un couteau. Enfournez pour 30 min de cuisson.

Khiar bi laban concombre au yaourt

6 personnes **I** Préparation : 15 min
1,5 concombre • 8 pots de yaourt nature (1 kg) • 2 gousses d'ail écrasées • 1 cuil. à soupe de menthe séchée • Sel

1. Épluchez et lavez les concombres, puis coupez-les en petits dés.

2. Versez les yaourts dans un grand bol, ajoutez les dés de concombres, l'ail, la menthe et le sel. Servez très frais. Cette salade bien fraîche accompagne très bien les kibbé, les kafta et toutes les grillades.

VARIANTE

Une version plus élaborée de cette recette consiste à ajouter une poignée de noix hachées, un oignon très finement coupé et quelques raisins secs.

Mini-focaccia au yaourt grec

6 personnes **I** Préparation : 25 min **I** Repos : 12 h + 1 h 30 **I** Cuisson : 20 min **I** Matériel : Rouleau à pâtisserie, emporte-pièce rond, plaque de four, papier sulfurisé
Pour le poolish : 20 cl d'eau tiède (< 30 °C) • 10 g de levure boulangère déshydratée • 100 g de farine sans gluten
Pour la pâte : 350 g de farine sans gluten • 2 cuil. à café de sel • 1 cuil. à café de sucre en poudre • 6 cl d'eau • 3 cuil. à soupe d'huile d'olive • 170 g de yaourt grec **Pour la garniture :** Tomates cerise • Olives noires • Origan • 1 filet d'huile d'olive

1. La veille, préparez le poolish : mélangez l'eau tiède avec la levure, ajoutez la farine et mélangez. Couvrez à moitié et laissez reposer 12 h à température ambiante.

2. Le lendemain, préparez la pâte : mélangez le poolish avec la farine, le sel, le sucre, l'eau, l'huile et le yaourt. Filmez le récipient et laissez gonfler 1 h dans un endroit chaud.

3. Farinez bien vos mains puis, au rouleau, étalez la pâte sur une feuille de papier sulfurisé. Découpez des petits disques de pâte à l'emporte-pièce, déposez-les sur la plaque recouverte de papier sulfurisé. Couvrez et laissez gonfler 30 min.

4. Préchauffez le four à 180 °C (th. 6). Coupez les tomates cerise et les olives en deux, ôtez les noyaux des olives. Garnissez les disques de demi-tomates (dômes vers le haut) et de demi-olives. Parsemez d'origan et arrosez d'huile d'olive. Enfournez pour 20 min de cuisson.

Crackers à la farine de petit épeautre et aux graines

30 crackers I Préparation : 15 min I Cuisson : 10 min I Matériel : Emporte-pièce

60 g de farine de petit épeautre • 60 g de farine de blé • 2 cuil. à soupe de graines de lin • 2 cuil. à soupe de graines de pavot • 20 g de graines de courge • 20 g de parmesan • 1 cuil. à café de bicarbonate de soude • 1 pincée de fleur de sel • 5 cl d'eau

1. Dans un saladier, mélangez les farines, le bicarbonate, les graines, le parmesan et la fleur de sel. Ajoutez l'eau au fur et à mesure en mélangeant jusqu'à obtenir une boule de pâte.

2. Préchauffez le four à 180 °C (th. 6). Étalez la pâte très finement (1 à 2 mm d'épaisseur), puis découpez des formes à l'aide d'emporte-pièce.

3. Placez ces formes sur une plaque recouverte de papier sulfurisé. Enfournez pour 10 min en surveillant bien. Les crackers doivent être légèrement dorés.

CONSEIL

Ces crackers aux graines sont délicieux trempés dans une tartinade salée.

Cake courgette et feta

10 parts I Préparation : 15 min I Cuisson : 50 min I Matériel : Moule à cake, grille, papier sulfurisé

2 courgettes moyennes • 8 brins de coriandre • 130 g de mix pâtisserie du commerce • 70 g de farine de millet • ½ cuil. à café de gomme xanthane • 1 cuil. à café de poudre à lever • 3 œufs • 125 g de yaourt de brebis à la grecque • 10 cl d'huile d'olive • ½ cuil. à café de noix muscade • 40 g de gruyère râpé • 150 g de feta • 1 pincée de sel • Poivre du moulin

1. Préchauffez le four à 175 °C (th. 5-6). Chemisez le moule à cake de papier sulfurisé en laissant dépasser les bords, cela aide à démouler. Lavez, puis pelez les courgettes en alternance pour un bel effet rayé. Épépinez-les et coupez-les en petits dés. Lavez et effeuillez les brins de coriandre et ciselez les feuilles.

2. Dans un saladier, mélangez ensemble les ingrédients secs : mix, farines, gomme xanthane, poudre à lever. Cassez les œufs, mélangez au fouet. Ajoutez le yaourt, l'huile d'olive, la muscade et mélangez. Ajoutez les dés de courgettes, la coriandre, le gruyère et la feta émiettée ; salez et poivrez.

3. Versez dans le moule à cake et enfournez pour 50 min de cuisson. Vérifiez la cuisson en enfonçant la lame d'un couteau au centre du cake : elle doit ressortir sèche.

4. Laissez refroidir 15 min dans le moule, puis démoulez et laissez refroidir complètement sur une grille.

Roulés d'aubergine à la ricotta végétale

10 roulés | Préparation : 15 min | Cuisson : 20 min | Repos : 30 min | Matériel : Mixeur

1 aubergine • 125 g de tofu aux herbes • Le jus de ½ citron vert • ½ gousse d'ail • ½ oignon blanc • 1 cuil. à soupe de graines de sésame • 1 cuil. à soupe d'huile d'olive • Gros sel

1. Coupez l'aubergine dans la longueur en tranches d'environ 0, 5 cm d'épaisseur. Placez-les sur une grille, saupoudrez-les de gros sel et faites-les dégorger pendant 30 min. Essuyez ensuite le gros sel, préchauffez le four à 250 °C (th. 8-9) et placez les tranches d'aubergine sur la plaque du four. Enfournez pour 20 min en retournant les tranches à mi-cuisson.

2. Pendant ce temps, préparez la ricotta végétale. Dans le bol d'un mixeur, placez le tofu aux herbes émietté, le jus de citron, l'huile d'olive, et l'ail et l'oignon pelés et émincés. Mixez jusqu'à obtenir une texture homogène. Réfrigérez.

3. Sortez les tranches d'aubergine du four, tartinez-les de ricotta, parsemez de graines de sésame et roulez-les. Piquez-les à l'aide de cure-dents. Servez tiède ou froid pour l'apéritif.

Brochettes de légumes et halloumi

4 personnes | Préparation : 20 min | Marinade : 15 min | Cuisson : 10 min | Matériel : 8 brochettes en bois ou en métal

1 poivron vert • 1 oignon rouge • 12 tomates cerise • 200 g d'halloumi (fromage à base de chèvre et de brebis) • 1 gousse d'ail • 2 cuil. à soupe de jus de citron • 3 cuil. à soupe d'huile d'olive • Sel, poivre du moulin

1. Coupez le poivron en deux, épépinez-le et ôtez les membranes blanches. Taillez-le en dés d'environ 2 cm. Pelez et divisez en quatre l'oignon rouge. Coupez l'halloumi en dés de 2 cm également. Lavez, puis séchez les tomates cerise. Piquez en les alternant tous les ingrédients sur les brochettes en bois.

2. Pelez et hachez finement la gousse d'ail, mélangez-la avec le jus de citron et l'huile d'olive. Versez cette marinade sur les brochettes. Laissez reposer 15 min. Salez et poivrez.

3. Faites cuire les brochettes au barbecue ou sur le gril électrique pendant 8 à 10 min.

4. Dégustez chaud.

ASTUCE

Si vous ne disposez pas d'un barbecue ou d'un gril électrique, faites cuire les brochettes pendant 15 à 20 min dans un four à 180 °C (th. 6).

Spanakopita

4 personnes **I** Préparation : 45 min **I** Cuisson : 20 min **I** Matériel : Rouleau à pâtisserie, pinceau alimentaire, règle, roulette à pizza (ou couteau), 2 plaques de cuisson, papier sulfurisé, film alimentaire

250 g de pâte feuilletée sans gluten
1 cuil. à soupe de farine sans gluten neutre (mix pâtisserie, riz, millet)
300 g de feuilles d'épinards équeutées
1 oignon jaune
Quelques branches de persil
½ cuil. à café de muscade moulue
60 g de pignons de pin
1 pincée de thym
2 pincées d'origan
100 g de feta
1 œuf
50 g de beurre
5 cl d'huile d'olive + 2 cuil. à soupe pour la poêle
Sel, poivre du moulin

1. Tapissez les plaques de papier sulfurisé. Préchauffez le four à 175 °C (th. 5-6). Déposez la pâte feuilletée entre une feuille de papier sulfurisé légèrement farinée et recouvrez avec une feuille de film alimentaire, étalez au rouleau à pâtisserie et mettez au réfrigérateur le temps de préparer le reste.

2. Lavez et essorez les épinards. Prélevez une poignée d'épinards et réservez-la pour la fin de la recette. Pelez et coupez l'oignon en fines lamelles. Faites chauffer une grande poêle avec 2 cuil. à soupe d'huile d'olive et faites sauter les oignons, les épinards, le persil et la muscade. Laissez cuire environ 10 min jusqu'à ce que les épinards soient cuits et l'eau des légumes évaporée. Ajoutez les pignons pour les faire légèrement griller, puis le thym et l'origan. Réservez.

3. Dans un grand bol, émiettez la feta, ajoutez l'œuf battu à la fourchette, versez la préparation des épinards cuits, la poignée d'épinards frais et mélangez le tout. Salez et poivrez.

4. Sortez la pâte feuilletée du réfrigérateur et découpez à l'aide d'une règle et d'une roulette à pizza des carrés d'environ 10 cm de côté. Récupérez les chutes de pâte, mettez-les en boule, étalez-la et poursuivez la découpe des carrés de pâte. Déposez délicatement les carrés de pâte feuilletée sur les plaques de cuisson. Sur la moitié du triangle droit de chaque carré, déposez un peu de la préparation épinards-feta. Repliez délicatement la seconde partie de la pâte pour former un chausson en forme de triangle. Joignez les bords de la pâte avec les doigts. Lorsque tous les petits chaussons de la première plaque sont remplis et fermés, remettez cette plaque au réfrigérateur le temps de remplir les carrés de la seconde. Puis, sortez du réfrigérateur la première plaque et mettez la seconde au frais. Maintenant que la pâte est un peu refroidie, utilisez le bout des dents d'une fourchette pour bien sceller les petits chaussons. Faites fondre le beurre et mélangez-le avec 5 cl d'huile. Sortez la seconde plaque, scellez les petits chaussons de la même manière. Badigeonnez tous les petits chaussons du mélange beurre fondu-huile à l'aide du pinceau.

5. Enfournez pour 20 min, jusqu'à ce que les petits chaussons aient une belle couleur dorée. Vous pouvez, à mi-cuisson, badigeonner à nouveau les chaussons avec le mélange beurre-huile.

CONSEIL

Dégustez tiède ou froid, accompagné d'une salade verte.

Tomates grappe
farcies au chèvre frais et à la ciboulette

4 personnes | Préparation : 15 min |
Matériel : Sac congélation

½ botte de ciboulette
125 g de fromage de chèvre frais
250 g de petites tomates grappe
1 cuil. à café d'ail en poudre
1 cuil. à café de sel
1 cuil. à café de poivre du moulin

1. Ciselez finement la ciboulette et mélangez-la avec le chèvre frais. Ajoutez le sel, le poivre et l'ail en poudre, mélangez.

2. Préparez une poche à douille « maison » : placez le fromage frais dans un petit sac congélation en le poussant bien vers un des angles du sac, puis coupez une pointe du sac afin de ménager une ouverture.

3. Séparez les tomates de leur tige tout en gardant la petite tige de leur chapeau. Rincez-les et séchez-les délicatement avec du papier absorbant. Après avoir coupé un chapeau sur leur dessus, évidez-les délicatement.

4. Farcissez l'intérieur de chaque tomate à l'aide de la poche à douille en faisant dépasser le fromage. Ajouter les petits chapeaux pour la présentation.

5. Servez immédiatement ou réservez au réfrigérateur.

Galettes au thym

20 galettes | Repos : 1 h | Cuisson : 25 min

Pour la pâte
1 sachet de levure boulangère
500 g de farine
1 cuil. à café de sel

Pour la farce
10 cuil. à café de thym
3 cuil. à soupe de sumac
6 cuil. à soupe d'huile d'olive

1. Diluez la levure boulangère dans un demi-verre d'eau tiède et laissez lever pendant 5 min.

2. Préparez la pâte en mélangeant la farine, 1 verre d'eau, la levure diluée et le sel. Ajoutez un peu d'eau ou, au contraire, un peu de farine jusqu'à l'obtention d'une pâte bien ferme et souple. Formez une boule de pâte, couvrez-la d'un torchon propre et laissez reposer pendant 1 h à température ambiante.

3. Préchauffez le four à 190 °C (th. 6-7). Mélangez tous les ingrédients de la farce.

4. Divisez la pâte en une vingtaine de petits tas. Aplatissez-les à la main sur une épaisseur de 0,5 cm. Placez-les sur une plaque allant au four recouverte de papier sulfurisé ou huilée. Étalez 1 cuil. à soupe de farce sur chaque pâton et faites cuire à four moyen pendant 25 min.

À SAVOIR

Ces manakichs sont cuits sur des sajs, grandes plaques bombées en fer bien chauffées. Très fins, ils sont roulés comme des crêpes, protégés par un papier car assez huileux et dégustés le matin.

Gressins au romarin

40 gressins | Préparation : 30 min | Repos : 1 h | Cuisson : 20 min | Matériel : Robot, mini-hachoir

2 grandes branches de romarin
350 g de farine
8 g de levure chimique
20 cl d'eau froide
1 cuil. à café de sel

1. Récupérez les aiguilles de romarin, puis hachez-les dans un mini-hachoir. Mettez la farine, le sel et la levure dans la cuve du robot avec le crochet permettant de mélanger. Faites tourner le batteur doucement, puis ajoutez les aiguilles de romarin hachées et l'eau froide. Laissez tourner le robot pendant 6 à 8 min à vitesse moyenne pour obtenir une pâte homogène.

2. Formez une boule, déposez la pâte sur une assiette farinée, couvrez-la avec du film alimentaire, puis laissez-la reposer 1 h à température ambiante.

3. Préchauffez le four à 180 °C (th. 6). Détaillez la pâte en petits morceaux de la taille d'une grosse noisette, puis roulez-les en boudins pour obtenir la forme de gressins. Déposez-les sur une plaque de four recouverte d'une feuille de papier sulfurisé. Mettez-les à cuire 15 à 20 min au four. Sortez-les du four et laissez-les complètement refroidir avant de les déguster. Conservez-les dans une boîte hermétique.

CONSEIL

Vous pouvez remplacer le romarin par des brindilles de thym ou de sarriette ou des feuilles de sauge ou de basilic hachées.

Tartare d'avocat
au crabe

4 personnes | Préparation : 15 min | Matériel : Cercle à pâtisserie

2 avocats mûrs
2 boîtes de 120 g de chair de crabe de bonne qualité
1 échalote
1 citron vert
Piment en poudre
Sel, poivre du moulin

1. Préparez le guacamole en écrasant grossièrement les avocats (la texture ne doit pas être trop lisse). Émincez très finement l'échalote et ajoutez-la au guacamole.

2. Pressez le citron vert sur le guacamole, salez, poivrez et ajoutez du piment selon votre goût, puis mélangez.

3. Égouttez le plus possible la chair de crabe.

4. Dans une petite assiette, à l'aide d'un cercle à pâtisserie, dressez l'entrée : mettez le guacamole, lissez-le à la cuillère, puis émiettez la chair de crabe par-dessus et aplatissez-la délicatement, arrosez d'un peu de citron vert, poivrez à votre goût. Réservez au frais avant de servir avec une tranche de citron vert.

INFO NUTRITION

La chair de crabe est riche en protéines, pauvre en graisses et c'est une bonne source de vitamine B12, de sélénium, de cuivre et de zinc. L'avocat apporte quant à lui des graisses mono-insaturées qui protègent l'organisme des maladies cardiovasculaires.

Poulpes au citron vert

10 personnes **I** Préparation : 20 min **I**
Cuisson : 10 min **I** Repos : 1 h

800 g de mélange d'anneaux et de têtes de poulpes (on en trouve dans les magasins de produits surgelés)
2 citrons verts
½ botte de coriandre
2 gousses d'ail
2 cm de gingembre frais
25 g de beurre
4 cuil. à soupe d'huile d'olive
Fleur de sel, poivre du moulin

1. Effeuillez et hachez grossièrement la coriandre. Épluchez et hachez l'ail et le gingembre. Rincez les citrons et râpez la peau afin de récupérer les zestes, puis pressez-les.

2. Rincez, séchez et piquez sur de petites brochettes les morceaux de poulpe. Sur un plat, mélangez vos brochettes avec le jus de citron, l'ail, le gingembre, du sel et du poivre. Laissez reposer au frais pendant 1 h.

3. Égouttez les brochettes de poulpe. Faites chauffer l'huile avec le beurre dans une grande poêle puis, lorsque la matière grasse est fumante, faites-y cuire vos brochettes très rapidement. Comptez 1 à 2 min de chaque côté.

4. Coupez alors le feu, ajoutez la marinade et enrobez-en les brochettes. En vous aidant d'une pince ou d'une écumoire, retirez les poulpes de la poêle et disposez-les sur un plat. Saupoudrez de zeste de citron et de coriandre avant de servir.

VARIANTE

Vous pouvez ajouter dans votre marinade une tige de citronnelle et un petit piment vert, et remplacer les poulpes par de simples anneaux de calamars, des crevettes ou des langoustines.

Cake léger
au bacon

1 grand cake | Préparation : 25 min | Cuisson : 45 min à 1 h |
Matériel : Râpe à légumes, moule à cake

1 courgette (200 à 250 g environ)
125 g de farine d'orge
125 g de farine d'épeautre intégral (ou de blé intégral T150)
½ sachet de levure chimique
2 cuil. à soupe d'herbes de Provence
4 œufs
6 cl de vin blanc sec
5 cuil. à soupe d'huile d'olive
150 g d'allumettes de bacon
80 g de gruyère râpé
Sel

1. Épluchez la courgette (enlevez les extrémités), puis râpez-la. Réservez.

2. Préchauffez le four à 180 °C (th. 6).

3. Mélangez les farines avec la levure, les herbes de Provence et le sel. Ajoutez les œufs et la courgette râpée. Mélangez bien, puis ajoutez le vin blanc et l'huile d'olive. Intégrez enfin les allumettes de bacon et le gruyère râpé. Mélangez bien.

4. Versez la préparation dans un moule à cake tapissé de papier cuisson et enfournez pendant 45 min à 1 h, selon votre four. Si le cake colore trop en cours de cuisson, recouvrez-le avec une feuille de papier aluminium. Démoulez à la sortie du four et laissez refroidir sur une grille.

VARIANTE

La farine d'orge a un IG très bas (IG = 30). Si vous ne trouvez pas de farine d'orge, remplacez-la par de la farine de blé intégrale ou de la farine d'épeautre intégrale. Vous pouvez aussi remplacer le bacon par des allumettes de jambon.

INFO NUTRITION

La courgette râpée permet de réduire la quantité de graisses tout en apportant du moelleux. Ce cake est pauvre en graisses, donc en calories.

Roulés de courgette
au chèvre, noix et graines germées

20 roulés **I** Préparation : 20 min **I**
Matériel : Épluche-légumes, cure-dents

1 courgette
100 g de chèvre frais
Une poignée de graines d'alfalfa germées
20 g de cerneaux de noix
Sel, poivre du moulin

1. Lavez la courgette et coupez-en les extrémités. À l'aide de l'épluche-légumes, découpez de fines lamelles de courgette dans sa longueur, en appuyant bien afin d'obtenir des tranches d'environ 2 mm d'épaisseur. Une courgette de taille moyenne vous donnera ainsi une vingtaine de tranches.

2. Dans un bol, écrasez le fromage de chèvre à l'aide d'une fourchette et ajoutez-y les graines germées. Concassez les noix afin d'obtenir de petits morceaux. Ajoutez-les au chèvre, salez, poivrez et mélangez jusqu'à l'obtention d'une préparation homogène.

3. Étalez ce mélange sur les tranches de courgette, roulez ces dernières et piquez-les à l'aide de cure-dents. Dégustez bien frais à l'apéritif.

INFO NUTRITION

Les graines germées sont riches en vitamines et minéraux qui n'existent pas (ou peu) dans la graine non germée. La germination apporte aussi des enzymes qui améliorent la digestion.

Fatayers bi sbeinegh
bouchées aux épinards

30 bouchées | Préparation : 1 h | Repos : 1 h | Cuisson : 15 min | Matériel : Rouleau à pâtisserie

Pour la pâte
500 g de farine
1 verre d'eau
1 cuil. à café de levure boulangère
Sel

Pour la farce
1 kg d'épinards
2 oignons
2 cuil. à soupe d'huile de tournesol
2 cuil. à soupe de sirop de grenade ou le jus de 1 citron
Sel, poivre du moulin

1. Préparez la pâte en pétrissant ensemble tous les ingrédients. Laissez-la reposer en la recouvrant d'un torchon humide pendant 1 h.

2. Lavez soigneusement les épinards, puis hachez-les grossièrement. Plongez-les dans une casserole d'eau bouillante salée pendant 10 min. Égouttez, laissez refroidir. Pressez bien les épinards entre vos mains pour enlever le maximum d'eau.

3. Épluchez et hachez les oignons, et faites-les revenir dans l'huile chaude. Mélangez-les, puis ajoutez le sel, le poivre et le sirop de grenade (ou le jus de citron).

4. Abaissez la pâte sur un plan de travail fariné, sur une épaisseur de 0,5 cm. À l'aide d'une tasse à thé, découpez des disques de pâte.

5. Mettez 1 bonne cuil. à café de farce au centre de chaque disque et ramenez les bords les uns contre les autres.

6. Préchauffez le four à 180 °C (th. 6), placez les fatayers sur une plaque allant au four, graissée ou recouverte de papier sulfurisé. Faites cuire pendant 15 min. Servez chaud ou tiède avec des quartiers de citron.

ENTRÉES

Gaspacho de concombres et tomates vertes, tartare d'algues

4 personnes | Préparation : 25 min |
Matériel : Blender

2 concombres
2 tomates vertes
1 oignon nouveau
Le jus de 1 citron
1 cuil. à soupe d'huile d'olive
5 cl de vinaigre balsamique blanc
1 pincée de sel

Pour le tartare d'algues
50 g de dulse sauvage
1 cuil. à soupe d'algues déshydratées
2 petits cornichons
1 cuil. à café de câpres
Le jus de ½ citron
1 oignon nouveau
1 gousse d'ail
1 cuil. à café d'huile d'olive

1. Préparez d'abord le tartare. Lavez et hachez l'oignon. Faites tremper les algues fraîches pendant 5 min dans de l'eau pour les dessaler. Essorez-les, puis coupez-les. Déposez-les dans le bol du blender avec les algues déshydratées, les cornichons, les câpres, le jus de citron, l'huile d'olive, la gousse d'ail épluchée et dégermée et l'oignon. Mixez et réservez au frais.

2. Épluchez les concombres, coupez-les en deux dans la longueur et retirez le cœur. Lavez l'oignon et émincez-le. Faites chauffer une casserole d'eau, puis plongez les tomates 30 s dans l'eau bouillante. Pelez-les et coupez leur chair en morceaux. Déposez le concombre, l'oignon, le jus de citron, les tomates, l'huile d'olive et le vinaigre dans le bol du blender et mixez. Vérifiez l'assaisonnement et réservez au frais jusqu'au moment de servir avec le tartare.

Rouleaux de printemps
et jeunes pousses

4 personnes | Préparation : 20 min

Pour la sauce
1 cuil. à café de sauce soja
1 cuil. à café d'huile de sésame
1 cuil. à café de jus de citron vert
1 bâton de citronnelle

8 feuilles de riz pour rouleaux de printemps
2 carottes
1 petite courgette
1 petit fenouil
1 petit concombre
8 radis roses
½ bouquet de coriandre
100 g de jeunes pousses mélangées
1 cuil. à soupe de graines de courge
1 cuil. à soupe de graines germées

1. Préparez la sauce. Hachez la citronnelle. Mélangez les ingrédients de la sauce avec 3 cuil. à soupe d'eau, ajoutez la citronnelle, remuez et laissez reposer.

2. Épluchez les légumes, rincez-les si nécessaire et coupez-les en fine julienne. Faites tremper une première feuille de riz dans un plat rempli d'eau chaude, posez-la sur une surface propre et lisse, puis déposez la garniture de légumes et des feuilles de coriandre sur un côté. Roulez la feuille de riz sur elle-même en rabattant les côtés pour que la garniture ne s'échappe pas. Procédez ainsi jusqu'à épuisement des feuilles de riz et de la garniture. Lavez et essorez les jeunes pousses.

3. Répartissez dans les assiettes les jeunes pousses et les rouleaux de printemps coupés en deux, parsemez de graines de courge et de graines germées. Servez avec la sauce filtrée.

Maki de chou vert

4 personnes | Préparation : 20 min | Cuisson : 3 min

4 feuilles de chou vert frisé
250 g de riz à sushi cuit et vinaigré
4 cuil. à soupe de graines de sésame
4 cuil. à soupe de graines germées de radis
1 cuil. à café de zeste de citron
½ concombre
Sauce soja

1. Faites blanchir les feuilles de chou vert frisé 3 min dans l'eau bouillante. Égouttez et laissez refroidir. Coupez les feuilles en deux et ôtez les nervures centrales, trop coriaces.

2. Étalez le riz sur les feuilles de chou, saupoudrez de graines de sésame.

3. Ajoutez au centre une ligne de zeste de citron, puis tracez une ligne avec les graines germées de radis.

4. Épluchez le demi-concombre, coupez-le en rondelles de 0,5 cm d'épaisseur et placez-en une au centre, sur les graines germées.

5. Roulez les makis bien serrés et coupez-les en morceaux de la taille d'une bouchée.

6. Servez avec la sauce soja salée.

Ravioles au soja
et au bleu

4 personnes | Préparation : 30 min | Cuisson : 5 min | Matériel : Mixeur

80 g de graines de soja vert cuites (à défaut, de lentilles)
40 g de bleu d'Auvergne
1 branche d'ail des ours
1 feuille de citron kaffir (à défaut, un peu de citronnelle)
6 feuilles de lasagne
15 cl de « crème » de soja
1 cuil. à café d'huile de noix
4 cuil. à soupe de fleurs de brocoli décongelées
2 cuil. à soupe de noix concassées
2 cuil. à soupe de levure maltée
Sel, poivre du moulin

1. Dans le bol d'un mixeur, versez le soja cuit, le bleu, l'ail des ours et la feuille de citron kaffir. Poivrez et mixez jusqu'à l'obtention d'une pâte fine. Réservez.

2. Plongez les feuilles de lasagne dans de l'eau bouillante salée et poursuivez la cuisson pendant environ 5 min à petits frémissements et en évitant qu'elles ne se touchent. Procédez éventuellement en 2 fois avec une grande casserole ou une grande sauteuse.

3. Égouttez les feuilles de lasagne et étendez-les sur une toile de cuisson. Coupez-les en deux. Déposez une petite cuillère de préparation au bleu sur une moitié de chaque carré de pâte et repliez l'autre moitié par-dessus. Appuyez autour de la farce au bleu et découpez les ravioles.

4. Dans un plat à gratin, versez un peu de crème de soja, déposez les ravioles dessus, versez ensuite le reste de crème et un trait d'huile de noix. Ajoutez quelques fleurettes de brocoli et les noix concassées. Salez, poivrez, parsemez de levure et mettez à dorer sous le gril.

5. Servez chaud avec des graines germées de brocoli et une julienne de betterave rouge crue.

INFO NUTRITION

Les graines de soja apportent des protéines d'excellente qualité, des graisses insaturées bonnes pour le cœur ainsi que des fibres qui régulent le transit intestinal.

PÂTE
BANH TRANG
RICE PAPER

Nems végétaux

4 personnes | Préparation : 30 min | Cuisson : 5 min

20 galettes de riz moyennes
50 g de champignons noirs déshydratés
50 g de vermicelle de riz
100 g de champignons de Paris
½ courgette
1 échalote
1 oignon
1 carotte
½ bouquet de coriandre
2 gousses d'ail
100 g de pousses de soja
6 cuil. à soupe de nuoc-mâm chay
3 cuil. à soupe de jus de citron
½ cuil. à café de purée de piment
Feuilles de laitue
Menthe fraîche
Huile de sésame
Huile pour friture
Sel, poivre du moulin

1. Faites tremper les champignons noirs et le vermicelle de riz dans deux bols différents. Pendant ce temps, passez sous l'eau les champignons de Paris, coupez le morceau terreux du pied, puis hachez-les grossièrement au couteau. Épluchez la courgette, coupez-la en dés. Épluchez l'échalote et l'oignon, et hachez-les.

2. Dans un wok, faites chauffer 1 filet d'huile de sésame et déposez les champignons de Paris, la courgette, l'échalote et l'oignon. Faites bien suer et égouttez en pressant.

3. Mélangez à cette préparation les champignons noirs égouttés et coupés en morceaux, le vermicelle égoutté et coupé en petits morceaux, la carotte épluchée et râpée, les feuilles de coriandre hachées et les gousses d'ail épluchées, dégermées et pressées. Hachez les pousses de soja, ajoutez-les à la préparation. Salez et poivrez avant de bien mélanger à la main.

4. Mouillez les galettes de riz et déposez-les sur un torchon humidifié. Déposez l'équivalent de 1 cuil. à soupe de farce en bas de la feuille et roulez en rabattant les côtés pour former un cylindre bien fermé.

5. Dans le wok, faites chauffer l'huile de friture. Plongez-y les nems, des petites bulles doivent se former autour. Évitez qu'ils ne se touchent en début de cuisson car ils sont encore collants. Ils sont prêts quand ils sont dorés.

6. Préparez la sauce d'accompagnement avec le nuoc-mâm, le jus de citron et la purée de piment, et servez avec des feuilles de laitue et de la menthe fraîche.

Quenelles de céréales et de pois cassés, concassée aux tomates

4 personnes | Préparation : 25 min | Cuisson : 45 min

70 g de grains de petit épeautre
40 g de pois cassés
50 g de beurre
20 g de purée d'amandes
1 œuf entier + 2 blancs
2 cuil. à soupe d'huile d'olive
600 g de tomates cerise
1 petit oignon
1 gousse d'ail
1 branche de thym
4 cuil. à soupe de pignons de pin torréfiés
Sel, poivre du moulin

1. Mixez les grains de petit épeautre et les pois cassés en farine fine.

2. Portez à ébullition 15 cl d'eau avec le beurre, la purée d'amandes et 1 pincée de sel et de poivre. Hors du feu, ajoutez les farines et mélangez bien. Faites cuire la pâte pendant 1 min pour la dessécher. Laissez légèrement tiédir avant d'incorporer peu à peu l'œuf, puis les blancs d'œufs. Mélangez bien après chaque ajout.

3. Préchauffez le four à 180 °C (th. 6). Dressez des quenelles de préparation sur du papier sulfurisé et faites cuire à la vapeur ou à couvert avec un fond d'eau à feu très doux pendant environ 15 min. Arrosez d'huile et enfournez pendant 30 min.

4. À mi-cuisson, ajoutez les tomates cerise coupées en quatre, l'oignon ciselé, l'ail pressé, le thym et les pignons torréfiés. Salez, poivrez et servez bien chaud.

INFO NUTRITION

Le petit épeautre est particulièrement riche en lutéine, un composé antioxydant réputé pour ses vertus protectrices de l'œil.

Millefeuilles de panisse au fromage de chèvre

10 pièces **|** Préparation : 20 min **|** Cuisson : 1 à 2 min

2 pélardons (petits fromages de chèvre) • 1 barquette de tomates cerise • 1 boudin de panisse • 5 cl d'huile de friture • 1 branche de basilic • 1 poignée de graines germées (roquette, radis...) • Sel, poivre du moulin

1. Coupez les pélardons en 3 disques, puis en quartiers et les tomates cerise en deux. Découpez le boudin de panisse en fines tranches. Faites chauffer l'huile dans une poêle, puis faites-y frire les tranches de panisse pendant 1 à 2 min. Égouttez sur du papier absorbant.

2. Déposez 2 morceaux de tomate, 1 quartier de chèvre et 1 feuille de basilic sur 1 tranche de panisse. Recouvrez d'une tranche de panisse, puis de 2 morceaux de tomate, 1 quartier de chèvre et de quelques graines germées. Salez légèrement, poivrez et recouvrez d'une tranche de panisse. Parsemez de quelques graines germées.

3. Montez à l'identique les autres mille-feuilles. Dégustez rapidement.

Wraps de poulet tex mex, poivrons et sauce crémeuse

4 personnes **|** Préparation : 20 min **|** Cuisson : 15 min

2 blancs de poulet • 1 sachet d'épices mexicaines à fajitas • 1 cuil. à soupe d'huile • 1 laitue • 1 tomate • 1 poivron rouge • 1 oignon rouge • 4 tortillas de blé ou de maïs **Pour la sauce :** 2 cuil. à soupe de fromage blanc • 3 cuil. à soupe de mayonnaise • 1 cuil. à café de paprika • 1 cuil. à café d'origan séché

1. Coupez les blancs de poulet en lamelles. Saupoudrez-les d'épices, mais gardez-en 1 pincée pour la sauce. Faites-les cuire dans une poêle avec l'huile en remuant souvent pendant 10 min. Laissez-les refroidir.

2. Lavez les légumes et épluchez l'oignon. Coupez la salade en chiffonnade, la tomate en lamelles fines, ainsi que le poivron et l'oignon.

3. Préparez la sauce en mélangeant le fromage blanc, la mayonnaise, le paprika et l'origan séché ainsi que la pincée d'épices mexicaines.

4. Préparez les wraps. Sur 1 tortilla, étalez un peu de sauce crémeuse, déposez quelques légumes et des lamelles de poulet. Roulez la galette en cône. Renouvelez l'opération jusqu'à épuisement des ingrédients et dégustez.

Rouleaux de printemps
classiques

4 personnes | Préparation : 30 min | Cuisson : 30 min |
Matériel : Rasoir à julienne, torchon, film alimentaire

100 g de vermicelles de riz
2 beaux blancs de poulet cuits
1 laitue
1 carotte
1 bouquet de menthe fraîche
100 g de germes de soja frais
8 crevettes moyennes coupées dans le sens de la longueur
8 feuilles de riz sèches d'environ 30 cm de diamètre
Sauce pour nems

1. Préparez les vermicelles de riz comme indiqué sur le paquet en les faisant tremper dans de l'eau chaude quelques minutes. Rincez-les sous l'eau froide pour éviter qu'ils ne collent une fois égouttés.

2. Découpez les blancs de poulet en fines lanières dans la longueur. Lavez la laitue et essorez-la soigneusement. Découpez-la en chiffonnade. Épluchez la carotte et coupez-la en julienne avec un rasoir à julienne. Effeuillez la menthe.

3. Rassemblez tous les ingrédients sur le plan de travail. Préparez un récipient d'eau tiède pour y plonger les feuilles de riz. Immergez 1 feuille de riz dans le plat d'eau jusqu'à ce qu'elle soit assez souple pour être roulée. Déposez-la sur un torchon propre étalé sur le plan de travail, ou sur une planche.

4. Placez 2 demi-crevettes sur la feuille de riz humidifiée et 1 feuille de menthe (ainsi vous pourrez les voir en transparence une fois les rouleaux terminés). Ajoutez de la salade, de la menthe, un peu de carotte, des vermicelles de riz, quelques lanières de poulet et les germes de soja pour former une sorte de rectangle dans le bas de la feuille.

5. Fermez les rouleaux en n'hésitant pas à les serrer, tout en restant prudent pour ne pas déchirer la feuille de riz. Repliez les côtés, glissez un brin de ciboulette, puis roulez le tout. Enveloppez-les dans du film alimentaire : cela aidera à les faire tenir jusqu'à ce qu'ils soient servis. Réservez au frais et servez avec la sauce pour nems.

Rouleaux de printemps
à la grecque

4 personnes (16 petits rouleaux) I
Préparation : 30 min I Matériel : Torchon

2 sucrines, ou 2 cœurs de laitue, ou 1 laitue classique
4 petits oignons de printemps
1 morceau de 10 cm de concombre
10 tomates cerise
4 ou 5 brins de coriandre fraîche
80 g de feta
Un peu de graines de sésame
15 feuilles de riz d'environ 20 cm de diamètre

Pour la vinaigrette
Huile d'olive
Vinaigre de vin ou balsamique blanc
Sel, poivre du moulin

1. Émincez finement la salade et les oignons. Coupez le concombre en petits bâtonnets fins. Coupez les tomates cerise en deux. Effeuillez la coriandre. Découpez la feta en petits dés et mélangez-la avec les graines de sésame. Versez le tout dans le saladier.

2. Préparez un saladier d'eau tiède assez grand pour immerger les feuilles de riz, et une planche couverte d'un torchon propre. Trempez 1 feuille de riz pendant environ 1 min dans l'eau jusqu'à ce qu'elle soit bien souple. Posez la feuille sur le torchon.

3. Déposez un peu de salade sur le tiers inférieur de la feuille en répartissant les demi-tomates cerise et les morceaux de feta sur la longueur.

4. Rabattez le bas de la feuille de riz sur la salade et serrez un peu la garniture. Rabattez les 2 côtés de la feuille pour enfermer la farce et aplatissez les parties repliées pour former une sorte de bande avec la partie garnie en bas. Roulez en serrant bien. La feuille aura séché un peu sur le torchon et cela collera facilement (si toute la garniture est bien enfermée à l'intérieur).

5. Préparez la vinaigrette en mélangeant tous les ingrédients. Servez les rouleaux et la vinaigrette répartie dans de petites coupelles individuelles.

Taboulé de brocoli

4 personnes | Préparation : 15 min

1 tête de brocoli • Le jus de 1 citron • 1 petit oignon frais • 1 gousse d'ail • Quelques feuilles de menthe fraîche • 1 poignée d'amandes émondées • 3 cuil. à soupe d'huile d'olive • Sel, poivre du moulin

1. Coupez la tête de brocoli en bouquets et lavez-les.

2. À l'aide d'un couteau aiguisé, prélevez les boutons floraux des bouquets (les petites graines vertes). Vous pourrez faire une purée ou une quiche avec les restes de brocoli.

3. Faites mariner les boutons floraux du brocoli dans le jus de citron.

4. Pendant ce temps, épluchez l'oignon et la gousse d'ail. Hachez-les, ainsi que les feuilles de menthe. Mélangez-les et ajoutez-les sur le brocoli.

5. Concassez grossièrement les amandes et ajoutez-les.

6. Versez l'huile d'olive par-dessus, salez, poivrez et mélangez une dernière fois avant de servir.

Coleslaw de chou et pomme granny

4 personnes | Préparation : 10 min | Cuisson : 8 à 10 min | Matériel : Spiralizer

2 pommes granny • ½ chou blanc • ½ chou rouge • 30 g de pistaches décortiquées • Sel, poivre du moulin

Pour la sauce : 2 cuil. à soupe d'huile d'olive • ½ citron • 1 cuil. à soupe de miel • 1 cuil. à soupe de graines de chia

1. Préparez la sauce en mélangeant l'huile, le jus du demi-citron, le miel et les graines de chia.

2. Taillez les pommes en spirales, puis émincez les feuilles de chou afin d'obtenir une julienne.

3. Dans un saladier, réunissez le chou, les pommes et les pistaches. Versez la sauce et mélangez bien. Ajustez l'assaisonnement avant de servir.

Bruschetta aux graines germées

4 personnes | Préparation : 10 min | Cuisson : 20 min | Matériel : Mixeur

2 tomates • 1 bouquet de basilic • 1 gousse d'ail • 4 cl d'huile d'olive • 30 g de pignons de pin • 4 tranches de pain au levain • 4 cuil. à soupe de graines germées de radis • 2 pincées de sel

1. Lavez les tomates, ôtez le pédoncule et coupez-les en petits dés. Mettez-les dans un bol. Ajoutez 1 pincée de sel, mélangez et réservez.

2. Rincez le basilic, effeuillez-le et mettez les feuilles dans le bol d'un mixeur. Épluchez la gousse d'ail, dégermez-la et ajoutez-la dans le basilic.

3. Incorporez l'huile d'olive, 1 pincée de sel et les pignons de pin. Mixez finement et réservez.

4. Faites griller les tranches de pain, répartissez dessus la préparation au basilic, puis disposez les dés de tomates et enfin les graines germées de radis avant de déguster aussitôt.

Betteraves multicolores, câpres et cresson

4 personnes | Préparation : 15 min | Cuisson : 10 min | Matériel : Cuit-vapeur

2 betteraves jaunes • 2 betteraves Chioggia • 2 betteraves rouges • 1 cuil. à soupe de câpres • Le jus de 1 citron • 4 brins de persil • 1 oignon nouveau • 2 cuil. à soupe d'huile de noix • 1 poignée de mouron des oiseaux (facultatif)

1. Épluchez les betteraves, coupez-les en huit et faites-les cuire à la vapeur pendant 10 min. Pendant ce temps, lavez le mouron des oiseaux si vous souhaitez l'utiliser et essorez-le. Hachez les câpres, lavez le persil et l'oignon, et ciselez-les. Mélangez ensemble le jus de citron, le persil haché, les câpres, l'oignon et l'huile de noix.

2. Lorsque les betteraves sont cuites, répartissez-les dans les assiettes, déposez joliment le mouron des oiseaux et servez avec la sauce aux câpres.

Samoussa
épinards et cresson

4 personnes | Préparation : 25 min |
Cuisson : 4 min | Matériel : Mixeur

8 poignées de pousses d'épinards frais
4 poignées de feuilles de cresson
100 g de tofu aux herbes
1 cuil. à soupe de purée de noix de cajou
½ avocat
8 feuilles de brick
Huile d'olive
1 pincée de sel

1. Lavez les pousses d'épinards et les feuilles de cresson, égouttez-les bien avant de les déposer dans le bol du mixeur.

2. Coupez le tofu aux herbes en morceaux et ajoutez-les dans le mixeur. Mettez également la purée de noix de cajou, l'avocat épluché et le sel. Mixez la préparation. La farce des samoussas est prête.

3. Pliez 1 feuille de brick en deux, côté rond vers vous, et déposez un peu de farce tout à droite. Rabattez le bas de la feuille par-dessus. Rabattez la partie droite de la feuille pour former un début de triangle. Rabattez encore une fois vers la gauche pour former un triangle. Rabattez une dernière fois vers la gauche, vous obtenez un triangle. Glissez le morceau de feuille qui dépasse dans le samoussa et il est prêt à être cuit.

4. Faites de même avec les autres feuilles de brick.

5. Dans une poêle, faites chauffer 1 filet d'huile d'olive à feu moyen et faites cuire les samoussas 2 min de chaque côté. Servez aussitôt.

ASTUCE

À tenter aussi avec des feuilles de blettes.

Millefeuille de topinambour

4 personnes | Préparation : 15 min |
Cuisson : 20 min | Matériel : Cercle à pâtisserie

150 g de quinoa
4 gros topinambours
1 cuil. à café de curry en poudre
+ un peu pour décorer
2 cuil. à soupe d'huile d'olive
Sel

1. Rincez le quinoa, déposez-le dans une casserole et recouvrez-le de 2 fois son volume d'eau. Portez à ébullition, puis baissez le feu et laissez cuire 15 min. Égouttez et réservez.

2. Pendant la cuisson du quinoa, épluchez les topinambours et, à l'aide d'une mandoline, coupez-les en fines lamelles d'environ 5 mm d'épaisseur. Déposez-les dans un cuit-vapeur et faites-les cuire 5 min.

3. Pendant ce temps, dans une sauteuse, faites chauffer l'huile d'olive, ajoutez le curry dans l'huile chaude pour qu'il exprime tous ses arômes.

4. Ajoutez le quinoa et faites-le revenir pendant quelques minutes, le temps d'obtenir une belle couleur jaune orangé.

5. Pour la présentation, aidez-vous d'un cercle à pâtisserie de taille moyenne. Déposez 1 couche de quinoa, 1 couche de lamelles de topinambours, 1 couche de quinoa, et ainsi de suite pour finir par 1 couche de topinambours. Saupoudrez de curry et servez.

ASTUCE

Vous pouvez remplacer le topinambour par de la pomme de terre.

Rouleaux de printemps
shiitake-navet, sauce mangue

8 pièces I Préparation : 25 min I Cuisson : 5 min I
Matériel : Spiralizer, mixeur

60 g de vermicelles de riz
1 carotte
2 navets
70 g de champignons shiitake
8 feuilles de riz
1 bouquet de menthe
Bouquet de basilic thaï
Graines de sésame

Pour la sauce
1 mangue
½ citron vert
5 feuilles de menthe

1. Dans un bol, couvrez les vermicelles de riz d'eau bouillante salée et laissez reposer 5 min. Égouttez et réservez.

2. Pelez la carotte, lavez les navets, puis taillez carotte et navets en spirales. Coupez les champignons en fines lamelles.

3. Dans un grand bol d'eau froide, trempez les feuilles de riz une dizaine de secondes, l'une après l'autre, jusqu'à ce qu'elles s'assouplissent, puis déposez-les sur un linge sec.

4. Parsemez les galettes de quelques feuilles de menthe et de basilic ; disposez une grosse pincée de nouilles sur chaque galette. Ajoutez 3 lamelles de champignon, un peu de navet et de carotte et parsemez de graines de sésame. Repliez les bords, puis roulez fermement pour bien emprisonner la garniture.

5. Préparez la sauce : pelez et coupez la mangue. Mixez la mangue, la menthe et le demi-citron vert (jus et zestes).

6. Servez les rouleaux accompagnés d'un ramequin de sauce.

Hindbi bi zayt
chicorée ou pissenlits en ragoût

6 personnes | Préparation : 25 min | Cuisson : 10 min

1 grosse ou 2 petites chicorées
(ou 500 g de pissenlits)
5 gousses d'ail
2 oignons
6 cuil. à soupe d'huile d'olive
½ verre de pois chiches cuits (facultatif)
et/ou 1 grenade fraîche (facultatif)
1 citron coupé en quartiers
Sel

1. Lavez et triez la chicorée. Portez à ébullition une casserole d'eau salée. Jetez-y les feuilles de chicorée, attendez que l'ébullition reprenne et laissez cuire pendant 5 min.

2. Égouttez-les et rincez-les sous un filet d'eau froide. Pressez-les entre vos mains pour retirer le maximum d'eau.

3. Épluchez l'ail et écrasez-le à l'aide d'un presse-ail. Épluchez les oignons, émincez-les. Faites-les revenir avec l'huile d'olive, ajoutez la chicorée, salez.

4. Mélangez bien, ajoutez les pois chiches et/ou les graines de grenade si vous avez choisi d'en mettre. Servez tiède ou froid avec des quartiers de citron.

VARIANTES

Vous pouvez préparer de la même manière des épinards, des feuilles de blettes et toutes sortes de laitues, ou encore mettre dans cette salade un mélange de chicorée et de pissenlit, par exemple.
Vous pouvez également parsemer la préparation d'un oignon finement émincé et revenu dans un peu d'huile.

Millefeuille de courgettes au chèvre frais

4 personnes | Préparation : 20 min | Cuisson : 50 min | Repos : 40 min | Matériel : Poêle grill, mixeur plongeant

2 longues courgettes (environ 450 g)
2,5 cuil. à café de fleur de sel
1 grand poivron rouge
10 feuilles de basilic
100 g de fromage de chèvre frais
Huile d'olive

1. Préchauffez le four à 200 °C (th. 6-7) en position gril. Lavez les courgettes et coupez des tranches de 3 à 4 mm dans le sens de la longueur à l'aide d'une mandoline ou d'un couteau. Placez les tranches dans une passoire, recouvrez-les de 2 cuil. à café de fleur de sel, mélangez et laissez dégorger pendant 30 min.

2. Lavez le poivron rouge et faites-le griller sur une plaque en haut du four, en le retournant toutes les 10 min, jusqu'à ce qu'il soit noir de tous les côtés. Placez-le dans une boîte hermétique et réservez pendant 10 min.

3. Rincez les tranches de courgettes, égouttez-les et placez-les sur un torchon propre. Absorbez le plus d'eau possible en tapotant plusieurs fois avec du papier absorbant. Chauffez une poêle grill et faites griller chaque tranche de courgette environ 5 min de chaque côté. Réservez et laissez refroidir.

4. Retirez les pépins et la peau du poivron rouge, coupez-le en morceaux et placez les morceaux dans un récipient profond avec bec verseur. Ajoutez 5 cl d'eau, ½ cuil. à café de fleur de sel, 5 feuilles de basilic et 1 cuil. à café d'huile d'olive. Émulsionnez avec un mixeur plongeant. Réservez au frais.

5. Mélangez le fromage de chèvre frais avec 5 feuilles de basilic émincé et le poivre. Tartinez délicatement de fromage frais 4 tranches de courgette grillée ayant à peu près la même taille. Recoupez toutes les tranches en deux afin d'obtenir 10 tranches de même gabarit. Placez une tranche par-dessus l'autre. Finissez avec une tranche de courgette non tartinée. Répétez pour former deux autres millefeuilles. Réservez au frais. Servez en versant le coulis de poivron rouge par-dessus.

Taboulé de chou-fleur

4 personnes | Préparation : 20 min | Refroidissement : 1 h | Matériel : Mixeur

250 g de fleurettes de chou-fleur • 2 tomates • ½ poivron rouge • 15 petits radis roses • ¼ de concombre • 80 g de feta • 2 cuil. à soupe de jus de citron • 2 cuil. à soupe d'huile d'olive • Sel, poivre du moulin • Menthe fraîche

1. Lavez et essuyez les fleurettes de chou-fleur, puis passez-les au mixeur jusqu'à obtenir une texture de semoule. Versez cette semoule dans un saladier.

2. Lavez les tomates et le poivron, puis coupez-les en deux, ôtez les graines et détaillez-les en petits morceaux. Épluchez le concombre, ôtez les graines, puis coupez-le en petits cubes. Lavez les radis et coupez-les en rondelles.

3. Mélangez tous les légumes avec le chou-fleur et la feta coupée en morceaux, puis ajoutez le jus de citron et l'huile d'olive. Salez, poivrez et ajoutez de la menthe fraîche ciselée.

4. Placez au réfrigérateur pendant 1 h pour consommer bien frais.

Loubiée bi zayt (haricots verts à la tomate)

6 personnes | Préparation : 20 min | Cuisson : 30 min

1 kg de haricots verts • 1 gros poivron vert • 500 g de tomates • 2 gros oignons • 6 gousses d'ail • 3 cuil. à soupe d'huile d'olive • 2 cuil. à soupe de concentré de tomates

1. Lavez les légumes, équeutez les haricots verts, épépinez le poivron et émincez-le, coupez les tomates en quartiers. Épluchez les oignons et l'ail. Émincez-les et faites-les blondir dans l'huile d'olive.

2. Ajoutez tous les légumes. Diluez le concentré de tomates dans 1 verre d'eau, versez-le dans la casserole. Faites mijoter pendant 30 min. Servez tiède ou froid.

Carpaccio d'artichauts au citron confit et parmesan

4 personnes I Préparation : 18 min

4 artichauts poivrade • 1 citron jaune • 60 g de parmesan en bloc • 4 brins de persil plat • 1 citron confit au sel • 6 cuil. à soupe d'huile d'olive • Fleur de sel, poivre du moulin

1. Cassez la queue des artichauts, retirez les feuilles dures pour ne garder que le cœur tendre, raccourcissez la pointe des deux tiers et émincez-les en fines lamelles dans la hauteur. Plongez-les aussitôt dans de l'eau glacée additionnée du jus du citron jaune.

2. À l'aide d'un économe, prélevez des copeaux dans le bloc de parmesan, réservez.

3. Effeuillez et ciselez le persil plat. Rincez le citron confit, coupez-le en quatre, récupérez uniquement la peau jaune et hachez-la. Mélangez l'huile d'olive avec le citron confit et le persil.

4. Égouttez bien les lamelles d'artichaut, répartissez-les dans les assiettes, arrosez d'huile au citron confit et persil, parsemez de copeaux de parmesan. Salez et poivrez. Dégustez aussitôt.

Tartare de thon cru aux poivrons

4 personnes I Préparation : 25 min

500 g de thon rouge • ½ poivron vert • ½ poivron rouge • 150 g de tomates cerise • 2 oignons nouveaux • ¼ de bouquet d'aneth • 2 cuil. à café de moutarde en grains • Le jus de ½ citron vert • 4 cuil. à soupe d'huile d'olive vierge extra • Fleur de sel, poivre du moulin

1. Coupez le thon en petits dés et placez-le au frais.

2. Coupez les tomates cerise en quatre. Épépinez les poivrons et ôtez les membranes blanches, puis coupez les poivrons en tout petits dés. Ciselez les oignons nouveaux. Effeuillez et hachez l'aneth.

3. Dans un saladier, émulsionnez le jus de citron vert, l'huile d'olive et la moutarde en grains.

4. Sortez le thon du réfrigérateur et ajoutez tous les ingrédients dans le saladier. Salez et poivrez, mélangez bien.

5. Dégustez aussitôt.

Huîtres aux fèves
et au vinaigre de riz

4 personnes | Préparation : 25 min | Cuisson : 5 min

10 radis rose
10 brins de ciboulette
10 cl de bouillon dashi
5 cl de vinaigre de riz
1 cuil. à soupe de sauce soja
100 g de fèves décortiquées fraîches ou surgelées
2 douzaines d'huîtres n°3 bretonnes ou normandes
Poivre du moulin

1. Rincez et équeutez les radis. Râpez-les finement et saupoudrez-les de sel fin. Mettez-les dans un tamis et laissez-les ainsi le temps de préparer le reste de la recette.

2. Rincez, séchez et émincez le plus finement possible la ciboulette. Dans un bol, mélangez le bouillon dashi avec le vinaigre de riz, la sauce soja, la ciboulette et le poivre. Réservez.

3. Portez une grande casserole d'eau à ébullition, puis plongez-y les fèves. Comptez environ 5 min de cuisson à la reprise de l'ébullition. Égouttez et réservez. Les fèves doivent être fondantes. Pincez-les une à une entre le pouce et l'index de façon à ne conserver que la chair et à les débarrasser de leur peau.

4. Ouvrez les huîtres par la pointe de façon à ne pas casser la coquille et risquer d'avoir des débris de nacre dans le fruit. Retirez la première eau et disposez-les sur des assiettes. Mettez 1 cuil. à café de sauce et saupoudrez de quelques fèves et d'une pincée de radis râpé. Servez aussitôt.

CONSEIL

Si vous aimez les sauces puissantes avec les huîtres, n'utilisez pas de bouillon mais uniquement du vinaigre de riz et un peu de sauce soja, pour apporter une touche de sel.

Chakchouka

4 personnes | Préparation : 10 min | Cuisson : 40 min

2 grosses gousses d'ail
2 cuil. à soupe d'huile d'olive
4 tomates
2 poivrons rouges
1 poivron vert
1 poivron jaune
Sel, poivre du moulin

1. Épluchez et émincez l'oignon et l'ail finement. Dans une poêle, faites-les revenir dans l'huile d'olive pendant 10 min en remuant souvent.

2. Émondez les tomates. Faites bouillir un grand volume d'eau et remplissez un saladier d'eau froide. Lavez les tomates et faites une croix au couteau sur le dessus. Plongez-les 30 s dans l'eau bouillante, puis immédiatement dans l'eau froide. À l'aide d'un couteau, ôtez la peau en partant de la croix : la peau va se retirer toute seule. Coupez-les en quartiers et retirez les graines.

3. Lavez et détaillez les poivrons en lanières. Ajoutez les tomates et les poivrons dans la poêle, salez et poivrez, puis laissez compoter le tout pendant 30 min en remuant. Servez tiède ou froid accompagné de pain plat.

VARIANTE

Vous pouvez aussi servir cette recette en plat chaud complet. Préchauffez le four à 200 °C (th. 6-7). Répartissez la salade dans des plats à four individuels et cassez 1 œuf dans chacun d'eux. Enfournez pour 10 min de cuisson.

Légumes grillés au sel

4 personnes | Préparation : 30 min | Cuisson : 30 min

2 poivrons rouges • 2 grosses courgettes • 1 aubergine • 1 poivron jaune • 4 branches de thym frais • 1 grosse cuil. à café de fleur de sel • 8 cl d'huile d'olive

1. Lavez les légumes. Épluchez et épépinez les poivrons, coupez-les en quatre. Coupez les courgettes et l'aubergine en tranches de 3 à 4 mm d'épaisseur.

2. Faites chauffer un gril ou une plancha à feu moyen. Commencez par faire griller les quartiers de poivron pendant 10 min en les retournant régulièrement. Mettez les tranches d'aubergine et de courgette à cuire. Parsemez les légumes de brins de thym et d'un peu de fleur de sel. Arrosez-les d'huile d'olive, laissez-les cuire encore 15 min. Mettez tous les légumes grillés sur un plat, ajoutez le reste de fleur de sel et servez aussitôt.

Tartines de feta aux pousses d'épinard

4 personnes | Préparation : 15 min

4 tranches de pain de campagne • 200 g de feta • 2 oignons nouveaux • ½ bouquet d'aneth • 150 g de pousses d'épinard • 4 cuil. à soupe d'huile d'olive vierge extra • Fleur de sel, poivre du moulin

1. Faites griller les tranches de pain. Émiettez la feta. Pelez et émincez les oignons nouveaux. Effeuillez et ciselez l'aneth. Lavez et essorez les pousses d'épinard.

2. Déposez sur chaque tranche de pain quelques pousses d'épinard, recouvrez de feta, ajoutez des oignons nouveaux, parsemez d'aneth. Salez légèrement et poivrez.

3. Arrosez d'huile d'olive et dégustez.

Betteraves et yaourt à l'ail

4 personnes | Préparation : 15 min | Matériel : Robot mixeur

500 g de betteraves cuites • 250 g de yaourt grec • 3 gousses d'ail pelées • ½ bouquet de persil plat • 50 g de noisettes émondées • 2 cuil. à soupe d'huile d'olive • Sel, poivre du moulin

1. Dans un robot, mixez le yaourt avec les gousses d'ail, l'huile d'olive, 1 belle pincée de sel et 2 à 3 tours de moulin à poivre. Réservez au frais.

2. Effeuillez et ciselez le persil plat. Concassez les noisettes.

3. Coupez les betteraves en dés ou en rondelles fines et mélangez avec le persil. Disposez dans les assiettes des dés de betteraves, recouvrez de yaourt à l'ail, puis saupoudrez de noisettes.

4. Dégustez froid.

Taboulé menthe-grenade

2 personnes | Préparation : 10 min | Cuisson : 10 min

200 g de boulgour fin • ½ botte de persil plat • ½ botte de menthe fraîche • 1 petite courgette • 1 belle grenade • Le jus de 1 citron • 6 framboises • 2 cuil. à soupe de coriandre ciselée • 3 à 4 cuil. à soupe d'huile d'olive • Fleur de sel, poivre noir

1. Faites cuire le boulgour selon les indications du paquet, laissez refroidir.

2. Lavez le persil et la menthe et séchez-les. Ciselez-les finement. Lavez la courgette et détaillez-la en petits cubes. Ouvrez la grenade en deux et prélevez les graines.

3. Dans un bol, émulsionnez le jus de citron et l'huile d'olive. Salez et poivrez.

4. Mettez le boulgour refroidi dans un saladier, ajoutez la menthe, le persil, la grenade et les cubes de courgette. Mélangez et versez la vinaigrette. Ajoutez les framboises et la coriandre. Mélangez et dégustez immédiatement ou gardez au frais.

VARIANTE

Remplacez la courgette par un concombre et la menthe par de la menthe poivrée.

Tabboulé

8 personnes | Préparation : 40 min |
Repos : 1 h | Matériel : Tamis

200 g de boulgour fin
4 tomates moyennes
2 oignons moyens
2 citrons
4 bouquets de persil
1 bouquet de menthe fraîche
1 cuil. à soupe de menthe séchée
6 cuil. à soupe d'huile d'olive
Sel, poivre du moulin

1. Versez le boulgour dans un bol et lavez-le à l'eau froide. Égouttez-le dans un tamis très fin, puis laissez-le gonfler pendant 1 h au frais.

2. Pendant ce temps, lavez les légumes et séchez-les. Coupez les tomates en tout petits dés, hachez les oignons et pressez les citrons. Réservez.

3. Équeutez le persil et la menthe fraîche. Sur une planche en bois, hachez-les très finement avec un couteau bien aiguisé ou en vous aidant d'un hachoir.

4. Dans un grand saladier, mélangez intimement les légumes coupés, le boulgour et les herbes. Ajoutez le jus de citron, l'huile d'olive, la menthe séchée et un peu de poivre. Ne salez qu'au dernier moment, juste avant de servir.

5. Présentez le taboulé dans un grand plat entouré de feuilles de salade romaine, de vigne ou encore de chou tendre. On utilise ces feuilles enroulées comme des cornets pour manger le taboulé.

À SAVOIR

À la base simple salade de boulgour assaisonnée au citron et à l'huile d'olive et agrémentée de quelques herbes du jardin, ce plat s'est peu à peu enrichi d'une grande quantité de persil et de menthe, ainsi que de tomates, pour devenir la salade libanaise par excellence.

Buddha bowl vert

2 personnes | Préparation : 20 min | Cuisson : 20 min

1 verre de mélange de 3 riz (long grain, sauvage et complet)
1 boîte de pois chiches
½ gousse d'ail
Le jus de 1 citron
2 cuil. à soupe de tahin
1 pincée de cumin en poudre
3 cuil. à soupe de persil ciselé
2 poignées de petits pois
1 pincée de bicarbonate
2 poignées de fèves
1 avocat
2 poignées de pousses d'épinards
2 oignons nouveaux
2 cuil. à soupe de mélange de graines (courge, chanvre, tournesol et sésame)
Huile d'olive fruitée
1 pincée de sel

Pour la sauce
1 yaourt brassé
2 cuil. à soupe de jus de citron
1 cuil. à soupe de menthe ciselée finement
Sel, poivre du moulin

1. Faites cuire le riz dans une casserole d'eau bouillante salée selon les indications du paquet. Égouttez-le et ajoutez 1 filet d'huile d'olive pour qu'il ne colle pas.

2. Préparez l'houmous. Versez dans un mixeur les pois chiches rincés à l'eau claire et égouttés. Ajoutez la gousse d'ail pelée, le jus de citron, le tahin, le cumin et le persil. Mixez et ajoutez 1 filet d'huile d'olive pour que la préparation soit onctueuse. Goûtez et salez à votre convenance.

3. Faites cuire les petits pois pendant quelques minutes dans une casserole d'eau bouillante salée additionnée de bicarbonate. Faites de même avec les fèves, puis pelez-les. Épluchez l'avocat et coupez-le en lamelles. Citronnez-le pour qu'il ne s'oxyde pas. Lavez les pousses d'épinards.

4. Dans deux grands bols, déposez un lit de riz et ajoutez harmonieusement les différents légumes et l'houmous. Ciselez les oignons et ajoutez-les sur les légumes. Parsemez de mélange de graines. Préparez la sauce. Versez le yaourt dans un bol, ajoutez le jus de citron, le sel, le poivre et la menthe ciselée. Émulsionnez bien. Versez sur les préparations.

VARIANTE

Mélangez pousses d'épinards et pousses de betterave. Variez la saveur de l'houmous : ajoutez de la coriandre, de la ciboulette ou un morceau de betterave cuite mixé.

Crème d'asperges blanches, muffins tièdes

2 personnes | Préparation : 30 min | Cuisson : 35 à 40 min

1 botte d'asperges blanches
1 cuil. à soupe de Maïzena®
1 cube de bouillon de légumes
1 pincée de sucre
1 cuil. à café de curry en poudre
8 cl de crème fleurette allégée
1 cuil. à soupe d'huile de colza

Pour le crumble de parmesan
2 cuil. à soupe de farine
2 cuil. à soupe de parmesan
2 cuil. à soupe de semoule fine
2 cuil. à soupe de beurre coupé en morceaux

Pour les muffins de pain d'épice
200 g de farine d'épeautre complète
1 cuil. à café de bicarbonate
1 cuil. à café de mélange pour pain d'épice
4 cuil. à soupe de miel de sapin
140 g de sucre roux
15 cl d'eau
1 cuil. à café de brins de fenouil ciselés finement
Beurre frais

1. Épluchez les asperges et retirez les troncs. Coupez les asperges en tronçons et réservez les pointes. Faites revenir les tronçons d'asperges dans l'huile dans une cocotte pendant 5 à 6 minutes. Saupoudrez de Maïzena® et couvrez d'eau.

2. Émiettez le cube de bouillon de légumes, ajoutez le sucre et le curry. Portez à petite ébullition et laissez mijoter pendant environ 15 min.

3. Mettez les pointes dans une casserole d'eau bouillante et faites-les cuire pendant 10 min. Égouttez-les délicatement. Réservez.

4. Préparez le crumble. Préchauffez le four à 180 °C (th. 6). Versez la farine, le parmesan et la semoule dans un saladier. Mélangez, puis ajoutez le beurre. Mélangez du bout des doigts. Versez sur une plaque de four recouverte de papier sulfurisé et enfournez pour environ 10 min. Le crumble doit être doré. Réservez.

5. Préparez les muffins. Mélangez la farine, le bicarbonate et le mélange pour pain d'épice dans un saladier. Faites chauffer dans une casserole le miel, le sucre et l'eau. Stoppez quand le mélange est homogène. Versez dans la préparation précédente et mélangez bien. Préchauffez le four à 170 °C (th. 5-6). Beurrez les moules à muffins et garnissez-les de préparation. Enfournez pour 35 à 40 min. Laissez refroidir sur une grille.

6. Dressez le plat. Mixez les asperges, le bouillon au curry et la crème fleurette. Faites-la chauffer si nécessaire. Versez dans des grands bols, ajoutez les pointes d'asperges et parsemez de crumble. Ouvrez les muffins en deux, ajoutez 1 lamelle de beurre et dégustez.

Gaspacho de tomate
et frites de polenta

2 personnes | Préparation : 15 min | Repos : 2 h | Cuisson : 5 min

500 g de tomates
1 poivron rouge
1 petit concombre (si grand, épépinez-le)
1 branche de céleri + 2 feuilles
1 oignon blanc frais
1 gousse d'ail
2 cuil. à soupe de vinaigre de Xérès
1 pincée de piment d'Espelette
1 cuil. à soupe de basilic ciselé
5 cl d'huile d'olive fruitée
Sel, poivre du moulin

Pour les frites de polenta
125 g de polenta
50 cl d'eau
1 cube de bouillon de légumes
1 cuil. à soupe de fleur de sel
1 cuil. à soupe de thym ciselé finement
Huile d'olive

1. Épluchez les tomates et le poivron. Coupez-les en morceaux et mettez-les dans un blender. Ajoutez le concombre coupé en morceaux. Coupez le céleri en tronçons et ajoutez-le ainsi que 2 feuilles. Épluchez l'oignon et l'ail, et ajoutez-les. Versez le vinaigre, l'huile d'olive, le piment d'Espelette, le poivre et le sel. Mixez jusqu'à ce que la texture soit onctueuse et veloutée. Ajoutez un peu d'eau si nécessaire. Goûtez et rectifiez l'assaisonnement. Laissez reposer pendant 2 h au frais avant de déguster bien froid. Parsemez de basilic avant de servir.

2. Pour les frites de polenta, faites chauffer 50 cl d'eau avec le cube de bouillon de légumes. Écrasez-le pour bien le dissoudre. À ébullition, versez la polenta en pluie, mélangez et laissez cuire pendant 3 à 4 min ou selon les indications du paquet. Versez la préparation dans un plat. Laissez refroidir, puis coupez en frites.

3. Mélangez la fleur de sel et le thym dans un bol. Chauffez une poêle avec de l'huile d'olive et faites-y revenir les frites de tous les côtés pour bien les griller. Déposez dans un plat garni de papier absorbant, puis saupoudrez de fleur de sel au thym. Dégustez les frites chaudes accompagnées du gaspacho

VARIANTES

Ajoutez du persil, du basilic ou de la menthe dans le gaspacho, et du parmesan dans la polenta. Vous pouvez aussi faire griller les frites de polenta au four.

Pastèque et melon, menthe, feta et basilic

2 personnes **I** Préparation : 15 min

1 tranche de pastèque • 1 petit melon de Cavaillon • ½ botte de basilic • ½ botte de menthe • 150 g de feta • 1 poignée de roquette • 2 cuil. à soupe de vinaigre balsamique blanc • 3 cuil. à soupe d'huile d'olive • Poivre

1. Enlevez la peau de la pastèque ainsi que les pépins et coupez-la en cubes ou en tranches. Ouvrez le melon en deux, enlevez le centre, puis coupez-le en cubes ou en billes. Mettez le tout dans un saladier.

2. Ciselez finement le basilic et la menthe et ajoutez-les sur les fruits. Coupez la feta en petits cubes. Lavez la roquette et essorez-la.

3. Dans un bol, émulsionnez le vinaigre balsamique blanc et l'huile d'olive. Poivrez. Versez dans le saladier. Mélangez. Dressez la préparation dans deux assiettes. Ajoutez la feta et la roquette. Dégustez immédiatement.

VARIANTES

Remplacez le vinaigre balsamique par un jus de citron si les fruits sont très sucrés. Remplacez la feta par du chèvre et ajoutez un petit concombre.

Dolmas

4 personnes **I** Préparation : 30 min **I** Cuisson : 40 min

1 tomate • 1 botte de ciboule • 1 oignon blanc • 200 g de riz rond • 1 cuil. à café de sel • 1 cuil. à café de mélange quatre-épices • 1 cuil. à café de cannelle en poudre • 1 botte de persil plat hachée • 1 cuil. à soupe de menthe ciselée • 12 cl d'huile d'olive • 1 bocal de feuilles de vigne • 2 pommes de terre • 2 cuil. à soupe d'huile d'olive • 2 citrons pour le service

1. Passez la tomate sous l'eau bouillante, puis dans l'eau glacé. Pelez-la et coupez-la en dés. Hachez les ciboules. Épluchez et hachez l'oignon. Mettez tout dans un grand bol, mélangez bien et ajoutez le riz, le sel, le mélange quatre-épices, la cannelle, le persil, la menthe et l'huile d'olive. Mélangez.

2. Étalez les feuilles de vigne sur le plan de travail. Ajoutez un peu de farce au centre de la feuille. Rabattez les côtés des feuilles sur la farce et roulez. Faites ainsi de suite jusqu'à épuisement des ingrédients.

3. Coupez les pommes de terre en grosses rondelles et déposez-les dans le fond d'un faitout. Arrosez-les de 2 cuil. à soupe d'huile d'olive. Ajoutez les feuilles de vigne en les serrant les unes contre les autres. Ajoutez 50 cl d'eau. Salez. Déposez une assiette pour tenir la préparation. Portez à ébullition et laissez mijoter pendant 40 min. Servez chaud ou froid avec des quartiers de citron.

Frisée à l'ail, galettes de légumes et maïs grillé

2 personnes | Préparation : 20 min | Cuisson : 25 min

1 carotte
1 navet
¼ de céleri
1 tranche de courge butternut
1 œuf
1 pincée de noix muscade
1 cuil. à soupe de persil plat haché
2 épis de maïs
1 cuil. à soupe de beurre demi-sel
Huile d'olive
1 pincée de sel + gros sel pour le maïs
1 pincée de poivre

Pour la salade
½ salade frisée
1 cuil. à café de moutarde à l'ancienne
1 cuil. à soupe de vinaigre doux
1 gousse d'ail
2 cuil. à soupe d'huile d'olive

1. Épluchez les légumes et râpez-les finement. Mettez-les dans un saladier, mélangez-les et épongez rapidement l'humidité avec du papier absorbant. Ajoutez l'œuf, la noix muscade, le persil plat, le sel et le poivre.

2. Faites chauffer de l'huile dans une poêle, déposez 1 cuil. à soupe de préparation, tassez avec le dos d'une cuillère et recommencez à côté. Faites revenir les galettes des deux côtés jusqu'à ce qu'elles soient bien grillées.

3. Enlevez les feuilles des épis de maïs. Lavez-les et faites-les cuire pendant 12 à 15 min dans de l'eau bouillante salée. Déposez-les ensuite dans un plat allant au four et faites-les griller en les retournant sous le gril du four pendant environ 10 min. Dégustez avec du beurre demi-sel.

4. Préparez la salade. Épluchez la frisée et lavez-la plusieurs fois à l'eau claire. Émulsionnez la moutarde, le vinaigre et l'huile d'olive. Ajoutez sur la salade ainsi que la gousse d'ail, épluchée et ciselée finement. Mélangez avant de servir.

VARIANTES

Ajoutez 2 cuil. à soupe de fromage râpé dans les galettes. Variez les légumes dans les galettes : panais, patate douce, courge...

PLATS

Riz complet, œuf poché et légumes verts

1 personne | Préparation : 25 min | Cuisson : 17 min

50 g de riz complet
1 poignée de petits pois écossés
1 cuil. à soupe de vinaigre blanc
1 œuf extra frais
1 poignée de jeunes pousses d'épinards
2 mini-courgettes
1 cuil. à café de purée de graines de tournesol
1 cuil. à café de vinaigre de cidre
1 cuil. à café de moutarde à l'ancienne
2 cuil. à soupe d'huile d'olive
½ avocat
½ citron vert
2 brins de cerfeuil
1 poignée de graines germées d'alfalfa
1 cuil. à café de graines mélangées
Sel, poivre du moulin

1. Faites cuire le riz pendant 12 min (selon les indications de cuisson sur le paquet) et faites cuire les petits pois dans une casserole d'eau bouillante pendant 5 min. Égouttez-les séparément.

2. Remplissez une casserole d'eau et faites bouillir avec le vinaigre blanc. Formez un tourbillon au centre de la casserole et plongez l'œuf dedans ; à l'aide de deux cuillères à soupe, pincez le blanc d'œuf pour refermer l'œuf poché.

3. Lavez les épinards et essorez-les. Lavez les courgettes et émincez-les avec un économe.

4. Préparez la vinaigrette en mélangeant la purée de graines avec le vinaigre de cidre, la moutarde et l'huile d'olive. Salez et poivrez.

5. Coupez l'avocat en lamelles et arrosez-le de jus de citron. Mélangez les petits pois, les épinards, les courgettes émincées, l'avocat et la vinaigrette.

6. Servez le riz mélangé avec le cerfeuil, l'œuf poché, les légumes et les graines d'alfalfa. Parsemez de graines.

Wok de poulet,
linguine, raisins secs et noix de cajou

4 personnes | Préparation : 8 min | Cuisson : 13 min

450 g de filets de poulet
70 g de noix de cajou
30 g d'amandes décortiquées
30 g de pistaches décortiquées
100 g de raisins secs
10 g de coriandre
3 citrons verts
1 cube de bouillon de volaille
400 g de linguine (pâtes longues)
3 cuil. à soupe d'huile de sésame
4 cuil. à soupe de nuoc-mâm

1. Détaillez le poulet en aiguillettes (lanières). Hachez les noix de cajou, les amandes, les pistaches et les raisins (s'ils sont gros). Lavez puis ciselez la coriandre. Pressez les citrons.

2. Portez une grande casserole d'eau à ébullition et ajoutez-y le cube de bouillon. Plongez-y les pâtes et faites-les cuire selon les indications de l'emballage.

3. Pendant ce temps, faites chauffer l'huile de sésame dans le wok. Ajoutez un tiers des aiguillettes de poulet en une seule couche, sans qu'elles se chevauchent, et faites-les dorer de chaque côté. Réservez et renouvelez l'opération pour faire cuire le poulet restant.

4. Pressez le jus des citrons verts.

5. Mettez tout le poulet dans le wok et ajoutez les fruits secs hachés. Déglacez en versant le jus de citron vert et le nuoc-mâm. Ajoutez les pâtes égouttées et mélangez une dernière fois. Servez avec la coriandre ciselée.

CONSEIL

Faire cuire la viande en plusieurs fois permet d'éviter que celle-ci ne fasse baisser la température du wok. En effet, celui-ci doit être très chaud pour saisir parfaitement les aiguillettes de poulet.

Tajine de poulet
aux abricots, raisins, amandes et cacahuètes

4 personnes | Préparation : 7 min | Cuisson : 45 min

½ d'oignon
1 poivron
4 cuisses de poulet
70 g d'abricots secs
1 cube de bouillon
70 g de raisins secs
3 cuil. à café de ras el-hanout
1 cuil. à café de cannelle moulue
1 cuil. à café de gingembre moulu
30 g de cacahuètes natures
30 g d'amandes décortiquées
3 cuil. à soupe d'huile d'olive
Sel

1. Pelez et émincez l'oignon grossièrement. Épépinez le poivron et taillez-le en fines lamelles. Coupez les cuisses de poulet et les abricots en deux. Délayez le cube de bouillon dans 35 cl d'eau bouillante.

2. Faites chauffer l'huile à feu moyen dans une cocotte ou une sauteuse. Faites colorer la viande dans l'huile chaude, puis retirez-la du feu.

3. Dans la cocotte, faites suer l'oignon quelques minutes, puis le poivron. Ajoutez les abricots, les raisins secs, le poulet et les épices. Faites revenir le tout quelques instants. Ajoutez le bouillon et du sel. Laissez cuire 20 min à couvert, puis ôtez le couvercle et prolongez la cuisson de 10 min, en surveillant bien et en remuant fréquemment.

4. Juste avant le service, hachez grossièrement les cacahuètes et les amandes. Faites-les colorer dans une poêle à sec (sans matière grasse). Recouvrez la viande de fruits secs torréfiés. Servez avec de la semoule.

VARIANTE

Saisissez 4 merguez à la poêle, coupez-les en deux et ajoutez-les à cette recette.

Poulet au zaatar,
chou-fleur, grenade, topinambours

4 personnes | Préparation : 15 min | Cuisson : 25 min | Marinade : 10 min | Matériel : Cuit-vapeur, papier sulfurisé, râpe

4 petits filets de poulet
1 cuil. à soupe de za'atar (mélange d'épices libanais)
½ citron jaune
½ chou-fleur jaune (ou blanc)
200 g de topinambours
1 poivron jaune
1 cuil. à café de miel
¼ de grenade
½ bouquet de persil + un peu pour décorer
1 cuil. à café de graines de sésame
4 brins de thym
2 cuil. à soupe d'huile d'olive
Sel

1. Préchauffez le four à 200 °C (th. 6-7) et faites-y cuire le poivron entier pendant 25 min en le tournant régulièrement.

2. Roulez les filets de poulet dans le za'atar, le zeste râpé et le jus du demi-citron puis laissez-les mariner pendant 10 min. Pendant ce temps, séparez les fleurettes du chou-fleur et lavez-les. Épluchez les topinambours.

3. Lorsque le poivron jaune est bien doré de tous les côtés, sortez-le du four et placez-le dans un sac plastique. Fermez le sac et attendez quelques minutes, le poivron s'épluchera plus facilement.

4. Faites cuire les légumes à la vapeur. Commencez par faire cuire les topinambours pendant 5 min, ajoutez ensuite le chou-fleur et poursuivez la cuisson pendant 5 autres minutes. Retirez les légumes du panier vapeur, ajoutez une feuille de papier sulfurisé dans le fond et déposez les filets de poulet avec la marinade. Déposez quelques brins de thym par-dessus, fermez et faites cuire pendant 8 à 10 min en retournant à mi-cuisson.

5. Pendant ce temps, mixez les feuilles de persil avec le sésame, 1 cuil. à soupe d'huile d'olive et 2 cuil. à soupe d'eau. Salez légèrement. Pelez le poivron et mixez sa chair avec le miel et 1 cuil. à soupe d'huile d'olive.

6. Servez les légumes avec les filets de poulet coupés en morceaux et les 2 sauces. Parsemez de graines de grenade et de sésame.

Shiitakes, poulet au soja, mûres

4 personnes | Préparation : 10 min | Cuisson : 10 min | Marinade : 10 min | Matériel : Cuit-vapeur et papier sulfurisé

4 filets de poulet • 400 g de shiitakes frais • 1 petite barquette de mûres • Quelques pousses de betterave • 1 petit morceau de gingembre frais • 2 cuil. à soupe de sauce soja • 10 brins de ciboulette • Poivre

1. Faites mariner les filets de poulet dans la sauce soja pendant 10 min.

2. Pendant ce temps, nettoyez les champignons et passez-les rapidement sous l'eau courante. Coupez-les en deux ou en quatre selon leur taille. Lavez les pousses de betterave.

3. Déposez les champignons et le poulet dans le fond du panier vapeur recouvert de papier sulfurisé, parsemez de brins de ciboulette et faites cuire à la vapeur pendant 10 min en déposant un petit morceau de gingembre dans le panier pour parfumer.

4. Servez les filets de poulet coupés en lamelles avec les champignons, les pousses de betterave, les mûres et parsemez de quelques brins de ciboulette et de poivre.

Potée au lard et boulgour

4 personnes | Préparation : 5 min | Cuisson : 55 min

160 g de poitrine fumée • 120 g de pois cassés (verts ou jaunes) • 1 l de bouillon de légumes • 1 oignon • 1 blanc de poireau • 1 morceau de branche de céleri • 1 bouquet garni • 2 gousses d'ail • 8 grains de poivre • 2 carottes • 4 feuilles de chou vert frisé • 100 g de boulgour de petit épeautre • Sel

1. Mettez la poitrine dans un faitout. Couvrez-la d'eau et portez à ébullition. Égouttez-la et remettez-la dans la casserole avec les pois cassés. Versez le bouillon et portez à ébullition. Ajoutez l'oignon, le poireau, la branche de céleri, le bouquet garni, l'ail, le poivre et faites cuire pendant 50 min.

2. Ajoutez les carottes coupées en tronçons 30 min après le début de la cuisson, le chou émincé et le boulgour 40 min après. Salez en fin de cuisson.

INFO NUTRITION

Le boulgour ordinaire est du blé dur concassé. Le boulgour de petit épeautre est plus riche en fibres, en fer et en vitamines du groupe B que le boulgour classique.

Spaghettis au pesto à la spiruline et aux amandes

4 personnes | Préparation : 10 min | Cuisson : 10 min | Matériel : Mixeur

350 g de spaghettis • 60 g d'amandes entières • 7 cl d'huile d'olive • 1 bouquet de basilic • 20 g de parmesan • 2 cuil. à café de spiruline en poudre

1. Dans le mixeur, broyez les amandes jusqu'à l'obtention d'une poudre fine. Ajoutez les feuilles de basilic ciselées et le parmesan râpé, et mixez de nouveau. Versez l'huile d'olive tout en continuant de mixer de façon à obtenir un beau pesto. Ajoutez alors la spiruline en poudre et mélangez bien.

2. Faites cuire les spaghettis *al dente* comme indiqué sur l'emballage et ajoutez-y le pesto à la spiruline. Servez aussitôt.

INFO NUTRITION

Pour profiter de tous les bienfaits de la spiruline, consommez-la crue (évitez de la faire cuire ou chauffer).

Tajine de souris d'agneau au fonio et aux abricots

4 personnes | Préparation : 20 min | Cuisson : 3 h 20

2 cuil. à soupe d'huile • 4 souris d'agneau • 2 cuil. à café de ras-el-hanout • 2 cuil. à soupe de miel • 15 g de gingembre • 1 bâton de cannelle • ¼ de branche de céleri • 1 petite branche de romarin • 1 gousse d'ail • 160 g de fonio • 30 g de beurre • 2 petites courgettes • 6 abricots • 1 cuil. à soupe de sucre blond • Sel, poivre du moulin

1. Versez une cuillerée d'huile dans un plat allant sur le feu et au four. Faites-y revenir les souris d'agneau et le ras-el-hanout jusqu'à ce qu'elles soient bien dorées. Salez et poivrez. Déglacez avec 20 cl d'eau. Ajoutez le miel, les tranches de gingembre, le bâton de cannelle, le céleri, le romarin et l'ail épluché. Salez et poivrez. Faites cuire à couvert au four à 120 °C (th. 3) pendant 3 h. Retournez les souris d'agneau toutes les 30 min.

2. Faites cuire le fonio en suivant les indications du paquet. Ajoutez la moitié du beurre. Coupez la courgette en cubes et faites-les sauter dans une cuillerée d'huile. Salez, poivrez. Faites sauter vivement les abricots dans le reste de beurre et le sucre jusqu'à ce qu'ils commencent à fondre.

3. Versez le jus de cuisson de la viande dans une saucière. Ajoutez le fonio, les courgettes et les abricots aux souris d'agneau. Servez chaud.

Cake aux épinards et aux graines de tournesol

1 cake | Préparation : 20 min | Cuisson : 40 min

2 œufs • 200 g de farine • 1 sachet de levure chimique • 10 cl de boisson végétale de soja • 5 cl de vin blanc • 5 cl d'huile d'olive • 1 oignon • 150 g d'épinards frais • 4 cuil. à soupe de graines de tournesol • Sel, poivre du moulin

1. Préchauffez votre four à 180 °C (th. 6). Battez les œufs dans un saladier. Ajoutez la farine et la levure. Délayez petit à petit la préparation avec la boisson végétale, le vin, et l'huile d'olive.

2. Une fois la préparation lisse, ajoutez l'oignon épluché et émincé, les épinards lavés et émincés, et les graines de tournesol. Mélangez jusqu'à obtenir une préparation homogène. Salez et poivrez.

3. Disposez la pâte dans un moule à cake, et enfournez pour 40 min. Laissez tiédir, démoulez et laissez refroidir sur une grille.

CONSEIL

Dégustez votre cake froid avec une salade de carottes râpées.

Blanquette de veau aux légumes anciens et à la crème de soja

4 personnes | Préparation : 30 min | Cuisson : 1 h 30

500 g de veau • 2 cuil. à soupe d'huile d'olive • 2 oignons • 1 panais • 2 topinambours • 1 navet boule d'or • 2 poireaux • 4 carottes • 10 cl de vin blanc • 60 cl d'eau • 1 cube de bouillon de volaille • 40 g de margarine • 4 cuil. à soupe rase de farine • 20 cl de crème de soja • 1 jaune d'œuf

1. Dans une cocotte, faites chauffer l'huile et faites-y dorer le veau et les oignons.

2. Une fois la viande et les oignons dorés, ajoutez tous les légumes, lavés, pelés et coupés finement. Couvrez avec le vin et l'eau, ajoutez le bouillon de légumes et laissez mijoter pendant 1 h à petits frémissements.

3. Dans une casserole, faites un roux : faites fondre la margarine, puis ajoutez la farine, mélangez vivement et coupez le feu.

4. Une fois la blanquette cuite, réservez dans une assiette la viande et les légumes, et gardez le jus de cuisson.

5. Délayez le roux avec le jus de cuisson et faites chauffer à feu doux pour épaissir légèrement la sauce. Rajoutez la viande et les légumes dans la casserole, ainsi que la crème et le jaune d'œuf. Laissez mijoter pendant 5 à 10 min. Servez bien chaud avec du riz basmati et du pain frais.

Gratin dauphinois à la crème de riz

4 personnes | Préparation : 20 min | Cuisson : 45 min | Matériel : Mandoline

800 g de pommes de terre • 1 gousse d'ail • 20 cl de crème de riz • 10 cl de boisson végétale de soja • Noix muscade • Sel, poivre du moulin

1. Préchauffez le four à 180 °C (th. 6). Épluchez et lavez les pommes de terre. Coupez-les très finement à l'aide d'une mandoline.

2. Frottez une gousse d'ail dans un plat allant au four et préalablement huilé. Disposez vos lamelles de pommes de terre.

3. Délayez la crème dans la boisson végétale et arrosez les pommes de terre. Salez, poivrez et ajoutez deux pincées de noix muscade.

4. Enfournez pour 45 min. À déguster bien chaud.

ASTUCE

Si votre gratin « brunit » trop vite, ajoutez une feuille d'aluminium ou de papier cuisson par-dessus.

Carottes colorées, lapin et moutarde

4 personnes | Préparation : 15 min | Marinade : 10 min | Cuisson : 8 min | Matériel : Cuit-vapeur

600 g de filets de râble de lapin • 10 carottes colorées • 8 brins d'estragon • 4 cuil. à soupe de crème de soja • 2 cuil. à soupe de moutarde • 1 cuil. à soupe de graines de moutarde • 1 cuil. à café de sirop d'érable • 2 cuil. à soupe d'huile d'olive • Poivre • Quelques fleurs de fenouil (facultatif)

1. Faites mariner les filets avec la moitié de l'estragon et l'huile d'olive pendant 10 min. Épluchez les carottes et coupez-les en deux dans la longueur. Déposez les carottes, les filets de lapin dans le panier vapeur, parsemez-les de graines de moutarde et de 2 brins d'estragon, fermez avec le couvercle et faites cuire à la vapeur pendant 8 min.

2. Pendant ce temps, mélangez la crème de soja avec la moutarde et le sirop d'érable, vérifiez l'assaisonnement. Disposez les carottes et les filets de lapin coupés en deux dans les assiettes, déposez quelques brins d'estragon, fleurs de fenouil et servez avec la sauce.

Poisson blanc, tomate ananas, coriandre et citron

4 personnes | Préparation : 10 min | Cuisson : 10 min | Marinade : 10 min | Matériel : Râpe, papier sulfurisé, cuit-vapeur, mixeur

4 pavés de cabillaud (ou autre poisson blanc)
4 tomates Ananas
1 nectarine
1 citron jaune
Quelques graines de coriandre
½ bouquet de coriandre
1 cuil. à soupe de graines de courge
+ un peu pour décorer
1 gousse d'ail
2 cuil. à soupe d'huile d'olive
Quelques olives
Paprika
Sel, poivre du moulin

1. Lavez la nectarine, les tomates et coupez-les en morceaux. Râpez le zeste du citron et pressez le jus ; faites-y mariner le poisson pendant 10 min.

2. Mettez une feuille de papier sulfurisé dans le fond du panier vapeur, répartissez les tomates et faites-les cuire à la vapeur pendant 3 min. Retirez-les et réservez-les. Déposez les pavés de poisson dans le panier vapeur toujours recouvert de papier sulfurisé, ajoutez les graines de coriandre et quelques brins de coriandre et faites cuire à la vapeur pendant 7 min.

3. Pendant ce temps, mixez les feuilles de coriandre avec 1 cuil. à soupe d'huile d'olive, 2 cuil. à soupe d'eau, les graines de courge et la gousse d'ail.

4. Servez le poisson avec les tomates, les morceaux de nectarine crue, quelques olives, quelques graines de courge et le pesto de coriandre. Arrosez d'un léger filet d'huile d'olive et parsemez d'une pincée de paprika.

Risotto à la crème d'amande et saint-jacques sautées

4 personnes | Préparation : 5 min | Cuisson : 30 min

1 gousse d'ail
¼ d'oignon
1 cube de bouillon de volaille
20 g de beurre demi-sel
1 cuil. à soupe d'huile d'olive
250 g de riz à risotto (arborio)
8 cl de vin blanc sec
60 g de purée d'amandes blanches maison ou du commerce
12 noix de saint-jacques
1,5 cuil. à soupe de graines de sésame
1,5 cuil. à soupe d'amandes hachées
Sel, poivre du moulin

1. Pelez l'ail et l'oignon, puis émincez-les. Faites chauffer 80 cl d'eau dans une casserole et ajoutez le cube de bouillon. Réservez au chaud.

2. Dans une seconde casserole, faites fondre la moitié du beurre avec l'huile d'olive. Ajoutez l'oignon et l'ail. Faites-les revenir quelques minutes sans coloration. Versez le riz et remuez jusqu'à ce qu'il soit nacré. Ajoutez le vin blanc et mélangez pour déglacer.

3. Incorporez ensuite une louche de bouillon. Une fois celui-ci complètement évaporé, ajoutez-en une nouvelle louche. Procédez ainsi jusqu'à épuisement du bouillon. Comptez environ 20 min de cuisson en tout. Poivrez, ajoutez la purée d'amandes, puis mélangez et réservez au chaud.

4. Faites chauffer le beurre restant dans une poêle. Faites ensuite dorer les noix de saint-jacques dans la poêle 2 ou 3 min de chaque côté, selon leur grosseur. Salez.

5. Servez le risotto avec les noix de saint-jacques et parsemez de graines de sésame et d'amandes hachées.

VARIANTE

Vous pouvez utiliser de la purée d'amandes complète.

CONSEIL

Pendant la cuisson du risotto, si le bouillon s'évapore trop vite, baissez le feu. Il faut laisser le temps au riz de cuire une vingtaine de minutes environ.

Pizza socca aux aubergines et sésame

4 personnes | Préparation : 25 min | Cuisson : 30 min

250 g de farine de pois chiches
3 aubergines
125 g de tofu soyeux
1 cuil. à soupe de tahin
½ boîte de tomates concassées
2 cuil. à café d'origan
4 cuil. à soupe de graines de sésame
Huile d'olive
Sel, poivre du moulin

1. Préchauffez le four à 250 °C (th. 8), en position gril et chaleur tournante. Mélangez la farine de pois chiches avec 50 cl d'eau, 3 bonnes cuil. à soupe d'huile d'olive, du sel et du poivre. Versez 1 cuil. à soupe d'huile dans un grand plat antiadhésif et enfournez.

2. Versez une fine couche de pâte dans le plat très chaud et faites cuire la galette pendant 3 à 5 min. Préparez 3 autres galettes de la même manière.

3. Pendant la cuisson des galettes, coupez les aubergines en rondelles et faites-les griller à l'huile d'olive (au gril ou à la poêle). Salez-les.

4. Mélangez le tofu avec le tahin, la concassée de tomates égouttée et l'origan. Salez, poivrez et badigeonnez les galettes de cette préparation. Répartissez les rondelles d'aubergines et saupoudrez de graines de sésame. Servez chaud.

INFO NUTRITION

Une pizza entièrement végétale, riche en protéines, en fibres, et pauvre en graisses saturées.

Pizza aux légumes
du soleil

4 personnes | Préparation : 30 min | Repos : 1 h | Cuisson : 15 min

Pour la pâte
1 sachet de levure de boulanger sèche
350 g de farine de blé bise T 80
150 g de farine de pois chiches
3 cuil. à soupe d'huile d'olive
10 g de sel

Pour la garniture
2 oignons
2 aubergines
2 gousses d'ail
2 cuil. à café d'origan
100 g de concentré de tomates
2 poivrons rouges grillés en conserve
50 g de tomates séchées
12 olives noires dénoyautées
5 cl d'huile d'olive
Sel

1. Préparez la pâte. Faites tiédir 25 cl d'eau et versez-y la levure de boulanger.

2. Mélangez la farine de blé et la farine de pois chiches. Ajoutez le sel et l'huile d'olive, puis petit à petit, tout en pétrissant, l'eau et la levure. La pâte doit avoir une texture de pâte à pain : si elle est trop sèche, ajoutez un peu d'eau ; si elle est trop collante, ajoutez un peu de farine. Pétrissez la pâte pendant 10 min et laissez-la reposer 1 h au chaud recouverte d'un torchon.

3. Préchauffez le four à 200 °C (th. 6-7). Épluchez les oignons et hachez-les grossièrement. Lavez les aubergines et coupez-les en dés. Épluchez les gousses d'ail et coupez-les en quatre.

4. Dans une poêle, faites chauffez l'huile d'olive et versez-y les oignons, les aubergines et les gousses d'ail. Faites cuire à feu moyen, ajoutez l'origan et salez. Quand vous obtenez une compotée de légumes, ôtez du feu.

5. Étalez la pâte à pizza en rectangle sur une feuille de papier sulfurisé et déposez le tout sur une plaque à pâtisserie. Étalez le concentré de tomates sur la pâte, puis la compotée d'aubergines. Ajoutez les poivrons grillés coupés en quatre, répartissez dessus les tomates séchées et les olives noires.

6. Enfournez dans le bas du four pour 15 min de cuisson et dégustez chaud.

Gratin de courge
butternut aux marrons

2 gros gratins | Préparation : 30 min | Cuisson : 30 min

1 courge butternut (1 kg)
200 g de châtaignes en bocal
2 échalotes
60 g de morilles
2 grosses cuil. à soupe de margarine
40 g de farine
½ l de boisson végétale de soja
ou du commerce
Noix muscade
2 grosse cuil. à soupe de chapelure
Huile d'olive

1. Épluchez et coupez en dés la courge butternut, et faites-la cuire à la vapeur. 2 min avant la fin de cuisson, ajoutez les châtaignes.

2. Épluchez les échalotes et émincez-les finement. Dans une poêle, faites-les revenir dans un peu d'huile d'olive et ajoutez les morilles. Laissez cuire pendant 10 min à feu moyen en remuant régulièrement.

3. Préparez la béchamel : dans une casserole, faites fondre la margarine, ajoutez la farine et mélangez bien. Ajoutez petit à petit la boisson végétale de soja et laissez épaissir à feu moyen tout en fouettant. Ajoutez un peu de noix muscade à votre convenance.

4. Dans un plat à gratin, disposez les dés de courge, les marrons, et la poêlée de morilles et échalotes, versez la béchamel et saupoudrez de chapelure. Enfournez pour 10 min, le temps que le gratin dore.

VARIANTES

Vous pouvez utiliser d'autres courges, comme le potimarron ou la courge patidou, ou encore remplacer les morilles par des cèpes. Vous pouvez aussi ajouter des noisettes concassées à la chapelure.

Chaussons épicés

4 personnes | Préparation : 30 min | Cuisson : 30 min

300 g de farine de blé T65
150 g de margarine végétale non hydrogénée
4 tomates
1 poivron rouge
2 oignons
1 gousse d'ail
1 cuil. à café de curcuma
1 pincée de piment d'Espelette
1 cuil. à café de cumin
1 bonne pincée de gingembre en poudre
1 cuil. à café de moutarde
Huile d'olive
Sel et poivre du moulin

1. Mélangez la farine de blé avec 1 demi-cuil. à café de sel et la margarine à température ambiante. Ajoutez 8 cl d'eau et pétrissez jusqu'à obtenir une boule. Divisez-la en quatre et réservez.

2. Préchauffez le four à 200 °C (th. 6-7). Lavez les tomates, coupez-les en dés. Lavez le poivron, ôtez le pédoncule et les graines et coupez-le en dés. Épluchez les oignons et hachez-les. Réservez.

3. Dans une poêle, faites chauffer 1 bon filet d'huile d'olive, ajoutez les dés de tomates, de poivron et les oignons hachés. Mélangez. Ajoutez l'ail pressé, le curcuma, 1 pincée de poivre, le piment d'Espelette, le cumin et le gingembre. Ajoutez la moutarde et salez à votre convenance.

4. Quand les légumes sont tendres, ôtez du feu.

5. Étalez les ronds de pâte sur un plan de travail fariné. Répartissez les légumes au centre et mouillez tout le tour de la pâte. Soudez en pliant en deux et en appuyant bien tout autour.

6. Enfournez pour 20 min de cuisson et laissez légèrement refroidir avant de déguster.

Risotto à l'orge perlé et aux petits pois

4 personnes | Préparation : 15 min | Cuisson : 30 min

250 g d'orge perlé • 250 g de petits pois frais écossés • 1 oignon • 15 cl de vin blanc sec • 2 cubes de bouillon de légumes • 5 cl de crème d'avoine • 3 cuil. à soupe d'huile d'olive

1. Dans une sauteuse, faites chauffer l'huile d'olive. Pelez l'oignon, hachez-le et faites-le revenir dans l'huile.

2. Rincez l'orge perlé et ajoutez-le dans la sauteuse. Mélangez. Laissez dorer 2 min, tout en mélangeant, puis versez le vin blanc sec.

3. Faites fondre les cubes de bouillon dans 1 l d'eau bouillante. Réservez.

4. Une fois le vin blanc absorbé, ajoutez les petits pois. Commencez à verser 1 louche de bouillon de légumes. Une fois le bouillon absorbé, renouvelez l'opération et ainsi de suite. Mélangez régulièrement.

5. En fin de cuisson, ajoutez la crème d'avoine, mélangez et servez aussitôt.

Gnocchis à la pistache, chorizo et pignons de pin

4 personnes | Préparation : 30 min | Cuisson : 45 min

Pour les gnocchis : 600 g de pommes de terre • 30 g de beurre demi-sel • 2 jaunes d'œufs • 1,5 cuil. à soupe de pâte de pistaches • 150 à 200 g de farine • 1 cube de bouillon • Sel **Pour la garniture :** 1 échalote • 100 g de chorizo doux • ⅓ de botte de ciboulette • 20 g de pignons de pin • 1 cuil. à soupe d'huile d'olive • 20 cl de crème de soja • Poivre du moulin

1. Préparez les gnocchis. Faites cuire les pommes de terre entières dans une grande casserole d'eau bouillante salée pendant 20 à 30 min (selon leur taille). Pelez-les et coupez-les en morceaux.

2. Écrasez les pommes de terre à la fourchette. Ajoutez le beurre, les jaunes d'œufs, la pâte de pistaches, du sel et la moitié de la farine, en mélangeant bien entre chaque ajout. Incorporez enfin progressivement la farine restante jusqu'à obtention d'une pâte malléable qui se travaille à la main mais ne colle pas (cela peut augmenter ou diminuer légèrement le dosage de la farine).

3. Prélevez un peu de pâte et travaillez-la en un fin rouleau sur le plan de travail fariné. Détaillez le rouleau en tronçons de 1,5 cm et « striez-les » à l'aide d'une fourchette. Réservez-les à plat sur une assiette. Procédez ainsi jusqu'à épuisement de la pâte.

4. Portez une casserole d'eau à ébullition avec le cube de bouillon. Plongez-y les gnocchis et retirez-les de l'eau à l'aide d'une écumoire dès qu'ils remontent à la surface. Égouttez-les.

5. Pelez l'échalote. Émincez l'échalote, le chorizo et la ciboulette. Dans une sauteuse, faites légèrement griller à sec (sans matière grasse) le chorizo et les pignons de pin pendant quelques instants. Ôtez-les de la sauteuse, puis versez-y l'huile. Ajoutez l'échalote et faites-la colorer. Ajoutez alors les gnocchis, la crème de soja, le chorizo, les pignons de pin, la ciboulette et du poivre. Laissez réchauffer quelques instants, puis servez.

Couscous
aux légumes racines

4 personnes | Préparation : 25 min | Trempage : 30 min | Cuisson : 55 min

160 g de semoule moyenne (de blé ou d'orge)
1 botte de carottes
1 botte de navets
1 botte d'oignons tiges
2 panais
1 cube de bouillon de légumes
1 gros oignon
1 bouquet garni (thym, laurier, céleri, poireau, queues de persil)
1 cuil. à soupe d'épices pour couscous
2 gousses d'ail
120 g de pois chiches cuits
1 cuil. à soupe d'huile
20 g de beurre salé
4 cuil. à soupe d'amandes entières
1 cuil. à café de harissa
1 cuil. à café de cannelle
Sel, poivre du moulin

1. Mettez à tremper la semoule dans de l'eau froide pendant 30 min. Épluchez les légumes. Coupez-les éventuellement en deux ou en quatre s'ils sont gros.

2. Portez 1,5 l d'eau à ébullition, ajoutez le cube de bouillon, le gros oignon, le bouquet garni, les épices et les gousses d'ail. Laissez cuire à petits frémissements pendant 20 min, puis ajoutez les carottes. Laissez-les cuire pendant 7 à 8 min avant d'ajouter les navets, les panais et les oignons tiges. Poursuivez la cuisson pendant 10 min. Ajoutez les pois chiches et faites cuire pendant encore 5 min.

3. En même temps, égouttez la semoule et placez-la dans un panier vapeur. Faites-la cuire pendant 3 min, puis égrainez-la et incorporez l'huile. Remettez à cuire à la vapeur pendant 5 min et ajoutez le beurre.

4. Torréfiez les amandes dans une poêle à sec jusqu'à ce qu'elles soient bien grillées. Vérifiez la cuisson des légumes, égouttez-les puis salez-les et poivrez-les. Délayez la harissa dans un peu de bouillon.

5. Servez les légumes avec la semoule parsemée de cannelle et d'amandes et accompagnés du bouillon épicé à la harissa.

INFO NUTRITION

Dans cette recette végétarienne, les protéines sont apportées par les pois chiches et la semoule dont les acides aminés sont complémentaires. Les amandes apportent également des protéines d'excellente qualité.

Pommes de terre au brocoli, ail et curcuma

4 personnes | Préparation : 15 min | Cuisson : 25 min | Matériel : Cuit-vapeur

750 g de pommes de terre • 2 brocolis • 3 échalotes • 2 gousses d'ail • 2 cm de curcuma frais • 3 cuil. à soupe d'huile d'olive • 2 cuil. à soupe de graines de courge

1. Épluchez les pommes de terre et faites-les cuire à la vapeur pendant 20 min avec les brocolis coupés en fleurettes.

2. Pendant ce temps, épluchez et émincez les échalotes, l'ail et le curcuma. Faites-les revenir quelques minutes dans 1 cuil. à soupe d'huile d'olive, jusqu'à ce que les échalotes soient dorées.

3. Réservez l'eau de cuisson des pommes de terre. Écrasez les brocolis et les pommes de terre dans un saladier à l'aide d'une fourchette. Ajoutez 4 cuil. à soupe de l'eau de cuisson des pommes de terre, 2 cuil. à soupe d'huile d'olive ainsi que les échalotes à l'ail et au curcuma. Mélangez. Dans une poêle, faites griller à sec les graines de courge, pendant 2 à 3 min, et parsemez-en l'écrasé. Dégustez aussitôt.

Légumes verts, citron et saumon

4 personnes | Préparation : 10 min | Cuisson : 15 min | Marinade : 20 min | Matériel : Papier sulfurisé

400 g de filet de saumon • Le jus de 1 citron • 1 cuil. à soupe d'huile d'olive • 1 cuil. à soupe d'huile de sésame • 1 cuil. à soupe de sauce soja • 4 asperges • 200 g de haricots verts • 200 g de petits pois écossés • 100 g d'épinards • 2 branches de céleri • 2 cives

1. Coupez le saumon en morceaux et mettez-le à mariner pendant 20 min avec l'huile d'olive, l'huile de sésame et la sauce soja. Préchauffez le four à 200 °C (th. 6-7).

2. Lavez tous les légumes. Coupez le pied des asperges et taillez les asperges en fines lamelles. Équeutez les haricots verts, émincez les branches de céleri et essorez les feuilles d'épinards.

3. Préparez 4 grands carrés de papier sulfurisé. Répartissez les feuilles d'épinard et les légumes au centre de la feuille de papier sulfurisé, ajoutez les morceaux de saumon, la cive ciselée et la marinade. Fermez les papillotes et enfournez pour 15 min de cuisson.

INFO NUTRITION

Le saumon contient des acides gras de la famille des oméga 3 que l'organisme est incapable de synthétiser. Les oméga 3 contribuent à la santé cardiovasculaire et au bon fonctionnement du système immunitaire et hormonal.

Broccolini, condiment ail et citron, tofu mariné

4 personnes I Préparation : 15 min I Cuisson : 8 min I Marinade : 10 min I Matériel : Cuit-vapeur, mixeur, presse-agrumes

800 g de broccolini Tender Stem (à défaut, brocoli classique) • 300 g de tofu • ½ bouquet de coriandre • 100 g de crème de soja épaisse (rayon frais des épiceries bio) • 1 petit citron confit ou ½ • 1½ citron • 1 gousse d'ail • 1 cuil. à soupe de pignons de pin

1. Coupez le tofu en lamelles et faites-le mariner avec le jus et le zeste râpé du demi-citron pendant 10 min. Égouttez le tofu en recueillant le jus de citron. Réservez.

2. Lavez les broccolini et coupez l'extrémité des tiges. Faites-les cuire avec quelques brins de coriandre pendant 8 min à la vapeur avec le tofu. Épluchez l'ail.

3. Mixez la crème de soja avec le citron confit, l'ail et le restant de jus de citron. Prélevez le zeste du dernier citron, pelez-le à vif et prélevez les suprêmes. Servez les broccolini avec le tofu, les suprêmes et les zestes, les pignons, la coriandre hachée et la sauce au citron confit.

INFO NUTRITION

La crème de soja remplace la crème classique sans apporter de cholestérol.

Wok de courgette au tofu

4 personnes I Préparation : 15 min I Cuisson : 20 min I Matériel : Wok

8 petites courgettes • 200 g de tofu fumé • 2 oignons • 6 cuil. à soupe de concentré de tomates • 2 gousses d'ail • 2 cuil. à soupe de tamari • 1 cuil. à café de gingembre en poudre • 4 cuil. à soupe d'huile d'olive • Sel

1. Épluchez les oignons et hachez-les grossièrement. Lavez les courgettes et coupez-les en dés.

2. Dans un wok, faites chauffer l'huile d'olive. Faites revenir les oignons jusqu'à ce qu'ils soient transparents. Ajoutez alors les dés de courgettes.

3. Incorporez le concentré de tomates et mélangez. Épluchez les gousses d'ail, pressez-les et ajoutez-les.

4. Coupez le tofu en petits morceaux et ajoutez-les dans le wok.

5. Enfin, incorporez le tamari et le gingembre en poudre. Rectifiez l'assaisonnement si besoin (le tamari contient déjà du sel). Servez aussitôt.

ASTUCE

Vous pouvez aussi remplacer les courgettes par des aubergines.

Croquettes de brocoli
et parmesan, sauce ail et curcuma

4 personnes | Préparation : 20 min | Cuisson : 1 h 05 |
Matériel : Cuit-vapeur, papier sulfurisé

Pour les croquettes
500 g de fleurettes de brocoli
2 œufs
100 g de chapelure
60 g de parmesan
Sel, poivre du moulin

Pour la sauce
1 pomme de terre
1 gousse d'ail
1 jaune d'œuf
10 cl d'huile d'olive
1 cuil. à café de curcuma en poudre
Sel, poivre du moulin

1. Faites cuire les fleurettes de brocoli à la vapeur pendant 15 min, jusqu'à ce qu'elles soient tendres. Écrasez-les grossièrement à la fourchette, ajoutez les œufs, la chapelure et le parmesan. Salez, poivrez et mélangez jusqu'à l'obtention d'une pâte homogène.

2. Préchauffez le four à 200 °C (th. 6-7). Prélevez de grosses cuillerées de pâte et disposez-les sur la plaque du four recouverte de papier sulfurisé. Enfournez pendant 30 min, en retournant les croquettes à mi-cuisson.

3. Pendant ce temps, préparez la sauce. Faites cuire la pomme de terre à la vapeur pendant 20 min. Écrasez-la à l'aide d'une cuillère en bois et ajoutez-y le jaune d'œuf et la gousse d'ail pressée. Salez et poivrez. Mélangez bien, puis incorporez petit à petit l'huile d'olive en continuant de remuer, jusqu'à ce que la sauce prenne. Ajoutez alors le curcuma en poudre. Servez avec les croquettes de brocoli chaudes.

INFO NUTRITION

L'ail est parfois difficile à digérer ; pour éviter ce désagrément, ôtez son germe avant de le presser.

Veggie burger

4 personnes | Préparation : 20 min | Cuisson : 8 min | Matériel : Mixeur

4 pains à burger vegan
1 oignon
200 g de haricots azukis cuits
1 cuil. à soupe de fécule de pomme de terre
1 cuil. à soupe de purée d'amandes
1 gousse d'ail
1 cuil. à café de paprika doux
4 cuil. à café de moutarde
2 tomates
8 feuilles de laitue
4 brins de persil plat
4 cuil. à soupe d'huile d'olive

1. Épluchez l'oignon et hachez-le grossièrement. Faites-le revenir dans une poêle avec 2 cuil. à soupe d'huile d'olive.

2. Pendant ce temps, déposez les haricots azukis dans le bol du mixeur. Ajoutez la fécule de pomme de terre, la purée d'amandes, la gousse d'ail épluchée et dégermée et le paprika doux. Ajoutez l'oignon lorsqu'il est cuit et mixez pour obtenir une pâte homogène.

3. Faites chauffer le reste d'huile d'olive dans une poêle. Formez 4 tas arrondis avec la pâte, déposez-les dans la poêle et laissez cuire 4 min de chaque côté.

4. Pendant ce temps, coupez les pains à burger en deux dans le sens de la largeur et passez-les au grille-pain.

5. Tartinez la face interne d'un pain avec 1 cuil. à café de moutarde, ajoutez 1 feuille de laitue puis le steak d'azukis, ½ tomate tranchée, 1 autre feuille de laitue et quelques feuilles de persil hachées. Fermez le burger et faites de même avec les 3 autres.

ASTUCE

Préparez les steaks végétaux et congelez-les. Vous en aurez toujours d'avance.

Tarte courgette,
chèvre, tomate, basilic

4 personnes | Préparation : 20 min | Cuisson : 1 h |
Matériel : Moule à tarte de 26 cm de diamètre, papier sulfurisé

1 pâte salée au quinoa
3 courgettes
4 ou 5 petites tomates cerise
3 œufs
15 cl de lait demi-écrémé
10 cl de crème fleurette
½ cuil. à café de muscade en poudre
3 branches de thym frais
150 g de fromage de chèvre frais
6 feuilles de basilic
10 g de beurre pour le moule
2 cuil. à soupe d'huile d'olive
Sel, poivre du moulin

1. Préchauffez le four à 180 °C (th. 6). Étalez la pâte à tarte salée dans le moule préalablement beurré. Recouvrez la pâte d'une feuille de papier sulfurisé et faites précuire à blanc pendant 15 min.

2. Pendant ce temps, lavez et coupez les courgettes en fines rondelles puis faites-les revenir dans une poêle avec l'huile d'olive, environ 15 min. Coupez les tomates cerise en deux. Sortez la pâte du four, retirez le papier cuisson.

3. Dans un saladier, battez les œufs avec le lait, la crème, la muscade et le thym. Salez et poivrez à votre goût. Ajoutez le fromage de chèvre en l'émiettant.

4. Disposez les courgettes sur le fond de pâte à tarte. Versez la préparation liquide. Décorez avec les tomates cerise, face coupée sur le dessus, et les feuilles de basilic. Enfournez pour 40 à 45 min de cuisson.

5. Servez accompagné d'une salade verte.

CONSEIL

Attention au moment de saler, le fromage de chèvre est naturellement salé.

Galette de légumes
et sarrasin

10 galettes | Préparation : 20 min | Cuisson : 4 min |
Matériel : Robot mixeur (lame acier), spatule en silicone

150 g de graines de sarrasin
40 cl d'eau
1 oignon jaune
1 poivron rouge
1 belle courgette
6 branches de coriandre
2 œufs
2 cuil. à soupe de farine de sarrasin
2 cuil. à soupe d'huile d'olive
Sel, poivre du moulin

1. Rincez et égouttez les graines de sarrasin. Versez dans une casserole, ajoutez l'eau et une pincée de sel, puis faites cuire 10 min à couvert. Égouttez et réservez.

2. Pelez et émincez l'oignon. Pelez, égrainez et coupez en petits cubes le poivron. Lavez la courgette, puis pelez-la en alternance pour laisser des rayures de peau verte. Coupez-la en deux, enlevez les pépins et coupez-la en petits dés. Lavez, effeuillez et émincez la coriandre. Dans une poêle, versez 1 cuil. à soupe d'huile, faites revenir l'oignon, le poivron et la courgette pendant 5 min.

3. Prélevez 40 g de sarrasin et mettez-les à part.

4. Placez tous les légumes et la coriandre dans le bol du mixeur, ajoutez les graines de sarrasin, les œufs, la farine de sarrasin, salez et poivrez. Mixez pendant 2 à 3 min pour obtenir une « pâte à galette » avec des graines de sarrasin moulues.

5. Mettez la pâte dans un saladier, ajoutez les 40 g de graines entières de sarrasin et mélangez à la spatule.

6. Faites chauffer une poêle avec 1 cuil. à soupe d'huile d'olive. Déposez avec une petite louche la pâte en aplatissant un peu à l'aide de la spatule pour former une belle galette ronde et fine. Laissez cuire 2 min environ la première face, jusqu'à obtenir une couleur dorée, puis retournez et faites cuire l'autre face.

CONSEIL

Dégustez avec une salade verte.

Risotto au potiron et bacon

4 personnes | Préparation : 20 min | Cuisson : 26 min | Repos : 24 h | Matériel : Plaque de cuisson, couteau de chef

180 g de riz à risotto
2 l de bouillon de légumes
1 gros oignon jaune
260 g de potiron
1 branche de thym frais
8 cl de vin blanc sec
8 tranches fines de bacon (attention à ne pas confondre bacon et tranche de poitrine fumée)
70 g de parmesan fraîchement râpé
30 g de beurre
5 cuil. à soupe d'huile d'olive
Sel, poivre du moulin

1. Préchauffez le four à 175 °C (th. 6). Dans une casserole, portez le bouillon de légumes à ébullition. Pendant ce temps, pelez et émincez finement l'oignon. Épluchez le potiron à l'aide du couteau de chef et coupez des tranches dans la hauteur. Coupez dans ces tranches de petits dés et réservez le tout en mettant à part 60 g de cubes de potiron.

2. Faites chauffer une poêle avec 1 cuil. à soupe d'huile et faites sauter pendant 5 min les 60 g de potiron avec quelques brindilles de thym, du sel et du poivre. Ôtez du feu, mais laissez dans la poêle.

3. Faites chauffer une sauteuse sur feu doux avec 1 cuil. à soupe d'huile d'olive et 10 g de beurre. Faites revenir l'oignon 1 min, puis ajoutez les 200 g de cubes de potiron crus. Ajoutez le riz et remuez pour bien enrober les grains de matière grasse. Faites revenir 2 min en remuant jusqu'à ce que les grains deviennent translucides. Versez le vin blanc et laissez réduire toujours en remuant.

4. Pendant ce temps, huilez la plaque de cuisson et déposez dessus les tranches de bacon. Enfournez pour 10 min environ.

5. Versez une première louche de bouillon sur le riz et, à partir de là, comptez 20 min de cuisson sans cesser de remuer et d'ajouter du bouillon, louche après louche, dès qu'il est absorbé : le riz doit toujours rester mouillé.

6. Une fois le risotto cuit, retirez du feu et ajoutez 20 g de beurre en remuant pour l'incorporer. Ajoutez 2 cuil. à soupe d'huile d'olive et versez 50 g de parmesan râpé en continuant de mélanger. Salez et poivrez. Retirez les tranches de bacon du four et déposez-les sur une feuille de papier absorbant. Coupez les tranches de bacon en petits morceaux. Réchauffez un instant les petits morceaux de potiron dans leur poêle.

7. Servez le risotto à l'assiette, décorez de bacon grillé et de potiron doré, en saupoudrant légèrement du parmesan restant.

Wok de courge butternut

4 personnes | Préparation : 15 min | Cuisson : 20 min | Matériel : Wok

1 courge butternut • 1 oignon • 1 gousse d'ail • 3 brins de thym • 1 petite racine de curcuma • 20 cl de crème de riz • Huile d'olive • Sel, poivre noir

1. Épluchez la courge butternut et coupez-la en dés. Réservez.

2. Épluchez l'oignon, coupez-le en fines lamelles. Épluchez la gousse d'ail. Réservez.

3. Dans un wok, faites chauffer 1 filet d'huile d'olive. Ajoutez l'oignon et le thym, jusqu'à ce que l'oignon soit translucide.

4. Ajoutez les dés de courge butternut et mélangez.

5. Râpez la racine de curcuma par-dessus, pressez l'ail, saupoudrez de poivre noir et salez.

6. Laissez cuire 10 min. Versez la crème de riz et poursuivez la cuisson 10 min à feu moyen avant de servir.

Saumon à la rhubarbe

4 personnes | Préparation : 10 min | Cuisson : 40 min | Matériel : Papier d'aluminium

4 dos de saumon • 400 g de rhubarbe • ½ verre de vin doux • 40 cl de fumet de poisson • 1 cuil. à café de gingembre frais râpé • 2 cuil. à soupe de beurre • Sel, poivre du moulin

1. Lavez la rhubarbe, enlevez les gros fils et coupez-la en tronçons.

2. Faites chauffer le beurre dans la cocotte et saisissez rapidement les dos de saumon des 2 côtés. Réservez sur une assiette et couvrez de papier aluminium.

3. Déglacez la cocotte avec le vin doux et décollez les sucs. Ajoutez la rhubarbe et versez le fumet de poisson. Couvrez la cocotte. Laissez mijoter et légèrement confire à feu doux pendant 35 à 40 min.

4. Déposez les dos de saumon sur le lit de rhubarbe, ajoutez le gingembre frais, poivrez et laissez-le réchauffer pendant 5 min ou plus si vous aimez le saumon bien cuit.

5. Salez, poivrez et dégustez bien chaud.

ASTUCE

Faites fondre du beurre dans la cocotte une fois la rhubarbe enlevée et versez la sauce obtenue sur les dos de saumon.

Maquereaux à la grecque aux olives noires

4 personnes | Préparation : 15 min | Cuisson : 1 h

4 maquereaux de taille moyenne • 4 oignons • Le jus de 2 citrons • 1 cuil. à soupe de thym • 1 cuil. à soupe d'origan • 2 feuilles de laurier • 24 olives noires dénoyautées • Huile d'olive • Sel, poivre du moulin

1. Ouvrez les maquereaux en deux et videz-les. Passez-les sous l'eau claire et séchez-les avec de l'essuie-tout. Épluchez et ciselez finement les oignons.

2. Versez de l'huile dans la cocotte et faites suer les oignons pendant 5 min. Réservez-les.

3. Versez à nouveau un peu d'huile d'olive dans le fond de la cocotte et déposez les maquereaux les uns à côté des autres. Couvrez-les avec les oignons. Pressez les citrons et versez le jus sur les maquereaux. Parsemez de thym et d'origan, et ajoutez les feuilles de laurier, salez, poivrez puis ajoutez les olives. Versez 1 filet d'huile d'olive et 20 cl d'eau. Laissez mijoter à feu très doux pendant 55 min. Vérifiez en milieu de cuisson que cela n'accroche pas et ajoutez un peu d'eau si nécessaire.

Raie aux tomates ail, persil et câpres

4 personnes | Préparation : 15 min | Cuisson : 1 h

1 aile de raie pour 4 personnes ou 4 petites ailes de raie • 6 oignons • 2 gousses d'ail • 12 tomates • 1 cuil. à café de sucre roux • 6 cl de vin blanc • 5 brins de thym • 2 feuilles de laurier • 4 cuil. à soupe de câpres dessalées • 2 cuil. à soupe de persil ciselé • Huile d'olive • Sel, poivre du moulin

1. Épluchez et ciselez les oignons et l'ail. Passez les tomates sous l'eau chaude, pelez-les et coupez-les en quatre.

2. Versez de l'huile d'olive dans la cocotte et faites suer les oignons pendant 5 min. Ajoutez les tomates et l'ail. Versez le sucre et le vin blanc, salez et poivrez. Déposez le thym et les feuilles de laurier. Couvrez et laissez mijoter pendant 30 min en mélangeant régulièrement. Déposez la raie sur la préparation et laissez mijoter 20 min de plus.

3. Ajoutez les câpres et le persil puis servez bien chaud.

VARIANTE

Ajoutez dans la préparation 2 courgettes et 1 pincée de piment d'Espelette pour une saveur légèrement piquante.

Lotte aux légumes,
zestes de citron, pignons grillés, basilic

4 personnes | Préparation : 20 min | Cuisson : 45 min

4 tronçons de lotte
3 oignons
2 poivrons rouges
2 poivrons verts
1 poivron jaune
1 piment rouge long et doux
3 courgettes
6 tomates
2 fenouils
1 cuil. à café de miel
1 cuil. à soupe de thym frais
100 g de pignons de pin
3 cuil. à soupe de basilic ciselé
Huile d'olive
Sel, poivre du moulin

1. Épluchez et coupez les oignons en rondelles. Épluchez les poivrons et coupez-les en lanières. Coupez le piment en deux, enlevez les graines et hachez-le. Lavez les courgettes et coupez-les en rondelles. Passez les tomates sous l'eau chaude, pelez-les et coupez-les en quartiers. Épluchez les fenouils et coupez-les en tranches fines.

2. Versez de l'huile dans la cocotte et faites suer les oignons pendant 5 min. Ajoutez les lanières de poivrons, le piment, les courgettes, les tomates et les fenouils. Versez le miel, mélangez, ajoutez le thym et le citron confit. Mélangez bien et laissez cuire à couvert pendant 25 à 30 min.

3. Épongez les morceaux de lotte et faites-les revenir rapidement dans une poêle à feu vif avec un peu d'huile d'olive. Il faut simplement qu'elle dégorge et que les morceaux colorent. Salez et poivrez.

4. Déposez les morceaux de lotte dans la cocotte sur les légumes, couvrez et laissez mijoter 20 min.

5. Faites griller les pignons dans une poêle à sec pendant 2 min. Ajoutez-les dans la cocotte avant de servir, parsemez de basilic, ajoutez 1 trait d'huile d'olive ; salez et poivrez si nécessaire.

VARIANTE

Ajoutez, selon vos envies, des épices, du cumin, du safran, du *ras-el-hanout*.

Jardinière de légumes
de printemps à l'ail des ours

6 personnes | Préparation : 25 min | Cuisson : 1 h à 1 h 10

1 kg de petits pois
2 oignons
1 botte de carottes (400 g env.)
1 botte de navets (400 g env.)
6 pommes de terre bien fermes
1 petit cœur de laitue pommée
1 botte de cerfeuil
1 bouquet garni
3 cuil. à soupe d'huile d'olive
1 cuil. à soupe de beurre
1 pincée de bicarbonate de poudre
Sel, poivre du moulin

Pour servir
6 feuilles d'ail des ours
1 tranche de beurre frais

1. Lavez les petits pois et faites-les cuire dans une grande casserole d'eau bouillante additionnée de bicarbonate et de sel. Laissez cuire 15 min puis égouttez-les.

2. Épluchez et ciselez les oignons. Épluchez et coupez les carottes et les navets en petits bâtonnets. Épluchez les pommes de terre et coupez-les en cubes. Lavez la laitue sans détacher les feuilles. Lavez le cerfeuil.

3. Faites fondre à feu doux dans la cocotte le beurre dans l'huile. Ajoutez les oignons et laissez-les blondir pendant 5 à 8 min. Ajoutez les carottes, les navets et les pommes de terre. Salez, poivrez, ajoutez le cerfeuil et le bouquet garni au centre ainsi que le cœur de laitue. Versez un grand verre d'eau de façon à mouiller les légumes à un peu plus des trois-quarts. Fermez la cocotte et laissez mijoter à feu doux pendant 40 min. Surveillez et ajoutez un peu d'eau si nécessaire. Au bout de ce temps, versez les petits pois, mélangez et laissez cuire encore 10 min. Goûtez, les légumes sont légèrement fermes ; aussi, si vous les aimez plus cuits, laissez encore mijoter 10 min.

4. Lavez et ciselez l'ail des ours. Ôtez le bouquet garni et servez la cocotte parsemée d'ail des ours ciselés. Salez et poivrez si nécessaire et ajoutez une tranche de beurre frais. Dégustez bien chaud.

VARIANTE

Remplacez l'eau par un bouillon de poule ou de légumes.

Courgettes farcies au riz sauvage et menthe fraîche

4 personnes | Préparation : 15 min | Repos : 30 min | Cuisson : 55 min

4 courgettes rondes • 120 g de riz sauvage • 4 échalotes • 1 l de bouillon de légumes • 3 cuil. à soupe de menthe fraîche ciselée • Huile d'olive • Sel, poivre du moulin

1. Évidez les courgettes, salez légèrement l'intérieur, mettez-les à l'envers et laissez dégorger pendant 30 min.

2. Épluchez et ciselez les échalotes. Versez l'huile d'olive dans la cocotte et faites fondre les échalotes à feu doux. Salez légèrement et poivrez bien. Ajoutez le riz et enrobez-le bien de ce mélange. Réservez dans un bol et nettoyez la cocotte.

3. Farcissez les courgettes de riz et déposez-les dans la cocotte en les calant bien les unes contre les autres. Versez du bouillon aux ¾ de la hauteur des courgettes. Faites chauffer et laissez mijoter à feu doux pendant 1 h. Arrosez régulièrement le riz de bouillon pour qu'il cuise. Ajoutez du bouillon si nécessaire.

4. Salez et poivrez si nécessaire. Parsemez de menthe fraîche et servez sans attendre.

Artichauts à la barigoule

6 personnes | Préparation : 20 min | Cuisson : 1 h 15

6 artichauts violets • 2 oignons • 3 carottes • 3 tomates • 220 g de lardons fumés • 25 cl de vin blanc sec • 2 cuil. à soupe de thym frais • 4 cuil. à soupe d'huile d'olive bien fruitée • Sel, poivre du moulin **Pour servir :** 2 cuil. à soupe d'ail frais • 2 cuil. à soupe de persil frais • 1 filet d'huile d'olive fruitée

1. Lavez les artichauts sous l'eau claire. Tranchez la queue et coupez le haut des feuilles avec des ciseaux. Coupez ensuite les artichauts en deux dans le sens de la hauteur. Ôtez les feuilles violettes et le foin. Épluchez et émincez les oignons. Épluchez et détaillez les carottes en petits dés. Passez les tomates sous l'eau bouillante, pelez-les et coupez-les en morceaux.

2. Versez l'huile d'olive dans la cocotte et faites blondir les oignons. Ajoutez les dés de carottes, les tomates et les lardons fumés. Laissez revenir 5 à 10 min. Ajoutez les artichauts en essayant de les faire tenir droits, cœur dans le fond de la cocotte et feuilles vers le haut, versez le vin blanc et un verre d'eau. Parsemez de thym frais, salez et poivrez bien. Fermez la cocotte et laissez mijoter à feu doux pendant 1 h. Arrosez régulièrement les artichauts de jus de cuisson. Ajoutez de l'eau si nécessaire en cours de cuisson.

3. Servez les artichauts parsemés d'ail frais et de thym. Versez un trait d'huile d'olive. Dégustez immédiatement.

Endives au miel & aux agrumes

4 personnes **I** Préparation : 10 min **I** Cuisson : 55 min

8 belles endives • Le jus de 1 orange • Le jus de ½ citron • 2 cuil. à soupe de miel • 2 cuil. à soupe de beurre • 2 cuil. à soupe d'huile d'olive • Sel, poivre du moulin

1. Lavez les endives sous l'eau claire et coupez-les en deux dans le sens de la longueur. Enlevez le cœur qui apporte de l'amertume.

2. Faites chauffer la cocotte à feu très doux et faites fondre le beurre avec l'huile. Déposez les endives les unes à côté des autres. Ajoutez 1 petit verre d'eau et laissez mijoter pendant 35 min. Versez les jus d'agrumes dans un bol et ajoutez le miel, salez et poivrez. Mélangez bien. Versez sur la préparation et laissez encore mijoter 20 min.

3. Dégustez les endives avec le jus de cuisson bien caramélisé.

CONSEIL

Ajoutez du gingembre frais râpé.

Chili sin carne

4 à 6 personnes **I** Préparation : 10 min **I** Cuisson : 45 à 50 min

3 boîtes de haricots rouges • 2 oignons • 3 gousses d'ail • 2 poivrons rouges • 3 carottes • 2 branches de céleri • 2 cubes de bouillon de légumes • 1 grosse boîte de tomates pelées • 1 pincée de piment de Jamaïque • 2 cuil. à soupe de chili • 1 cuil. à soupe de cumin • 2 cuil. à soupe d'origan • Huile de tournesol • Sel, poivre du mouin

Pour servir : 250 g de yaourt grec • 4 cuil. à soupe de coriandre ciselée • Chips de maïs

1. Rincez plusieurs fois les haricots sous l'eau froide. Épluchez les oignons et l'ail et hachez-les. Épluchez les poivrons rouges et détaillez-les en petites lanières. Épluchez les carottes et coupez-les en rondelles. Coupez les céleris en tronçons, gardez les feuilles.

2. Versez l'huile dans la cocotte et faites chauffer. Ajoutez les oignons et faites-les dorer quelques minutes. Ajoutez l'ail, les carottes, les poivrons rouges et le céleri. Mélangez. Émiettez les cubes de bouillon de légumes. Ajoutez les haricots rouges, les tomates pelées, le piment, le chili, le cumin et l'origan. Versez 2 verres d'eau et laissez mijoter 40 à 45 min. Mélangez régulièrement, ajoutez de l'eau si nécessaire, salez et poivrez.

3. Goûtez pour rectifier l'assaisonnement. Servez le chili en ajoutant 1 belle cuillerée à soupe de yaourt grec, de la coriandre ciselée et proposez des chips de maïs en accompagnement.

Curry vert de légumes

4 à 6 personnes | Préparation : 20 min | Cuisson : 1 h

4 ciboules
1 botte de basilic thaï
4 pommes de terre
4 carottes
1 brocoli
1 chou-fleur
2 cuil. à soupe de gingembre râpé
1 cuil. à soupe de pâte de curry vert
2 tiges de citronnelle ciselées
2 boîtes de lait de coco
2 feuilles de combawa (épicerie exotique)
450 g de petits pois
16 pois mange-tout
Le jus de 1 citron vert
2 cuil. à soupe de lamelles de coco fraîche (pour servir)
2 cuil. à soupe d'huile de coco
1 pincée de bicarbonate
Sel, poivre du moulin

1. Émincez la ciboule et le basilic thaï. Réservez un peu de basilic pour la finition. Épluchez les pommes de terre et coupez-les en cubes. Épluchez les carottes et coupez-les en rondelles, détachez les bouquets du pied de brocoli et de chou-fleur.

2. Faites chauffer l'huile de coco dans la cocotte et faites revenir la ciboule, les ¾ du basilic thaï et le gingembre. Ajoutez la pâte de curry vert (plus ou moins en fonction des goûts), mélangez, ajoutez la citronnelle ciselée. Versez le lait de coco et remplissez une boîte d'eau puis versez dans la cocotte. Mélangez puis ajoutez les feuilles de combawa, les pommes de terre et les rondelles de carottes. Laissez mijoter 30 à 35 min.

3. Faites cuire les petits pois pendant 10 min dans une grande casserole d'eau bouillante additionnée de sel et de bicarbonate. Égouttez et réservez. Ajoutez dans la cocotte les fleurettes de brocoli et de chou-fleur, les pois mange-tout et les petits pois. Laissez mijoter encore 20 min jusqu'à ce que les légumes soient bien tendres. Ajoutez un peu d'eau si nécessaire.

4. Avant de servir, versez le jus de citron vert. Parsemez de basilic thaï, de lamelles de coco fraîche et poivrez. Dégustez bien chaud.

Croque-monsieur vert

4 personnes | Préparation : 10 min | Cuisson : 3 min | Matériel : Mixeur

1 bouquet de basilic
2 gousses d'ail
1 poignée d'amandes entières
1 avocat
8 tranches de pain de mie
8 feuilles de laitue
2 poignées de roquette
2 tomates green zebra (ou, à défaut, une autre variété)
3 cuil. à soupe d'huile d'olive
1 pincée de sel

1. Rincez le basilic et effeuillez-le. Déposez les feuilles dans le bol du mixeur. Épluchez les gousses d'ail, dégermez-les et ajoutez-les dans le mixeur avec les amandes entières, l'huile d'olive et le sel. Mixez pour obtenir une pâte onctueuse.

2. Répartissez cette préparation sur les tranches de pain de mie.

3. Épluchez l'avocat, ôtez le noyau et coupez sa chair en lamelles. Répartissez-les sur 4 tranches de pain de mie. Ajoutez par-dessus 2 feuilles de laitue dont vous aurez pris soin de retirer la nervure centrale.

4. Répartissez la roquette par-dessus et enfin les tomates lavées et coupées en rondelles. Fermez les croque-monsieur avec les tranches de pain de mie restantes.

5. Faites chauffer l'appareil à croque-monsieur. Faites cuire 3 min par croque-monsieur et servez aussitôt.

ASTUCE

Pas de basilic sous la main ? Optez pour du persil plat, de la coriandre ou encore des pousses d'épinards.

Haricots blancs aux herbes

6 personnes | Préparation : 10 min |
Repos : 1 nuit | Cuisson : 1 h 15

450 g de haricots blancs
3 carottes
1 oignon
3 clous de girofle
2 gousses d'ail
1 branche de céleri
1 bouquet garni (thym et laurier)
½ botte de persil plat
½ botte de ciboulette
½ botte de cerfeuil
Huile d'olive fruitée
Sel, poivre du moulin

1. Passez les haricots sous l'eau claire et laissez-les tremper toute une nuit dans un grand volume d'eau froide. Le lendemain, égouttez et rincez les haricots blancs sous l'eau claire.

2. Épluchez les carottes et coupez-les en grosses rondelles. Épluchez l'oignon et piquez-le avec les clous de girofle. Épluchez les gousses d'ail. Lavez et hachez la branche de céleri.

3. Mettez les haricots dans la cocotte et couvrez-les d'eau. Portez à ébullition et écumez si nécessaire. Ajoutez l'oignon, l'ail, les carottes, le céleri et le bouquet garni. Laissez mijoter à feu doux pendant 1 h 15. Les haricots doivent être bien tendres.

4. Pendant la cuisson, ciselez les herbes finement. Dégustez les haricots blancs parsemés d'herbes, salez, poivrez et ajoutez 1 filet d'huile d'olive fruitée.

CONSEIL

Ajoutez des chips de bacon ou de chorizo.

Wrap frais

4 personnes | Préparation : 30 min | Repos : 20 min | Cuisson : 1 min | Matériel : Robot, pinceau alimentaire, film alimentaire, papier sulfurisé

150 g de farine de blé T80 + 50 g de farine de maïs
1 avocat
Le jus de 1 citron vert
1 tomate
8 lamelles de tomates séchées
8 feuilles de batavia
2 carottes
2 poignées de graines germées de radis
5 cl d'huile d'olive
2 pincées de sel

1. Mélangez les deux farines et ajoutez 1 bonne pincée de sel. Versez l'huile d'olive et 8 cl d'eau et pétrissez la pâte.

2. Façonnez 4 boules de taille identique et laissez-les reposer 20 min avant de les étaler sur un plan de travail fariné.

3. Dans une poêle antiadhésive, faites cuire les tortillas 30 s de chaque côté. Laissez-les refroidir dans une assiette sous un torchon.

4. Épluchez l'avocat, ôtez le noyau et écrasez la chair à la fourchette avec le jus de citron vert.

5. Ébouillantez la tomate et pelez-la. Ôtez les pépins et coupez la chair en dés. Ajoutez-la à l'avocat ainsi que les tomates séchées coupées en petits morceaux. Salez et mélangez.

6. Déposez les feuilles de batavia sur les tortillas. Répartissez par-dessus la préparation à l'avocat.

7. Épluchez les carottes, râpez-les et répartissez-les sur les tortillas. Ajoutez les graines germées de radis, roulez les tortillas et servez aussitôt.

VARIANTE

Variez les plaisirs en essayant avec des poivrons cuits, du caviar d'aubergine ou encore avec une base d'hoummous. Tout est permis !

Quiche aux poireaux

6 personnes | Préparation : 20 min | Cuisson : 55 min | Matériel : Moule à tarte

Pour la pâte
300 g de farine T80
150 g de margarine végétale non hydrogénée
8 cl de boisson végétale de soja
½ cuil. à café de sel

Pour l'appareil
3 poireaux
30 g de fécule
de pomme de terre
15 cl de boisson végétale de soja
400 g de tofu soyeux
2 pincées de noix muscade
1 cuil. à soupe de levure maltée
4 cuil. à soupe d'huile d'olive
½ cuil. à café de sel
1 pincée de poivre noir

1. Mélangez la farine et le sel avec la margarine à température ambiante. Ajoutez la boisson végétale de soja et pétrissez jusqu'à obtenir une boule de pâte homogène.

2. Étalez la pâte sur un plan de travail fariné, et disposez-la dans un moule à tarte.

3. Préchauffez le four à 180 °C (th. 6).

4. Lavez les poireaux et coupez-les en rondelles. Dans une poêle, faites chauffer l'huile d'olive et ajoutez les poireaux, faites-les cuire à feu doux jusqu'à ce qu'ils soient fondants. Puis déposez-les sur la pâte.

5. Délayez petit à petit la fécule de pomme de terre dans la boisson végétale de soja. Ajoutez le tofu soyeux et battez le mélange. Ajoutez la noix muscade, le sel, le poivre et la levure maltée.

6. Mélangez et versez sur les poireaux. Enfournez pour 45 min de cuisson et dégustez chaud.

Tarte à la tomate

6 personnes | Préparation : 20 min | Cuisson : 40 min |
Matériel : Moule à tarte, rouleau à pâtisserie

Pour la pâte
220 g de farine T65
80 g de farine de lupin
150 g de tahin
8 cl de boisson végétale de riz
2 cuil. à soupe d'huile d'olive
½ cuil. à café de sel

Pour la garniture
2 cuil. à soupe de moutarde
5 tomates
20 g de fécule de pomme de terre
5 cl de boisson végétale de soja
5 cl de crème de soja
1 oignon rouge
1 cuil. à café d'herbes de Provence
Sel

1. Mélangez les deux farines, incorporez le sel, puis le tahin et l'huile d'olive. Pétrissez en ajoutant la boisson végétale de riz jusqu'à obtenir une boule de pâte homogène.

2. Étalez la pâte sur un plan de travail fariné et disposez-la dans un moule à tarte. Ôtez le surplus avec un rouleau à pâtisserie.

3. Préchauffez le four à 180 °C (th. 6).

4. Étalez la moutarde sur la pâte à tarte. Coupez les tomates en rondelles et disposez-les par-dessus.

5. Délayez la fécule dans la boisson végétale de soja, incorporez la crème de soja et salez, puis versez sur les tomates.

6. Épluchez l'oignon rouge et hachez-le, puis répartissez-le sur les tomates. Saupoudrez d'herbes de Provence et enfournez pour 40 min de cuisson. Dégustez chaud.

Steak de lentilles
et tomates à la provençale

4 personnes | Préparation : 20 min |
Cuisson : 38 min | Matériel : Mixeur

Pour les steaks de lentilles
1 oignon
200 g de lentilles vertes cuites
1 cuil. à soupe de fécule de maïs
1 cuil. à soupe de purée de noix de cajou
1 gousse d'ail
1 cuil. à café de curcuma en poudre
4 cuil. à soupe d'huile de sésame grillé
Sel, poivre noir

Pour les tomates à la provençale
4 tomates
8 brins de persil plat
1 cuil. à café d'origan
2 gousses d'ail
2 cuil. à soupe de chapelure
2 cuil. à soupe d'huile d'olive
Sel

1. Préparez les steaks. Épluchez l'oignon et hachez-le. Dans une poêle, faites chauffer la moitié de l'huile de sésame grillé et faites-y suer l'oignon haché.

2. Déposez l'oignon cuit dans le bol d'un mixeur et ajoutez les lentilles vertes, la fécule de maïs, la purée de noix de cajou, la gousse l'ail épluchée et dégermée, et le curcuma. Salez, poivrez et mixez le tout.

3. Façonnez 4 steaks de même taille et faites-les cuire à la poêle dans le reste d'huile de sésame, 4 min de chaque côté.

4. Préchauffez le four à 200 °C (th. 6-7).

5. Pendant ce temps, coupez les tomates dans le sens de la largeur et déposez-les, face tranchée dessus, dans un plat allant au four.

6. Hachez les feuilles de persil et répartissez-les sur les tomates, saupoudrez d'origan et d'un peu de sel.
Enfin, ajoutez les gousses d'ail épluchées et hachées, puis la chapelure.

7. Arrosez d'huile d'olive et enfournez pour 30 min de cuisson. Réchauffez les steaks de lentilles au moment de servir.

Lasagnes végétales

4 personnes | Préparation : 40 min | Cuisson : 20 min | Matériel : Cuit-vapeur, plat à gratin

Pour la béchamel
50 g de farine de riz
75 cl de boisson végétale de soja
Noix muscade
6 cl d'huile d'olive
Sel, poivre du moulin

Pour la garniture
1 courge butternut
2 carottes
50 g de tomates séchées
1 oignon
1 cuil. à café de curcuma en poudre
20 g de pignons de pin
Gomasio
Huile d'olive
Sel

1. Préparez la béchamel. Dans une casserole, faites chauffer l'huile. Ajoutez la farine de riz et mélangez bien.

2. Délayez petit à petit avec la boisson végétale de soja en continuant de bien mélanger. Faites cuire à feu moyen en mélangeant jusqu'à ce que la sauce épaississe. Ajoutez sel, poivre et noix muscade à votre convenance. Réservez.

3. Épluchez la courge butternut. À l'aide d'une mandoline, coupez des tranches de 0,5 cm d'épaisseur dans le sens de la largeur. Retirez les pépins et le pédoncule.

4. Faites cuire les tranches de courge butternut à la vapeur pendant 5 min. Réservez.

5. Épluchez les carottes et coupez-les en brunoise. Faites de même avec les tomates séchées. Épluchez l'oignon et hachez-le.

6. Dans une poêle, faites chauffer un peu d'huile d'olive, ajoutez les dés de carottes, les tomates séchées et l'oignon. Faites cuire 5 min. Ajoutez le curcuma et salez. Réservez.

7. Préchauffez le four à 180 °C (th. 6).

8. Dans un plat à gratin, déposez 1 couche de courge, 1 couche de béchamel, un peu du mélange carottes-tomates-oignon et ainsi de suite. Finissez par 1 petite couche de béchamel végétale.

9. Concassez les pignons de pin et parsemez-les dessus. Saupoudrez de gomasio. Enfournez pour 15 min de cuisson et dégustez chaud.

Falafels au persil
et leur crème de concombre

4 personnes | Préparation : 15 min | Trempage : 1 nuit | Repos : 30 min | Dégorger : 15 min | Cuisson : 10 min | Matériel : Mixeur

Pour les falafels
300 g de pois chiches
1 oignon rouge
1 gousse d'ail
1 bouquet de persil plat
1 cuil. à café de bicarbonate de soude
1 cuil. à café de cumin
1 cuil. à café de sel
Poivre
Huile pour friture

Pour la crème de concombre
1 concombre
20 cl de crème d'avoine
5 feuilles de menthe fraîche
Sel

1. Faites tremper les pois chiches au moins 1 nuit. Le lendemain, mettez-les dans le bol d'un mixeur. Mixez une première fois pour les concasser.

2. Épluchez l'oignon, ajoutez-le aux pois chiches ainsi que la gousse d'ail épluchée. Mixez de nouveau.

3. Rincez et effeuillez le persil et ajoutez les feuilles dans le mixeur. Ajoutez le bicarbonate, le cumin, le sel, le poivre et 2 cuil. à soupe d'eau. Mixez pour obtenir une pâte homogène. Laissez reposer 30 min.

4. Pendant ce temps, épluchez le concombre, salez et laissez-le dégorger 15 min dans une passoire. Pressez-le et mixez-le dans un blender avec la crème d'avoine et les feuilles de menthe fraîche. Réservez.

5. Façonnez des petites galettes, pressez pour retirer l'éventuel excédent d'eau. Dans une sauteuse, faites chauffer l'huile de friture à 180 °C et mettez les galettes à cuire pendant 4 min.

6. Servez chaud avec la crème de concombre.

Galette aux légumes
et râpé de chou blanc

4 personnes | Préparation : 25 min | Cuisson : 8 min |
Matériel : Râpe, cercle à pâtisserie

Pour les galettes
50 g de flocons de sarrasin
2 cuil. à soupe de graines de lin
8 cl de boisson végétale de soja
2 cuil. à soupe de tofu soyeux
2 cuil. à soupe de farine de lupin
1 oignon rouge
1 carotte
1 petite courgette
1 cuil. à café de graines de cumin
Huile d'olive
Sel, poivre du moulin

Pour la râpée de chou
1 petit chou blanc
3 cuil. à soupe de vinaigre de cidre
2 cuil. à soupe de sucre de canne blond
1 noisette de wasabi
2 cuil. à soupe d'huile de sésame
1 cuil. à soupe de graines de sésame
1 cuil. à café de sel

1. Dans un saladier, versez les flocons de sarrasin, puis les graines de lin moulues dans un moulin à café. Versez la boisson végétale de soja et laissez gonfler quelques minutes.

2. Ajoutez le tofu soyeux et la farine de lupin. Mélangez et salez. Épluchez l'oignon, hachez-le finement et ajoutez-le à la préparation.

3. Épluchez et râpez la carotte, lavez et râpez la courgette. Ajoutez-les avec 1 pincée de poivre et les graines de cumin et mélangez bien. Réservez.

4. Pour le râpé, taillez le chou blanc en fines lanières.

5. Préparez une sauce en versant le vinaigre de cidre sur le sucre de canne, mélangez. Ajoutez le sel, l'huile de sésame et le wasabi. Mélangez et versez sur le chou. Saupoudrez de graines de sésame. Réservez.

6. Préparez les galettes. Aidez-vous d'un cercle à pâtisserie pour façonner des galettes bien rondes avec la préparation au sarrasin. Dans une poêle, faites chauffer 1 filet d'huile d'olive. Déposez le cercle à pâtisserie sur la poêle et versez la préparation dedans, laissez cuire 4 min avant d'ôter le cercle à pâtisserie et retournez la galette.

Ravioles aux pignons
et aubergines

4 personnes | Préparation : 1 h 30 | Repos : 1 h | Cuisson : 15 min

200 g de farine de blé T65
2 aubergines
200 g de tofu ferme aux herbes
3 cuil. à soupe de concentré de tomates
1 gousse d'ail
50 g de pignons de pin
1 bouquet de coriandre
½ cuil. à café de gingembre en poudre
2 cuil. à soupe de sauce soja salée
Fécule de pomme de terre
1 cube de bouillon de légumes
1 filet d'huile d'olive
Sel

1. Faites bouillir 15 cl d'eau, versez-la sur la farine de blé en mélangeant à la fourchette. Quand le mélange a refroidi, pétrissez pendant 5 min puis formez une boule. Laissez reposer 1 h à température ambiante.

2. Épluchez les aubergines et coupez-les en petits dés. Dans une poêle, faites chauffer l'huile d'olive et ajoutez les dés d'aubergines. Faites cuire à feu moyen.

3. Pendant ce temps, coupez le tofu ferme en petits dés et ajoutez-les dans la poêle avec le concentré de tomates. Mélangez. Pressez la gousse d'ail dans la poêle. Hachez grossièrement les pignons de pin et ajoutez-les, puis les feuilles de coriandre et salez. Saupoudrez de gingembre et ajoutez la sauce soja. Quand les dés d'aubergines sont bien tendres, ôtez du feu.

4. Façonnez des boules d'environ 1,5 cm de diamètre dans la pâte qui a reposé. Saupoudrez le plan de travail de fécule de pomme de terre pour éviter qu'elles ne collent. Étalez finement les boules de pâte au rouleau à pâtisserie. Déposez 1 cuil. à café bombée de préparation à l'aubergine au centre de la pâte, mouillez le tour et soudez en pliant en deux.

5. Faites bouillir 1 l d'eau avec le cube de bouillon et faites cuire les raviolis par 6 pendant environ 3 min. Ils sont cuits quand la pâte devient transparente. Servez aussitôt.

Galettes végétariennes
sarrasin-feta

4 personnes | Préparation : 15 min | Repos : 30 min | Cuisson : 20 à 25 min | Matériel : Poêle antiadhésive

80 g de flocons de sarrasin
80 g de lait (de vache ou de soja)
1 oignon
2 cuil. à soupe d'huile d'olive
2 œufs
80 g de feta
2 cuil. à soupe de ciboulette surgelée

1. Mettez les flocons de sarrasin dans un bol et versez le lait par-dessus. Mélangez et laissez reposer la préparation pendant 30 min au réfrigérateur.

2. Pelez l'oignon, hachez-le finement, puis faites-le rissoler dans une poêle avec 1 cuil. à soupe d'huile d'olive pendant 5 à 10 min.

3. Sortez les flocons du réfrigérateur. Salez, poivrez et ajoutez les œufs battus en omelette. Coupez la feta en morceaux et ajoutez-la à la préparation, avec les oignons rissolés et la ciboulette. Mélangez bien.

4. Prenez une grande poêle antiadhésive et mettez-y l'huile d'olive restante. Déposez-y la préparation à l'aide d'une cuillère à soupe pour former 4 belles galettes ou 8 petites, et laissez cuire à feu moyen pendant 7 à 8 min (jusqu'à ce que les galettes soient prises). Retournez délicatement les galettes avec une spatule large et poursuivez la cuisson pendant 5 min. Servez chaud ou tiède.

INFO NUTRITION

La feta fait partie des fromages frais dont la teneur en graisses reste modérée (15 % environ), contrairement aux fromages affinés, plus riches. Ces galettes remplacent la viande. Servez-les avec une poêlée de légumes, des épinards sautés ou une salade verte.

Risotto à l'orge perlé et aux petits pois

4 personnes | Préparation : 15 min | Cuisson : 30 min

1 oignon • 250 g d'orge perlé • 250 g de petits pois frais écossés • 2 cubes de bouillon de légumes • 15 cl de vin blanc sec • 5 cl de crème d'avoine • 3 cuil. à soupe d'huile d'olive

1. Dans une sauteuse, faites chauffer l'huile d'olive. Pelez l'oignon, hachez-le et faites-le revenir dans l'huile.

2. Rincez l'orge perlé et ajoutez-le dans la sauteuse. Mélangez. Laissez dorer 2 min, tout en mélangeant, puis versez le vin blanc sec.

3. Faites fondre les cubes de bouillon dans 1 l d'eau bouillante. Réservez.

4. Une fois le vin blanc absorbé, ajoutez les petits pois. Commencez à verser 1 louche de bouillon de légumes. Une fois le bouillon absorbé, renouvelez l'opération et ainsi de suite. Mélangez régulièrement.

5. En fin de cuisson, ajoutez la crème d'avoine, mélangez et servez aussitôt.

Aiguilettes de poulet au citron, carottes et olives vertes

4 personnes | Préparation : 10 min | Cuisson : 45 min

4 blancs de poulet fermier • 6 belles carottes • 2 oignons • 1 citron • ½ citron confit • 1 botte de coriandre • 1 cuil. à café de cumin en poudre • 1 bocal (env. 180 g) d'olives vertes dénoyautées • Huile d'olive • Sel, poivre du moulin

1. Coupez les blancs de poulet en aiguillettes et ôtez les parties grasses. Épluchez et coupez les carottes en biseau. Pelez et hachez les oignons. Pressez le jus du citron. Enlevez la pulpe du citron confit et coupez-le en lanières. Ciselez la botte de coriandre.

2. Versez 1 bon filet d'huile dans une grande poêle et faites revenir les oignons pendant 5 min, ajoutez le cumin et mélangez bien. Incorporez les aiguillettes de poulet et faites-les dorer légèrement de chaque côté. Déglacez avec le jus de citron. Ajoutez le citron confit, du sel, du poivre puis les carottes et versez un grand verre d'eau. Couvrez et laissez mijoter 30 min. Ajoutez les olives et laissez encore cuire 10 min.

3. Saupoudrez de coriandre, rectifiez l'assaisonnement et dégustez bien chaud.

VARIANTE

Remplacez les carottes par des légumes de saison et ajoutez un peu de gingembre et de safran.

Cuisses de poulet à la tomate et au fenouil

4 personnes | Préparation : 10 min | Cuisson : 40 à 45 min

4 cuisses de poulet fermier • 4 tomates • 2 gros fenouils • 1 oignon • 1 trait de pastis • 1 boîte de tomates concassées (400 g env.) • 1 pincée de sucre roux • 4 cuil. à soupe de persil ciselé • Huile d'olive • Sel, poivre du moulin

1. Coupez les tomates en quartiers. Préparez les fenouils : coupez les tiges et les herbes vertes et hachez-les grossièrement. Réservez dans un bol. Épluchez les fenouils et coupez-les en 6 quartiers. Pelez et hachez l'oignon.

2. Versez de l'huile d'olive dans une grande poêle et faites revenir les cuisses de poulet de tous les côtés. Déglacez au pastis, décollez les sucs et réservez dans une assiette. Ajoutez 1 trait d'huile d'olive dans la poêle et mettez les oignons. Laissez fondre 3 min, ajoutez le fenouil, faites revenir pendant 5 min puis ajoutez les tomates fraîches et les tomates concassées. Versez le sucre roux, salez et poivrez bien. Ajoutez les cuisses de poulet avec le jus et laissez mijotez 30 à 35 min.

3. Versez dans un grand plat, ajoutez le persil et le reste de fenouil haché.

Émincé de dinde à la crème et petits légumes verts au cerfeuil

4 personnes | Préparation : 10 min | Cuisson : 15 à 20 min

3 blancs de dinde • 1 oignon blanc • 1 tête de brocoli • 1 pincée de bicarbonate • 1 barquette de pois gourmands (200 g env.) • 4 brins de cerfeuil • 250 g de petits pois surgelés • Le jus de ½ citron jaune • 12 cl de crème fraîche épaisse • Huile d'olive • Sel, poivre du moulin

1. Émincez finement les blancs de dinde. Épluchez et ciselez l'oignon blanc. Prélevez les fleurettes du brocoli, coupez-les en petits morceaux et blanchissez-les dans une casserole d'eau bouillante salée avec le bicarbonate pendant 5 min. Égouttez-les. Lavez les pois gourmands sous l'eau claire. Ciselez l'estragon.

2. Versez de l'huile d'olive dans une grande poêle et faites revenir l'oignon pendant 3 à 4 min. Ajoutez les blancs de dinde émincés et faites-les dorer pendant 5 min. Ajoutez le reste des légumes : petits pois, brocoli et pois gourmands. Parsemez d'estragon, salez et poivrez légèrement. Mélangez et laissez cuire jusqu'à que les légumes soient *al dente*.

3. Déglacez avec le jus du demi-citron, mélangez et versez la crème fraîche. Mélangez, laissez réchauffer 3 min à feu doux et servez.

VARIANTE

Variez les légumes et l'herbe aromatique en fonction des saisons.

Riz au fruits de mer et à l'estragon

4 personnes **I** Préparation : 10 min **I** Cuisson : 25 min

1 sachet de mélange de fruits de mer préalablement décongelés • 3 échalotes • 1 gousse d'ail • 1 botte d'estragon • Le jus de 1 citron jaune • 10 cl de vin blanc sec • 200 g de riz blanc • Huile d'olive • Sel, poivre du moulin

1. Pelez et ciselez les échalotes et l'ail. Lavez et ciselez l'estragon. Pressez le citron.

2. Versez un grand filet d'huile dans une poêle et faites fondre les échalotes pendant 5 min. Déglacez avec le vin blanc. Ajoutez l'ail, les fruits de mer et le riz puis mélangez bien. Versez de l'eau (½ verre env.), versez le jus de citron et laissez mijoter à petits bouillons pendant 20 min.
Les fruits de mer vont rendre de l'eau mais ajoutez-en si nécessaire. Remuez régulièrement. Salez et poivrez. Parsemez d'estragon ciselé et dégustez bien chaud.

VARIANTE

Ajoutez de la crème liquide et mélangez les herbes : cerfeuil, persil, ciboulette... Pour une saveur plus forte en poisson, ajoutez 1 cuil. à soupe de fumet de poisson après avoir versé le vin blanc.

Chou chinois à la truite fumée

4 personnes **I** Préparation : 10 min **I** Cuisson : 10 min **I** Matériel : Mandoline

350 g de truite fumée • 1 gros paquet de choux chinois (pak choï) • 1 oignon • 2 gousses d'ail • 1 pouce de gingembre • 1 carotte • 2 ciboules • 1 filet d'huile neutre • 3 cuil. à soupe de sauce soja

1. Coupez les truites en lanières. Tranchez les choux et lavez-les sous l'eau froide puis essorez-les. Pelez et ciselez finement l'oignon, l'ail et le gingembre. Épluchez la carotte et coupez-la en rondelles fines à l'aide d'une mandoline. Émincez la ciboule.

2. Versez l'huile dans une grande poêle et faites revenir l'oignon, l'ail et le gingembre pendant 3 min. Ajoutez les rondelles de carotte eLaissez fondre doucement en mélangeant régulièrement pendant 6 à 7 min, plus si vous préférez les légumes fondants.

3. Déglacez avec la sauce soja, mélangez bien. Ajoutez la truite fumée et la ciboule et dégustez immédiatement.

VARIANTE

Ajoutez 200 g de pousses de soja. Remplacez les filets de truite par du tofu fumé.

Noix de saint-jacques aux asperges vertes

4 personnes I Préparation : 10 min I Cuisson : 6 min I Matériel : Mandoline

16 noix de saint-jacques • 1 botte d'asperges vertes • 1 citron jaune non traité • 2 cuil. à soupe d'estragon ciselé • Huile d'olive • Sel, poivre du moulin

1. Lavez les asperges, coupez le bout et détaillez-les délicatement à la mandoline en fines tranches. Pressez le citron et prélevez quelques zestes.

2. Versez un filet d'huile d'olive dans une grande poêle et faites revenir délicatement les asperges pendant 3 à 4 min. Elles doivent rester légèrement croquantes. Tassez-les d'un côté de la poêle et ajoutez les noix de saint-jacques. Faites-les cuire 1 min de chaque côté.

3. Dressez les asperges sur un plat de service, ajoutez les noix de saint-jacques, salez, poivrez et arrosez de jus de citron. Parsemez d'estragon et dégustez immédiatement.

VARIANTE

Remplacez les asperges par des poireaux et faites-les fondre doucement dans un mélange d'huile d'olive et de beurre.

Dos de saumon,
spaghettis de légumes, pamplemousse et jus d'agrumes

4 personnes I Préparation : 10 min I Cuisson : 10 min I Matériel : Mandoline ou râpe

4 dos de saumon • 2 carottes • 1 panais • 1 patate douce • 1 pamplemousse • 1 citron vert • 1 orange • 1 botte de cerfeuil • Huile d'olive • Sel, poivre du moulin

1. Retirez d'un coup sec la peau du saumon et coupez-le en cubes. Épluchez les carottes, le panais et la patate douce. Détaillez-les, à l'aide d'une mandoline ou d'une râpe, en fils ou spaghettis.

2. Pelez le pamplemousse et prélevez les suprêmes. Réservez le jus dans un verre. Pressez le citron vert et l'orange.

3. Versez un filet d'huile dans une poêle et déposez les cubes de saumon. Couvrez et laissez cuire 5 min afin que le cœur reste rose et ferme, plus si vous l'aimez bien cuit. Ajoutez les fils de légumes et mélangez. Déglacez avec les jus des 3 agrumes et laissez cuire 2 à 3 min. Salez et poivrez.

4. Ciselez le cerfeuil et ajoutez-le à la préparation. Mélangez, ajoutez les suprêmes de pamplemousse et servez bien chaud.

Poêlée à la grecque

4 personnes I Préparation : 10 min I Cuisson : 35 min
2 oignons • 800 g d'épinards frais • 1 fenouil • 1 botte d'aneth • 1 botte de persil • 250 g de feta • 1 œuf • 1 filet d'huile d'olive • Sel, poivre du moulin **Pour servir :** 4 pains pita

1. Épluchez et ciselez les oignons. Lavez les épinards et essorez-les. Épluchez le fenouil et coupez-le en petits morceaux. Lavez les bottes d'aneth et de persil et ciselez-les. Écrasez la feta dans un bol.

2. Versez l'huile dans une poêle et faites fondre les oignons pendant 3 à 4 min. Ajoutez les épinards et le fenouil, laissez cuire pendant 15 min à feu doux en mélangeant régulièrement. Enlevez le surplus d'eau. Ajoutez les herbes, mélangez et laissez cuire encore 5 min. Incorporez la feta, puis l'œuf puis mélangez bien. Salez et poivrez. Couvrez et laissez mijoter 10 min.

3. Toastez les pains au grille-pain pour les chauffer puis dégustez avec la poêlée.

VARIANTE

Farcissez les pains avec le contenu de la poêlée.

Agneau aux fruits secs, cumin et coriandre

4 personnes I Préparation : 10 min I Cuisson : 45 min
600 g d'épaule d'agneau sans os • 50 g de raisins secs • 50 g d'abricots secs • 50 g de pruneaux dénoyautés • 1 oignon • 1 gousse d'ail • 3 cuil. à soupe d'amandes émondées • 1 cuil. à café de cumin en poudre • 1 belle pincée de cannelle en poudre • Gingembre en poudre • Curcuma • 1 filet de miel liquide • 4 cuil. à soupe de coriandre ciselée • 1 bon filet d'huile • Sel, poivre du moulin

1. Mettez les fruits secs dans un bol et couvrez d'eau bouillante. Laissez gonfler le temps de préparer la suite.

2. Coupez la viande en morceaux moyens. Pelez et ciselez finement l'oignon et l'ail. Mettez les amandes dans une poêle bien chaude et faites-les dorer pendant 2 à 3 min à sec. Réservez sur une assiette.

3. Versez l'huile dans une grande poêle et faites revenir pendant 5 à 6 min les morceaux d'agneau avec l'oignon et l'ail. Ajoutez le cumin, la cannelle, le gingembre, le curcuma et versez le miel. Mélangez bien et ajoutez les fruits secs avec leur eau de trempage. Mélangez bien, couvrez et laissez mijoter à petits bouillons pendant 40 min. Versez encore un peu d'eau si nécessaire.

4. Salez, poivrez et parsemez de coriandre et d'amandes grillées. Servez bien chaud.

Pousses d'épinards saumon fumé, œufs, crème et aneth

4 personnes | Préparation : 10 min | Cuisson : 20 min

4 belles tranches de saumon fumé • 1 kg de pousses d'épinards • 2 échalotes • 50 cl de crème fraiche épaisse • 1 gros œuf • 1 botte d'aneth • 1 botte de coriandre • Huile d'olive • Sel, poivre du moulin **Pour servir :** 1 petit pot d'œufs de saumon

1. Coupez les tranches de saumon en lanières. Lavez et essorez les pousses d'épinards. Épluchez et ciselez les échalotes. Versez la crème dans un bol. Ajoutez l'œuf, salez et poivrez. Mélangez bien. Lavez et ciselez la botte d'aneth et la botte de coriandre.

2. Versez de l'huile dans une grande poêle et faites revenir les échalotes pendant 3 min. Ajoutez les pousses d'épinards et laissez-les fondre à feu doux en mélangeant régulièrement. Vous pouvez les ajouter en deux fois. Quand les épinards sont tendres, enlevez l'eau en les pressant bien. Versez le mélange crème-œuf. Mélangez et ajoutez l'aneth et la coriandre. Laissez mijoter 10 min puis ajoutez les lanières de saumon fumé.

3. Versez dans un plat de service et ajoutez les œufs de saumon. Dégustez bien chaud.

Poêlée de courgettes, chèvre, œufs et menthe

4 personnes | Préparation : 10 min | Cuisson : 15 min

4 œufs • 1 kg de courgettes • 200 g de chèvre frais • 3 cuil. à soupe de menthe fraîche ciselée • 3 cuil. à soupe de persil ciselé • 1 bon filet d'huile d'olive • Sel, poivre du moulin

1. Lavez les courgettes, ôtez les bouts et coupez-les en rondelles fines à l'aide d'une mandoline. Coupez le chèvre frais en tranches moyennes.

2. Versez l'huile d'olive dans une grande poêle et faites fondre les courgettes en mélangeant régulièrement pendant 10 min.

3. Creusez 4 nids et cassez les œufs à l'intérieur. Déposez les tranches de chèvre, salez et poivrez et laissez cuire 3 à 4 min pour que le blanc des œufs soit bien pris. Ajoutez les herbes ciselées et servez immédiatement.

VARIANTE

Ajoutez des lamelles de jambon, de saumon fumé ou de blanc de dinde.

Aubergines, tomates, basilic, mozzarella et roquette

4 personnes | Préparation : 10 min | Cuisson : 25 min | Matériel : Mandoline

8 petites aubergines asiatiques • 6 tomates mûres • ½ botte de basilic • 3 gousses d'ail • 2 mozzarellas di buffala • 120 g de roquette • 1 bon filet de vinaigre balsamique • 1 bon filet d'huile d'olive • Sel, poivre du moulin

1. Lavez les aubergines et coupez-les en rondelles. Passez les tomates sous l'eau bouillante, pelez-les et coupez-les en morceaux. Lavez le basilic et ciselez finement les feuilles. Épluchez et hachez l'ail. Coupez chaque mozzarella en quatre.

2. Versez l'huile dans une grande poêle et ajoutez l'ail et les aubergines. Faites cuire à feu doux en mélangeant régulièrement pendant 10 min. Incorporez les tomates et la moitié du basilic et laissez encore cuire 10 min sans oublier de mélanger régulièrement pour éviter que cela n'accroche.

3. Déglacez au vinaigre balsamique. Salez et poivrez. Déposez les morceaux de mozzarella. Couvrez et laissez-les fondre légèrement pendant 5 min.

4. Ajoutez le basilic restant et la roquette et servez immédiatement.

Chou rouge aux pommes

4 personnes | Préparation : 15 min | Cuisson : 25 min

1 chou rouge • 1 oignon jaune • 4 pommes • 2 cuil. de vinaigre de cidre • 2 cuil. à soupe de persil • 1 bon filet d'huile d'olive • Sel, poivre du moulin

1. Lavez le chou rouge et détaillez-le en tranches fines. Faites chauffer une grande casserole d'eau bouillante et blanchissez-le pendant 5 min. Stoppez la cuisson dans un saladier d'eau glacée et égouttez-le. Épluchez et ciselez l'oignon. Pelez les pommes et coupez-les en quatre. Enlevez les parties du centre et recoupez-les en trois.

2. Versez l'huile d'olive dans la poêle et faites revenir l'oignon pendant 2 min. Ajoutez le chou rouge, mélangez et déposez les pommes sur le dessus. Couvrez et laissez mijoter pendant 20 min en mélangeant régulièrement. Ajoutez un peu d'eau si la préparation colle.

3. Déglacez avec le vinaigre de cidre, mélangez, salez et poivrez. Saupoudrez de persil et dégustez bien chaud.

VARIANTE

En fin de cuisson, ajoutez un bocal de marrons.

Lentilles vertes aux carottes et persil

4 personnes | Préparation : 10 min | Cuisson : 25 min

350 g de lentilles vertes • 2 oignons • 1 gousse d'ail • 2 clous de girofle • 3 carottes (jaune, rouge et blanche) • 1 bouquet garni • 3 cuil. à soupe de persil • Huile d'olive • Sel, poivre du moulin

1. Rincez les lentilles à l'eau claire. Épluchez et ciselez les oignons. Pelez l'ail et piquez dessus les clous de girofle. Épluchez et coupez les carottes en petits dés.

2. Versez de l'huile d'olive dans une grande poêle et faites revenir les oignons pendant 2 min. Ajoutez les carottes, l'ail et les lentilles et déposez le bouquet garni au centre. Couvrez d'eau et laissez mijoter 20 min à feu doux en mélangeant régulièrement pour éviter que cela n'accroche.

3. Salez, poivrez, parsemez de persil et dégustez bien chaud.

VARIANTE

Ajoutez des blancs de poireaux émincés finement.

Dahl de lentilles roses au curry

4 personnes | Préparation : 10 min | Cuisson : 20 min

300 g de lentilles roses • 2 pommes de terre • 1 carotte • 2 oignons jaunes • 2 gousses d'ail • 2 cm de gingembre • 40 cl de tomates concassées • 40 cl de lait de coco • 50 cl de bouillon de légumes • 1 cuil. à soupe de curry fort ou doux selon les goûts • 1 cuil. à soupe de curcuma • 1 cuil. à café de cumin en poudre • 1 cuil. à café de coriandre en poudre • 2 cuil. à soupe de coriandre ciselée • 1 cuil. à soupe de ghee • Sel

1. Rincez les lentilles roses sous l'eau claire. Pelez et coupez les pommes de terre en petits cubes. Épluchez et coupez la carotte en brunoise. Épluchez et ciselez les oignons. Épluchez le gingembre et l'ail et râpez-les finement.

2. Versez le ghee dans une grande poêle et faites fondre les oignons pendant 3 min. Ajoutez l'ail et le gingembre, le curry, le curcuma, le cumin et la coriandre. Mélangez bien pendant 1 min puis ajoutez les pommes de terre et les lentilles. Mélangez et versez les lentilles, les tomates concassées, le lait de coco et le bouillon de légumes. Mélangez et laissez mijoter à feu doux pendant 20 min. Salez légèrement, parsemez de coriandre et dégustez bien chaud.

VARIANTE

Ajoutez des blancs de poireaux ciselés, des feuilles d'épinards, des cubes de potimarron...

Céréales aux herbes et amandes effilées grillées

4 personnes | Préparation : 5 min | Cuisson : 20 min

500 g de mélange de céréales • 4 échalotes • 50 g d'amandes effilées • 1,2 l de bouillon aux herbes • 2 cuil. à soupe de basilic ciselé • 2 cuil. à soupe de coriandre ciselée • 2 cuil. à soupe de persil ciselé • 1 cuil. à soupe de menthe ciselée • Huile d'olive • Sel, poivre du moulin

1. Passez le mélange de céréales sous l'eau claire. Réservez sur une assiette. Épluchez et ciselez finement les échalotes.

2. Faites griller les amandes effilées dans une poêle à sec pendant 2 min.

3. Versez de l'huile d'olive dans une poêle et faites fondre les échalotes pendant 2 min. Ajoutez le mélange de céréales et versez le bouillon de façon à bien couvrir la préparation. Laissez mijoter à feu doux pendant 20 min et versez du bouillon régulièrement. Saupoudrez le basilic, la coriandre, le persil et la menthe ; poivrez bien et mélangez.

4. Versez un filet d'huile d'olive, parsemez les amandes effilées puis servez bien chaud.

Blé à la tomate et basilic frais ciselé

4 personnes | Préparation : 5 min | Cuisson : 12 min

400 g de blé • 1 oignon • 2 gousses d'ail • ½ botte de basilic • 285 g de tomates séchées à l'huile • 40 cl de bouillon de légumes • 1 boîte de tomates concassées (400 g env.) • 1 cuil. à soupe de concentré de tomates • 100 g de pecorino • Huile d'olive • Sel, poivre du moulin

1. Épluchez et ciselez finement l'oignon et l'ail. Lavez et ciselez le basilic. Coupez les tomates séchées en morceaux.

2. Versez 1 bon filet d'huile d'olive dans une grande poêle et faites revenir l'oignon et l'ail pendant 2 min. Ajoutez le blé et mélangez bien. Versez le bouillon de légumes, les tomates et le concentré de tomates. Ajoutez la moitié du basilic, salez et poivrez. Mélangez bien. Laissez cuire à petit bouillon pendant 10 min. Versez de l'eau si nécessaire.

3. Placez la poêlée dans un plat de service, ajoutez le basilic restant, les tomates séchées, un filet d'huile d'olive.

4. Servez bien chaud avec le pecorino.

VARIANTE

Ajoutez des olives noires et/ou des pignons grillés.

Courgetti au pesto de basilic et de noix

4 personnes **I** Préparation : 15 min **I** Cuisson : 10 min **I** Matériel : Spiralizer, mixeur, cuit-vapeur

8 courgettes • 40 g de basilic • 80 g de noix + quelques-unes pour la finition • 3 gousses d'ail • 10 cl d'huile d'olive • 50 g de parmesan râpé

1. Taillez les courgettes en spaghettis et faites-les cuire à la vapeur une dizaine de minutes.

2. Préparez le pesto dans le bol d'un mixeur : réunissez le basilic, les noix et les gousses d'ail pelées. Salez, poivrez, mixez puis versez l'huile d'olive et le parmesan râpé jusqu'à l'obtention d'une sauce onctueuse.

3. Servez les pâtes de courgettes avec le pesto et quelques noix grossièrement hachées.

CONSEIL

S'il reste du pesto, écrasez et grattez un peu d'ail sur des toasts et tartinez-les de pesto, ils accompagneront délicieusement ce plat.

Artichauts, citron confit, roquette et basilic

4 personnes **I** Préparation : 20 min **I** Matériel : Mixeur, presse-agrumes

8 artichauts poivrade • 2 citrons • ½ citron confit • 100 g de crème de soja épaisse (au rayon frais des épiceries bio) • 50 g de roquette • ½ bouquet de basilic • 2 cuil. à soupe d'huile d'olive • Poivre

1. Ôtez les feuilles les plus dures des artichauts et coupez le haut aux deux tiers. Pressez 1 citron, mélangez le jus avec 1 l d'eau dans un saladier. Coupez les artichauts en deux et plongez-les dans l'eau citronnée.

2. Mixez le jus du dernier citron avec le citron confit, les feuilles de basilic (réservez-en quelques-unes pour le décor) et la crème de soja épaisse. Égouttez les artichauts et coupez-les en fines lamelles. Répartissez-les dans les assiettes, ajoutez la roquette, quelques feuilles de basilic et déposez quelques points de sauce. Arrosez d'un léger filet d'huile d'olive, poivrez et dégustez.

Makis au saumon

4 personnes **I** Préparation : 15 min **I** Matériel : Natte en bambou

1 petit concombre
200 g de pavés de saumon
1 avocat mûr
3 feuilles de nori
(feuilles d'algues japonaises)
200 g de riz rond japonais cuit
½ cuil. à café de wasabi
1 verre d'eau additionné de 1 cuil.
à soupe de vinaigre de riz
pour humidifier les ingrédients,
les ustensiles et vos mains

1. Épluchez le concombre et coupez-le en deux dans le sens de la longueur. Retirez les graines se trouvant au centre. Coupez-le ensuite en bâtonnets de 5 cm de long sur 0,5 cm d'épaisseur.

2. Détaillez le saumon de la même manière que le concombre. Coupez l'avocat en deux afin de retirer le noyau et décollez la chair en passant délicatement une cuillère entre la chair et la peau.

3. Étalez la natte en bambou et humidifiez-la avec un peu d'eau vinaigrée. Coupez les feuilles de nori aux deux tiers de leur longueur pour obtenir des feuilles rectangulaires et posez-en une sur la natte. Humidifiez-la légèrement à l'aide de vos doigts.

4. Humidifiez légèrement vos mains à l'eau vinaigrée, puis prenez un tiers du riz cuit et posez-le au centre de la feuille de nori. Étalez-le sur toute la longueur en un boudin de 3 cm de large. Au centre du riz, étalez une très fine couche de wasabi et posez le poisson par-dessus. Soulevez le bord de la natte le plus proche de vous et repliez-la sur le rouleau de maki. Serrez la natte entre vos doigts, puis enroulez-la complètement sur les makis et appuyez bien dessus pour tasser le riz et refermer les makis.

5. Retirez le rouleau de la natte et posez-le sur une planche à découper. Coupez-le en deux parts égales. Alignez-les, rapprochez-les et coupez de nouveau en 3 morceaux, pour obtenir 6 makis de forme et de taille identiques.

6. Renouvelez l'opération avec un maki saumon-concombre et un maki saumon-avocat. À servir avec de la sauce soja, du gingembre et du wasabi.

Poulet rôti au citron,
romarin et ail

6 personnes | Préparation : 20 min |
Cuisson : 50 à 55 min

1 tête d'ail
3 brins de romarin
3 citrons jaunes non traités
1 poulet de 1,3 kg environ
10 g de gros sel
40 g de beurre
Fleur de sel, poivre du moulin

1. Préchauffez le four à 220 °C (th. 7-8). Pelez 3 gousses d'ail et détachez les autres. Assaisonnez l'intérieur du poulet avec les brins de romarin, les gousses d'ail et le gros sel.

2. Lavez et coupez 1 citron en quatre et les 2 autres en rondelles. Frottez la peau du poulet avec les quartiers du citron, puis récupérez le jus du citron et versez-le dans un plat à four. Placez-y le poulet avec les rondelles de citron, le reste des gousses d'ail et le dernier brin de romarin.

3. Faites fondre le beurre et badigeonnez-en le poulet sur toute sa surface à l'aide d'un pinceau. Salez et poivrez la peau du poulet, positionnez le poulet sur une cuisse. Enfournez pendant 15 min.

4. Retournez le poulet sur l'autre cuisse et poursuivez la cuisson pendant 15 min. Placez ensuite le poulet sur le dos et continuez la cuisson pendant 20 à 25 min.

5. Coupez le poulet en morceaux, versez un demi-verre d'eau dans le plat encore chaud pour diluer les sucs de cuisson. Dégustez chaud avec la sauce au citron.

Quinoa mexicain

4 personnes | Préparation : 25 min | Cuisson : 55 à 60 min

200 g de quinoa
1 oignon
2 gousses d'ail
1 poivron rouge
2 cuil. à soupe d'huile d'olive
300 g de bœuf haché à 5 % de matière grasse
1 cuil. à café de cumin en poudre
1 cuil. à café de chili en poudre
1 verre de vin blanc sec
1 boîte de tomates concassées (400 g)
1 cuil. à café de sirop d'agave
1 boîte de haricots rouges en conserve (400 g)
Sel

1. Faites cuire le quinoa dans une casserole d'eau bouillante salée pendant 15 min environ puis égouttez-le.

2. Pendant ce temps, épluchez l'oignon et l'ail, puis émincez-les. Lavez et coupez le poivron rouge en lanières, après avoir retiré les graines.

3. Faites chauffer l'huile d'olive dans une cocotte et ajoutez l'oignon, l'ail et le poivron. Faites-les revenir pendant 2 à 3 min en mélangeant, puis ajoutez le bœuf haché, le cumin et le chili. Salez et ajoutez le vin blanc. Mélangez bien.

4. Ajoutez les tomates concassées et laissez mijoter pendant 30 min environ à feu moyen. Ajoutez le sirop d'agave pour enlever l'acidité des tomates. Égouttez et rincez les haricots rouges, puis mettez-les dans la cocotte. Poursuivez la cuisson pendant 5 à 10 min.

5. Servez le chili avec le quinoa.

INFO NUTRITION

Le quinoa est une « pseudo-céréale ». Naturellement sans gluten, il est riche en protéines, en cuivre et en manganèse, et son IG est très bas (35).

Carottes rôties,
yaourt à la bergamote et pousses de pois

4 personnes I Préparation : 15 min I Cuisson : 25 à 30 min

500 g de carottes fanes
(ou des carottes de différentes couleurs)
1 citron bergamote
4 gousses d'ail rose
2 cuil. à soupe de miel d'oranger
2 cuil. à soupe d'huile d'olive
1 yaourt grec
1 cuil. à soupe de pousses de pois
Fleur de sel, poivre du moulin

1. Préchauffez le four à 180 °C (th. 6).

2. Pelez les carottes et coupez-les en deux dans le sens de la longueur.

3. Prélevez les zestes du citron bergamote et pressez-le pour récupérer son jus.

4. Déposez les carottes et les gousses d'ail en chemise (non épluchées) dans un plat allant au four, arrosez de miel d'oranger et d'huile d'olive. Assaisonnez de fleur de sel et de poivre, puis enfournez pendant 25 à 30 min, le temps que les carottes et l'ail caramélisent.

5. Mélangez le yaourt avec les zestes et la moitié du jus de citron bergamote, salez et poivrez. Sortez les carottes du four, déposez dans chaque assiette 1 cuil. de yaourt à la bergamote, puis disposez par-dessus les carottes et quelques pousses de pois. Arrosez de jus de cuisson des carottes et dégustez sans attendre.

Cabillaud
en croûte d'amandes

4 personnes | Préparation : 20 min |
Cuisson : 15 min | Matériel : Mixeur, plaque de four

1 échalote
1 gousse d'ail
50 g d'amandes décortiquées
2 biscottes intégrales bio sans sucres ajoutés
2 cuil. à soupe de persil surgelé
3 cuil. à soupe d'huile d'olive
4 dos de cabillaud
Sel

1. Préchauffez le four à 180 °C (th. 6).

2. Épluchez l'échalote et l'ail et hachez-les, après avoir ôté le germe de l'ail. Hachez aussi grossièrement les amandes et mixez les biscottes en chapelure fine. Mélangez le tout dans un bol, ajoutez le persil, l'huile d'olive et le sel. Mélangez.

3. Mettez les dos de cabillaud sur une plaque recouverte de papier cuisson ou dans un plat antiadhésif allant au four. Déposez sur chaque morceau la préparation aux amandes et enfournez pendant 15 min environ.

INFO NUTRITION

Vérifiez bien la liste des ingrédients quand vous achetez les biscottes : elles doivent être faites avec une farine 100 % intégrale (blé, épeautre...) et sans sucres ajoutés.

Lasagnes d'aubergines
au bœuf

4 personnes | Préparation : 20 min | Cuisson : 2 h |

2 cuil. à soupe d'huile d'olive
3 steaks hachés bio à 5 % de matière grasse
2 oignons rouges émincés
2 gousses d'ail dégermées et hachées
1 cuil. à soupe de vin blanc
1 brique de sauce tomate bio de 500 g
1 pointe de paprika
1 cuil. à soupe de sucre de bouleau
ou de miel d'acacia
600 g d'aubergines bio coupées en tranches
100 g d'emmental ou de gruyère râpé
ou de mozzarella
Sel

1. Mettez l'huile d'olive dans une cocotte à feu moyen. Dès qu'elle est bien chaude, ajoutez les steaks hachés pour les faire dorer des deux côtés. Écrasez les steaks à l'aide d'une cuillère en bois pour obtenir de petits morceaux. Réservez.

2. Faites suer les oignons rouges émincés, puis ajoutez l'ail haché et faites revenir le tout pendant 2 min sans colorer. Ajoutez la viande hachée, puis versez le vin blanc et laissez-le s'évaporer de moitié pour lui enlever son acidité. Ajouter la sauce tomate, le paprika, salez et sucrez.

3. Laissez mijoter à couvert pendant 1 h à feu très doux sans laisser bouillir. Après 1 h, retirez le couvercle et laissez réduire pendant 30 min en mélangeant de temps en temps pour que la viande en surface ne dessèche pas.

4. Préchauffez le four à 200 °C (th. 6-7). Tranchez finement les aubergines (3 mm). Mettez une couche de sauce à la tomate au fond d'un plat à gratin, puis des tranches d'aubergines, recouvrez de sauce et ajoutez quelques tranches de mozzarella ou de fromage râpé. Répétez l'opération.

5. Enfournez pour 30 min jusqu'à ce que les aubergines soient fondantes et que le gratin soit bien doré.

Risotto au pesto
de roquette

4 personnes | Préparation : 20 min |
Cuisson : 25 min | Matériel : Hachoir ou mixeur plongeant

1,2 l de bouillon de légumes
1 gousse d'ail pelée
120 g de roquette
2 cuil. à soupe d'huile d'olive
3 échalotes
280 g de riz arborio
15 cl de vin blanc
50 g de beurre
70 g de parmesan râpé
Sel, poivre du moulin

1. Faites chauffer le bouillon de légumes dans une casserole. Hachez l'ail et la roquette. Dans une casserole, faites-les fondre dans 1 cuil. à soupe d'huile d'olive pendant 2 min sans les laisser colorer. Ajoutez 10 à 15 cl de bouillon, laissez frémir pendant 1 min, puis mixez le tout avec un mini-hachoir ou au mixeur plongeant jusqu'à obtenir un coulis vert.

2. Dans une casserole, faites fondre les échalotes dans 1 cuil. à soupe d'huile d'olive pendant 3 min sans les laisser colorer. Ajoutez le riz, nacrez-le, puis versez le vin blanc, salez et poivrez. Laissez cuire pendant 5 min à feu vif.

3. Versez encore 30 cl de bouillon, laissez cuire pendant 15 à 16 min en ajoutant du bouillon au fur et à mesure qu'il est absorbé par le riz, tout en mélangeant régulièrement.

4. En fin de cuisson du riz, ajoutez le coulis de roquette, laissez cuire pendant 2 à 3 min puis, hors du feu, ajoutez le beurre froid en morceaux et le parmesan. Enrobez le riz et servez aussitôt.

Maigre aux herbes,
sauce à la mangue et rubans de carotte

4 personnes | Préparation : 30 min | Cuisson : 12 min |
Matériel : Cure-dents, mandoline

Pour le poisson
10 feuilles de menthe
1 maigre de 1,2 kg environ
1 mangue
1 petit piment

Pour la salade
6 carottes
3 cm de gingembre
1 cuil. à soupe d'huile d'olive
2 cuil. à soupe de vinaigre balsamique blanc
2 pommes bio
½ bouquet de coriandre
Sel, poivre du moulin

1. Hachez grossièrement 6 feuilles de menthe et mettez-les dans le ventre du maigre. Fermez avec des cure-dents.

2. Mixez la chair de mangue avec le piment et les feuilles de menthe restantes. Réservez au réfrigérateur.

3. Préparez la salade : pelez les carottes. À l'aide d'une mandoline, coupez des rubans de carotte de 1 mm d'épaisseur. Grattez le gingembre sur une râpe fine, récupérez le jus. Pressez la pulpe râpée pour récolter le jus restant. Fouettez-le avec l'huile, le vinaigre, du sel et du poivre. Pelez les pommes, retirez le cœur et les pépins, puis émincez-les. Effeuillez la coriandre. Réunissez tous les ingrédients dans un saladier.

4. Faites cuire le maigre sur la plancha pendant 6 min de chaque côté à feu vif. Servez le poisson accompagné de sauce à la mangue et de la salade de carottes et de pommes.

Espadon au citron vert

4 personnes | Préparation : 20 min | Repos : 30 min | Cuisson : 5 min | Matériel : Râpe ou mandoline japonaise

1 petit concombre
1 morceau de daïkon (ou de radis blanc) de 5 cm de long
1 carotte
2 cuil. à soupe de vinaigre de riz
3 pavés d'espadon de 120 g pièce environ
3 cuil. à soupe d'huile de sésame grillé
½ bol de bouillon dashi
4 cuil. à soupe de sauce soja
Le jus de ½ citron vert
6 feuilles de shiso
Sel, poivre du moulin

1. Épluchez le concombre, le daïkon et la carotte. Coupez le concombre en deux afin de retirer les graines se trouvant au centre. À l'aide d'une râpe ou d'une mandoline japonaise, râpez les légumes le plus finement possible. Dans un saladier, mélangez les légumes avec 2 pincées de sel, le vinaigre de riz et 3 cuil. à soupe d'eau, puis laissez reposer pendant 30 min.

2. Préparez le poisson : dans un saladier, mettez de l'eau froide avec beaucoup de glaçons. Faites chauffer 2 cuil. à soupe d'huile de sésame dans une grande poêle, puis lorsqu'elle est presque fumante, faites-y dorer le poisson 1 min de chaque côté. Plongez immédiatement le poisson dans l'eau très froide et laissez-le reposer pendant quelques minutes.

3. Mélangez dans un bol le bouillon dashi, la sauce soja, le jus de citron vert, un peu de poivre et le reste d'huile de sésame.

4. Égouttez le poisson et les légumes. Épongez le poisson et coupez-le en sashimis. Pressez délicatement les légumes entre vos mains pour bien les essorer. Empilez les feuilles de shiso et émincez-les finement.

5. Au centre de chaque assiette, dressez un petit dôme de légumes et disposez à côté les morceaux de saumon. Arrosez de sauce et saupoudrez de shiso émincé avant de servir.

Saumon teriyaki

4 personnes | Préparation : 15 min | Repos : 2 h | Cuisson : 10 min | Matériel : Wok

4 cuil. à soupe de sauce soja
4 cuil. à soupe de mirin
4 cuil. à soupe de saké
4 pavés de saumon
1 petit piment rouge
2 oignons nouveaux
1 botte de coriandre
1 cuil. à soupe de sucre en poudre
3 cuil. à soupe d'huile végétale
200 g de pousses d'épinards
Le jus de ½ citron vert
Sel, poivre du moulin

1. Dans un grand saladier, mélangez la sauce soja avec le mirin et le saké. Retirez la peau et les dernières arêtes du saumon et mettez-le dans la sauce. Mélangez et laissez reposer pendant 2 h au réfrigérateur.

2. Coupez le piment rouge en deux dans le sens de la longueur. Retirez les graines et hachez la chair. Rincez les oignons nouveaux et émincez-les en fines rondelles. Effeuillez la coriandre.

3. Retirez les pavés de saumon de la marinade. Ajoutez le sucre à la sauce et mélangez afin de bien le dissoudre.

4. Dans un wok (ou une grande poêle), faites chauffer l'huile, puis faites-y dorer le saumon. Badigeonnez le saumon de marinade et, au bout de 2 à 3 min, retournez-le. Badigeonnez-le de nouveau et poursuivez la cuisson pendant 2 ou 3 min.

5. Retirez les pavés de saumon de la poêle et retirez l'excédent d'huile. Ajoutez le piment, les oignons, les pousses d'épinards, un peu de sel et du poivre. Mélangez bien et laissez fondre les épinards pendant 2 ou 3 min. Ajoutez le jus du citron vert.

6. Présentez les légumes poêlés sur un plat en posant par-dessus le saumon et la coriandre. Servez aussitôt, accompagné de riz blanc.

Lieu jaune cuit
à la vapeur d'asperges

4 personnes | Préparation : 15 min | Cuisson : 10 min | Matériel : Panier vapeur

1 cuil. à café de graines de sésame
1 botte d'asperges vertes
½ botte d'oignons nouveaux
4 filets ou pavés de lieu jaune
120 à 150 g pièce environ
30 cl de bouillon dashi
2 cuil. à soupe de saké
1 cuil. à soupe de sauce soja

1. Dans une poêle sans matière grasse, faites revenir les graines de sésame sans cesser de remuer. Dès qu'elles commencent à crépiter, retirez-les de la poêle et laissez-les refroidir.

2. Coupez le pied des asperges et épluchez-les jusqu'à la tête. Rincez et épluchez les oignons nouveaux. Disposez les filets de poisson dans un panier vapeur garni de papier sulfurisé que vous aurez percé au préalable.

3. Dans une casserole, versez le bouillon dashi et portez à ébullition. Ajoutez le saké, la sauce soja, les asperges, les oignons nouveaux et couvrez d'eau bouillante. Lorsque l'eau bout de nouveau, couvrez du panier vapeur et faites cuire pendant 10 min.

4. Dans chaque assiette, disposez les asperges et les oignons nouveaux, puis posez par-dessus un filet de lieu jaune. Saupoudrez de sésame et versez 1 cuil. de bouillon de cuisson.

CONSEIL

Pour cette recette, vous pouvez choisir n'importe quel poisson, il faut simplement qu'il ne soit pas trop épais afin de cuire en 10 min, temps de cuisson idéal pour les asperges vertes.

Thon mariné
aux agrumes et au sésame

4 personnes | Préparation : 20 min |
Repos : 1 h | Cuisson : 10 min

1 orange
1 citron vert
1 beau pavé de thon rouge
de 400 g environ
1 cuil. à soupe de graines de sésame noir
1 cuil. à soupe de mirin
1 cuil. à soupe de sauce soja
3 pincées de piment japonais en poudre
4 cuil. à soupe de bouillon dashi
Sel

1. Rincez les agrumes et râpez la peau afin de récupérer le zeste. Roulez le pavé de thon dans les zestes râpés et laissez reposer pendant 1 h à température ambiante.

2. Dans une poêle sans matière grasse, faites revenir les graines de sésame sans cesser de remuer. Dès qu'elles commencent à crépiter, retirez-les immédiatement de la poêle et laissez refroidir.

3. À l'aide d'un couteau, coupez le bout rond des agrumes. Toujours en vous aidant du couteau, épluchez-les complètement afin qu'apparaissent uniquement des quartiers de chair séparés par de fines membranes blanches. Incisez les agrumes jusqu'au cœur afin de décoller les quartiers.

4. Dans un bol, mélangez les quartiers d'agrumes avec le mirin, la sauce soja, le piment et le bouillon dashi. Réservez au frais.

5. Mettez un peu de sel dans une poêle antiadhésive très chaude, puis faites griller le pavé de thon sur tous les côtés. Comptez 10 min de cuisson au total. Éteignez le feu et laissez reposer le thon dans la poêle pendant 3 ou 4 min.

6. Coupez le thon en tranches de 1 cm d'épaisseur et nappez celles-ci de sauce. Saupoudrez de sésame, servez aussitôt.

Tataki de bœuf

4 personnes | Préparation : 20 min | Cuisson : 1 à 2 min | Repos : 30 min

400 g de filet de bœuf ou de cœur de rumsteck
2 cuil. à soupe d'huile végétale
3 cm de gingembre frais
2 carottes
1 oignon nouveau
1 daïkon (ou radis blanc)
1 botte de ciboulette
3 cuil. à soupe de sauce soja
1 cuil. à soupe de mirin
1 cuil. à soupe de vinaigre de riz

1. Badigeonnez le bœuf d'huile végétale à l'aide d'un pinceau. Préparez un saladier d'eau froide avec des glaçons. Dans une poêle très chaude, faites griller la viande de chaque côté pendant 1 à 2 min. Lorsqu'elle a une belle couleur sur toutes les faces, plongez-la dans de l'eau glacée pendant 10 min.

2. Sortez la viande du saladier et épongez-la. Réservez au réfrigérateur pendant 20 min.

3. Épluchez le gingembre, les carottes, l'oignon nouveau et le daïkon. Émincez finement l'oignon et la ciboulette. Râpez finement le daïkon et les carottes. Coupez le gingembre en très fins bâtonnets.

4. Dans un saladier, mélangez les carottes avec le daïkon et l'oignon nouveau. Ajoutez la sauce soja, le mirin et le vinaigre de riz. Disposez le bœuf sur une planche à découper et coupez-le en tranches les plus fines possible.

5. Sur de grandes assiettes, disposez un lit de légumes que vous couvrirez de tranches de bœuf. Décorez avec la ciboulette et le gingembre et servez aussitôt.

Poulet basquaise
au wok

6 personnes | Préparation : 25 min |
Cuisson : 50 min | Matériel : Wok

2 oignons
2 gousses d'ail
1 poivron rouge
1 poivron vert
6 tomates bien mûres
3 cuil. à soupe d'huile d'olive
6 cuisses de poulet coupées en deux
1 bouquet garni
2 pincées de piment d'Espelette
20 cl de vin blanc
1 petit bouquet de basilic
Sel, poivre du moulin

1. Épluchez les oignons et émincez-les finement. Pelez les gousses d'ail et hachez-les après avoir enlevé le germe. Lavez les poivrons, épépinez-les, puis coupez-les en lanières. Coupez les tomates en dés.

2. Faites chauffer 1 demi-cuil. à soupe d'huile d'olive dans un wok et faites dorer la moitié des cuisses de poulet sur toutes les faces. Salez et poivrez. Réservez dans une assiette. Versez 1 demi-cuil. à soupe d'huile d'olive dans le wok et répétez l'opération avec le poulet restant. Réservez.

3. Versez 2 cuil. à soupe d'huile d'olive dans le wok. Faites revenir les oignons à feu vif pendant 2 min sans cesser de remuer. Ajoutez les poivrons et prolongez la cuisson de 5 min en mélangeant régulièrement.

4. Ajoutez les dés de tomates, l'ail, les morceaux de poulet et le bouquet garni. Saupoudrez de piment d'Espelette, salez et poivrez. Arrosez de vin blanc et portez le tout à ébullition. Réduisez le feu, couvrez et laissez mijoter pendant 30 min en mélangeant de temps en temps.

5. À la fin de la cuisson, rectifiez l'assaisonnement et parsemez de feuilles de basilic ciselées. Servez accompagné de riz.

Bœuf sauté
au sésame et aux haricots verts

4 personnes | Préparation : 30 min | Repos : 20 min | Cuisson : 25 min | Matériel : Wok

500 g de faux-filet de bœuf
3 cuil. à soupe d'huile de sésame
3 cuil. à soupe de sauce soja
800 g de haricots verts
3 échalotes
1 gousse d'ail
2 cuil. à soupe d'huile d'arachide (ou de tournesol)
2 cuil. à soupe de graines de sésame
1 cuil. à soupe de sauce nuoc-mâm
5 brins de cerfeuil
Sel, poivre du moulin

1. Coupez le bœuf en lanières. Dans un saladier, mélangez 2 cuil. à soupe d'huile de sésame avec 2 cuil. à soupe de sauce soja. Faites mariner les lanières de bœuf dans ce mélange pendant 30 min minimum.

2. Lavez et équeutez les haricots verts, puis coupez-les en deux. Faites-les blanchir pendant 5 min dans une casserole d'eau bouillante salée. Égouttez-les, rafraîchissez-les sous l'eau froide, puis réservez.

3. Épluchez et émincez finement les échalotes. Pelez et hachez la gousse d'ail, après avoir enlevé le germe.

4. Faites chauffer 1 demi-cuil. à soupe d'huile d'arachide dans un wok et faites saisir la moitié de la viande marinée pendant 2 à 3 min à feu vif. Salez et poivrez, puis réservez dans une assiette. Versez 1 demi-cuil. à soupe d'huile d'arachide dans le wok et répétez l'opération avec le reste de la viande. Réservez.

5. Faites chauffer 1 cuil. à soupe d'huile de sésame et 1 cuil. à soupe d'huile d'arachide dans le wok. Faites revenir les échalotes pendant 2 min à feu vif, sans cesser de remuer. Ajoutez les graines de sésame, l'ail et les haricots verts. Salez et poivrez. Faites cuire pendant 5 min en mélangeant régulièrement.

6. Arrosez avec 1 cuil. à soupe de sauce soja et la sauce nuoc-mâm. Prolongez la cuisson de 2 min. Ajoutez le bœuf, mélangez et laissez cuire pendant 2 min. Rectifiez l'assaisonnement, parsemez de feuilles de cerfeuil ciselées et servez sans attendre.

Agneau sauté
aux fruits secs, carottes et quinoa

4 à 6 personnes I Préparation : 25 min I
Cuisson : 55 min I Matériel : Wok

200 g de quinoa
600 g de gigot d'agneau
2 oignons
3 carottes
15 abricots secs
2 cuil. à soupe d'amandes effilées
3 cuil. à soupe d'huile d'olive
½ cuil. à café de cumin en poudre
½ cuil. à café de mélange quatre-épices
½ cuil. à café de cannelle en poudre
1 cuil. à café de coriandre en poudre
50 g de raisins secs
1 cube de bouillon de volaille
25 cl d'eau
Sel, poivre du moulin

1. Rincez le quinoa et versez-le dans une casserole avec 2 fois son volume d'eau. Portez à ébullition, baissez et faites cuire à feu doux et à couvert pendant 10 à 15 min, jusqu'à ce que l'eau soit absorbée. Coupez le feu et laissez gonfler pendant 10 min à couvert. Égrainez le quinoa à l'aide d'une fourchette et salez. Réservez.

2. Coupez le gigot d'agneau en cubes. Épluchez et émincez finement les oignons. Épluchez les carottes et coupez-les en dés. Coupez les abricots secs en quatre. Faites griller les amandes effilées à sec pendant 1 à 2 min dans un wok, en mélangeant régulièrement. Réservez.

3. Versez 1 demi-cuil. à soupe d'huile d'olive dans le wok et faites dorer la moitié des cubes de gigot pendant 3 min à feu vif en les retournant régulièrement. Salez et poivrez. Retirez la viande et réservez dans une assiette. Versez 1 demi-cuil. à soupe d'huile d'olive dans le wok et répétez l'opération. Réservez le tout dans l'assiette.

4. Versez 2 cuil. à soupe d'huile d'olive dans le wok. Faites revenir les oignons et les carottes pendant 3 min à feu vif sans cesser de remuer. Saupoudrez des épices. Salez et poivrez. Mélangez et prolongez la cuisson de 2 min.

5. Ajoutez la viande, les abricots et les raisins secs. Émiettez le cube de bouillon de volaille au-dessus du wok et arrosez avec l'eau. Baissez le feu et laissez mijoter pendant 15 min. Ajoutez le quinoa et mélangez bien le tout. Prolongez la cuisson de 5 min. Rectifiez l'assaisonnement et parsemez d'amandes effilées grillées avant de servir.

Crevettes mexicaines,
salade de tomates, concombres et oignons rouges

4 personnes | Préparation : 20 min | Repos : 30 min | Cuisson : 5 min | Matériel : Cure-dents, mandoline

Pour les crevettes
1 kg de crevettes ou de gambas crues
4 citrons verts
4 gousses d'ail
1 piment vert
2 cuil. à soupe d'huile d'olive

Pour la salade
600 g de tomates
2 oignons rouges
½ concombre
1 citron vert
1 bouquet de coriandre
Sel, poivre du moulin

1. Otez la carapace des crevettes tout en laissant la queue. À l'aide d'un cure-dent, piquez leur dos à la base de la queue et ôtez doucement l'intestin ou incisez le dos à l'aide d'un couteau et retirez l'organe.

2. Pressez les citrons pour en extraire le jus. Hachez l'ail et le piment, puis mélangez-les avec le jus de citron vert. Mettez les crevettes à mariner dans cette sauce pendant 30 min.

3. Préparez la salade : coupez les tomates en dés de 0,5 cm de côté et réalisez une brunoise avec les oignons. Pelez le concombre et coupez-le en quatre dans la longueur, puis épépinez-le à l'aide d'un couteau. Recoupez-le en morceaux de 0,5 cm. Pressez le citron pour en extraire le jus. Effeuillez et ciselez la coriandre. Salez et poivrez. Mélangez tous les ingrédients de la salade.

4. Égouttez les crevettes, puis faites-les cuire sur la plancha avec l'huile d'olive, à feu vif, pendant 2 ou 3 min de chaque côté en fonction de leur calibre.

5. Servez les crevettes sautées bien chaudes, accompagnées de la salade.

Papillottes de poisson au limquat et lait de coco

4 personnes I Préparation : 35 min I Cuisson : 35 min I Infusion : 15 min I Matériel : Papier sulfurisé

4 pommes de terre vitelottes
1 oignon rouge
3 cm de gingembre frais
1 tige de citronnelle
400 g de pois gourmands
4 à 6 limquats
5 cuil. à soupe d'huile d'olive
4 pavés de cabillaud de 180 g environ
1 cuil. à soupe d'huile d'olive
20 cl de lait de coco
Gros sel, fleur de sel, poivre du moulin

1. Portez à ébullition une grande quantité d'eau avec du gros sel, plongez-y les pommes de terre et faites-les cuire pendant 15 à 20 min. Égouttez les pommes de terre et pelez-les. Coupez-les en rondelles.

2. Préchauffez le four à 180 °C (th. 6). Épluchez et émincez l'oignon rouge. Pelez le gingembre et hachez-le finement. Retirez la première feuille de la tige de citronnelle et émincez-la finement.

3. Lavez et faites cuire les pois gourmands pendant 3 min dans un grand volume d'eau bouillante salée. Égouttez-les, puis rafraîchissez-les sous l'eau froide. Égouttez-les de nouveau. Lavez les limquats et coupez-les en rondelles.

4. Sur la moitié d'une feuille de papier sulfurisé, déposez des pois gourmands, des rondelles de pommes de terre, un peu d'oignon émincé, des rondelles de limquat, puis 1 pavé de cabillaud. Arrosez de 1 cuil. à soupe d'huile d'olive. Repliez la feuille de papier sulfurisé de façon à recouvrir les ingrédients. Marquez bien le pli du milieu, puis partez du coin en haut et pliez en formant un triangle. Continuez à pliez la papillote, toujours en formant des triangles tous les 2 cm environ, puis terminez en pliant le dernier morceau dans l'autre sens. Répétez l'opération pour obtenir 4 papillotes.

5. Enfournez les papillotes pendant 10 min. Faites revenir sans coloration le gingembre et la citronnelle émincée dans l'huile d'olive. Versez le lait de coco. Portez à ébullition, puis coupez le feu et laissez infuser pendant 15 min.

6. Sortez les papillotes du four à l'aide d'une spatule. Assaisonnez de fleur de sel et de poivre. Dégustez chaud, accompagné de sauce au lait de coco.

Saint-jacques
sautées aux poireaux

4 personnes | Préparation : 20 min | Cuisson : 15 min |
Matériel : Wok, râpe à légumes, presse-agrumes

6 blancs de poireau
2 échalotes
2 gousses d'ail
1 cm de gingembre frais
1 citron vert
2 cuil. à café de miel liquide
3 cuil. à soupe d'huile d'olive
16 noix de saint-jacques
½ cuil. à café de mélange cinq-épices
Quelques brins de cerfeuil et de persil
Sel, poivre du moulin

1. Nettoyez les blancs de poireaux et coupez-les en rondelles de 1 cm environ. Faites-les blanchir pendant 3 min dans une casserole d'eau bouillante salée. Préparez un saladier rempli d'eau froide et de glaçons. Dès la fin de la cuisson, égouttez-les et plongez-les dans l'eau glacée pour fixer la couleur. Réservez.

2. Épluchez et émincez finement les échalotes. Pelez et hachez l'ail, après avoir enlevé le germe. Épluchez et râpez le gingembre. Pressez le citron vert et versez le jus dans un bol. Ajoutez 1 cuil. à café de miel et mélangez. Réservez.

3. Faites chauffer 2 cuil. à soupe d'huile d'olive dans un wok et faites revenir les échalotes, l'ail et le gingembre pendant 2 min à feu vif sans cesser de remuer. Ajoutez les poireaux et 1 cuil. à café de miel. Salez, poivrez et prolongez la cuisson de 4 min en mélangeant de temps en temps. Retirez les légumes du wok et réservez.

4. Salez et poivrez les noix de saint-jacques. Assaisonnez-les avec le mélange cinq-épices. Faites chauffer 1 demi-cuil. à soupe d'huile d'olive dans le wok. Faites dorer la moitié des noix de saint-jacques à feu vif pendant 1 min sur chaque face. Réservez. Versez 1 demi-cuil. à soupe d'huile d'olive dans le wok et renouvelez l'opération.

5. Remettez toutes les noix de saint-jacques dans le wok, arrosez avec le mélange citron vert/miel et prolongez la cuisson de 1 min. Servez les noix de saint-jacques accompagnées des légumes tièdes et parsemez de feuilles de cerfeuil et de persil ciselées.

Haddock au pamplemousse
de Chine et fenouil

4 personnes | Préparation : 20 min | Repos : 5 min | Cuisson : 5 min

50 cl de lait
2 filets de haddock
1 bulbe de fenouil
1 pamplemousse de Chine
5 brins d'aneth
5 cuil. à soupe d'huile d'olive
2 cuil. à soupe de vinaigre aux agrumes
Fleur de sel, poivre du moulin

1. Dans une casserole, portez à ébullition le lait avec 30 cl d'eau. Dès les premiers bouillons, coupez le feu et immergez les filets de haddock. Couvrez et laissez reposer pendant 5 min. Égouttez et rincez les filets sous l'eau. Retirez la peau du haddock et effeuillez-le grossièrement à la main. Laissez refroidir et réservez.

2. Coupez la partie supérieure du fenouil (tiges et feuilles), puis la base. Détachez petit à petit les couches successives du fenouil et coupez le tout en lamelles. Réservez.

3. Pelez à vif le pamplemousse de Chine et récupérez les segments. Ciselez l'aneth. Dans un saladier, versez l'huile d'olive et le vinaigre, émulsionnez à l'aide d'un fouet et assaisonnez. Ajoutez tous les ingrédients dans la salade, mélangez délicatement. Dégustez froid.

À SAVOIR

Vous trouverez du vinaigre aux agrumes en épicerie fine.

Riz sauté à la provençale

6 personnes | Préparation : 30 min |
Cuisson : 40 min | Matériel : Wok

300 g de riz blanc
4 tomates
1 carotte
2 oignons
2 gousses d'ail
80 g d'olives noires dénoyautées
4 cuil. à soupe d'huile d'olive
1 cuil. à soupe de concentré de tomates
1 cuil. à soupe d'origan séché
15 cl de vin blanc sec
1 cuil. à soupe de miel
2 branches de thym frais
3 feuilles de laurier
Sel, poivre du moulin

1. Faites cuire le riz pendant 15 à 20 min (selon les indications du paquet) dans un grand volume d'eau bouillante salée. À la fin de la cuisson, égouttez-le et passez-le sous l'eau froide jusqu'à ce qu'il refroidisse complètement. Réservez.

2. Pelez les tomates, épépinez-les et coupez-les en dés. Épluchez la carotte et coupez-la en petits dés. Épluchez et émincez finement les oignons. Pelez et hachez les gousses d'ail, après avoir enlevé le germe. Coupez les olives en rondelles.

3. Faites chauffer 2 cuil. à soupe d'huile d'olive dans un wok et faites revenir les oignons et les dés de carotte pendant 3 min à feu vif, sans cesser de remuer.

4. Ajoutez les dés de tomates, l'ail, les rondelles d'olives, le concentré de tomates, l'origan, le vin blanc, le miel, le thym et le laurier. Salez et poivrez, puis mélangez. Baissez le feu et laissez mijoter pendant 10 min. Retirez du wok et réservez dans un saladier.

5. Faites chauffer 2 cuil. à soupe d'huile d'olive dans le wok et faites sauter le riz pendant 5 min à feu vif en mélangeant régulièrement. Ajoutez les légumes et mélangez. Prolongez la cuisson de 5 min. Rectifiez l'assaisonnement et retirez les feuilles de laurier et les branches de thym. Servez immédiatement en plat ou en accompagnement de grillades.

Choux de Bruxelles,
poire, poulet et noix

4 personnes | Préparation : 20 min | Cuisson : 20 min |
Matériel : Film alimentaire, cuit-vapeur, mixeur

500 g de choux de Bruxelles
4 filets de poulet
1 pincée de noix muscade
1 bouquet de cerfeuil
2 poires
1 cuil. à soupe d'huile de noix
1 poignée de cerneaux de noix
Sel, poivre du moulin

1. Lavez les choux de Bruxelles, coupez le pied et retirez les feuilles abîmées. Coupez-les en deux.

2. Salez et poivrez légèrement les filets de poulet et parsemez-les légèrement de noix muscade et de brins de cerfeuil. Roulez-les l'un après l'autre dans du film alimentaire de manière à former un cylindre (assurez-vous que les extrémités du « boudin » soient bien fermées) et faites cuire pendant 10 min dans une casserole d'eau bouillante.

3. Faites cuire les choux de Bruxelles pendant 10 min à la vapeur. Lavez les poires et coupez-les en fines lamelles. Lavez le cerfeuil, effeuillez-le et mixez les feuilles avec l'huile de noix, la moitié des noix et 2 cuil. à soupe d'eau. Salez légèrement.

4. Dans chaque assiette, répartissez les choux de Bruxelles, les poires et le poulet coupé en morceaux. Parsemez de noix, poivrez et servez avec le pesto de cerfeuil.

INFO NUTRITION

Les noix sont riches en acides gras insaturés de la famille des oméga-3 aux vertus incontestables pour la protection cardiovasculaire. Elles contiennent également des protéines, des fibres, du potassium et du magnésium.

Truite, poireaux, radis roses et cerfeuil

4 personnes I Préparation : 10 min I Cuisson : 10 min I Matériel : Cuit-vapeur, mixeur

4 poireaux • 4 pavés de truite • 8 radis roses • ½ bouquet de cerfeuil • Le jus de ½ citron • 15 cl de crème de soja • Sel

1. Coupez les extrémités des poireaux, gardez seulement le vert tendre du légume. Coupez-les en deux et lavez-les. Coupez-les ensuite en tronçons de 10 cm environ. Faites-les cuire à la vapeur pendant 10 min avec les pavés de truite et quelques feuilles de cerfeuil.

2. Lavez les radis, équeutez-les et coupez-les en fines rondelles. Lavez le cerfeuil et mixez les feuilles avec le jus de citron et la crème de soja. Salez légèrement.

3. Servez les pavés de truite avec les poireaux, parsemez de radis roses et de quelques brins de cerfeuil. Dégustez avec la sauce.

Ratatouille

6 personnes I Préparation : 25 min I Cuisson : 1 h

8 tomates mûres • 3 courgettes • 1 belle aubergine • 2 oignons • 2 gousses d'ail • 6 cuil. à soupe d'huile d'olive • 2 branches de thym • 3 feuilles de laurier • 2 pincées de sucre • 1 bocal de poivrons grillés à l'huile d'olive • Sel, poivre du moulin

1. Ébouillantez les tomates pendant 15 à 30 s dans de l'eau bouillante pour ôter leur peau facilement. Épluchez les courgettes, l'aubergine et les oignons. Coupez les légumes en dés.

2. Dans une casserole, faites chauffer l'huile d'olive et faites revenir l'ail écrasé, les oignons et les tomates. Ajoutez le thym, le laurier et le sucre, puis salez et poivrez. Faites mijoter sur feu moyen pendant 30 min.

3. Ajoutez ensuite les poivrons soigneusement égouttés, les courgettes et l'aubergine. Poursuivez la cuisson pendant 30 min.

CONSEIL

Cette ratatouille est parfaite servie avec un mélange de riz et de lentilles. Elle se conserve quelques jours dans une boîte hermétique au frais.

Risotto courgettes-brocolis

4 personnes | Préparation : 20 min | Cuisson : 30 min

350 g de riz à risotto • 1 oignon • 1 courgette • 8 fleurettes de brocolis surgelés • 50 cl de bouillon de légumes • 10 cl de vin blanc • 2 grosses cuil. à soupe de purée d'amandes ou de noix de cajou • Huile d'olive • Sel, poivre du moulin

1. Épluchez et émincez l'oignon et la courgette. Faites-les rissoler dans un peu d'huile d'olive, puis ajoutez les fleurettes de brocolis. Faites chauffer le bouillon de légumes dans une casserole à part.

2. Ajoutez le riz et mélangez bien pour bien l'enduire de matière grasse. Déglacez avec le vin blanc.

3. Ajoutez les louchées de bouillon au fur et à mesure et contrôlez la cuisson : si le riz est encore croquant, rajoutez du bouillon.

4. Dès que le riz est cuit, diluez la purée d'amandes dans un peu d'eau et mélangez. Salez, poivrez et rectifiez l'assaisonnement si besoin.

Légumes verts, tofu aux épices et aux herbes

4 personnes | Préparation : 15 min | Cuisson : 5 min | Marinade : 20 min | Matériel : Cuit-vapeur

2 brins de cerfeuil • 2 brins de coriandre • 2 brins de ciboulette • 2 brins de menthe • 300 g de tofu nature • 1 cuil. à café de garam masala • 1 cuil. à soupe de sauce soja • 1 poireau • 1 courgette • 2 tomates vertes • 100 g de pois mange-tout • 1 cuil. à soupe d'huile d'olive • Sel, poivre du moulin

1. Lavez les herbes et ciselez-les. Coupez le tofu en cubes et déposez-le dans un bol. Mélangez-le avec les herbes, le garam masala et la sauce soja. Laissez mariner pendant 20 min.

2. Lavez les légumes. Coupez les extrémités du poireau et retirez les premières feuilles. Coupez-le en rondelles. Émincez la courgette en fines rondelles et coupez les tomates en quartiers. Faites cuire les pois mange-tout et les rondelles de poireau pendant 5 min à la vapeur avec le tofu mariné. Servez les légumes cuits et crus avec le tofu, salez et poivrez légèrement et dégustez avec un filet d'huile d'olive.

INFO NUTRITION

Riche en protéines de bonne qualité, le tofu est une excellente alternative à la viande et au poisson. Ses graisses insaturées contribuent à la protection cardiovasculaire. Il est aussi une bonne source de calcium et de magnésium.

Émietté de cabillaud,
tagliatelles de radis noir au curcuma

4 personnes | Préparation : 25 min | Cuisson : 30 min |
Matériel : Spiralizer, cuit-vapeur

2 radis blancs
2 gousses d'ail
2 échalotes
4 cuil. à soupe d'huile d'olive
1 cuil. à café de curcuma
4 cuil. à soupe d'huile de coco
4 filets de cabillaud
Le jus de 2 citrons
Quelques brins d'origan
Sel, poivre du moulin

1. Taillez les radis en spirales et faites-les cuire à la vapeur pendant 10 min.

2. Pelez et hachez l'ail et les échalotes, puis mélangez-les avec les radis, l'huile d'olive et le curcuma. Salez, poivrez et enfournez sous le gril pendant 15 min.

3. Faites fondre l'huile de coco dans une poêle, puis faites dorer les filets de cabillaud pendant 4 min environ de chaque côté. Salez et poivrez. Ôtez les filets, versez le jus des citrons dans la poêle et faites chauffer pendant 1 min en remuant avec une spatule en bois pour récupérer les sucs de cuisson.

4. Émiettez les filets et mélangez-les aux radis, arrosez de sauce à l'huile de coco citronnée et parsemez de quelques brins d'origan.

Udon aux légumes
et aux herbes

4 personnes | Préparation : 25 min | Cuisson : 20 min | Matériel : Wok

- 400 g de nouilles udon
- 4 carottes
- 1 petit piment vert
- 1 petit piment rouge
- 2 choux pak choy
- 1 botte de ciboulette
- 1 botte de coriandre
- ½ botte de menthe
- 2 gousses d'ail
- 2 cm de gingembre frais
- 4 échalotes
- 15 cl de bouillon de volaille
- 1 poignée de pousses de soja
- Huile de friture
- Sel, poivre du moulin

1. Faites cuire ou réhydrater les nouilles udon selon les indications du paquet.

2. Épluchez et coupez les carottes en fins bâtonnets. Retirez le pédoncule des piments et émincez-les finement. Rincez et émincez grossièrement les choux pak choy. Rincez les herbes, effeuillez la coriandre et la menthe, et détaillez la ciboulette en tronçons de 3 à 4 cm. Épluchez et hachez finement l'ail et le gingembre. Épluchez les échalotes et coupez-les en deux dans le sens de la longueur.

3. Dans un grand wok, faites chauffer un fond d'huile, puis faites-y revenir pendant 5 min les carottes avec les échalotes, l'ail, les piments et le gingembre en remuant souvent. Ajoutez les nouilles, le bouillon de volaille et laissez réduire presque à sec. Ajoutez enfin le soja, le chou, la ciboulette et mélangez bien.

4. Salez, poivrez et coupez le feu. Saupoudrez les nouilles de menthe et de coriandre, puis servez sans attendre.

CONSEIL

Les nouilles udon sont de grosses nouilles rondes japonaises faites simplement de farine, d'eau et de sel. Elles sont parfaites sautées mais aussi en soupe. Accompagnez ce plat de sauce soja ou de citron vert.

Pilaf de quinoa

2 personnes I Préparation : 15 min I Cuisson : 20 min

1 oignon • 4 pétales de tomate séchée à l'huile en conserve • 1 poivron grillé à l'huile en conserve • 1 poignée d'épinards frais • 1 verre de quinoa cru • 1 cube de bouillon de légumes • 2 verres d'eau • Huile d'olive

1. Pelez et émincez l'oignon. Coupez finement les pétales de tomate et le poivron. À l'aide d'un couteau, hachez les épinards.

2. Dans une casserole, faites revenir l'oignon avec un peu d'huile. Une fois l'oignon coloré, ajoutez le quinoa, le cube de bouillon, les pétales de tomate, le poivron et les épinards hachés. Mélangez bien et laissez cuire pendant 5 min à feu moyen tout en remuant.

3. Versez l'eau, remuez, couvrez et attendez que celle-ci soit entièrement absorbée. Une fois l'eau absorbée, remuez le quinoa pour en détacher les grains. Servez sans attendre.

Tian de légumes au fromage de brebis et aux fines herbes

6 personnes I Préparation : 20 min I Cuisson : 1 h I Matériel : Mandoline, plat à gratin

4 pommes de terre • 3 tomates • 2 courgettes • 1 petite aubergine • 1 oignon • 1 pot de poivrons grillés à l'huile d'olive • ½ bouquet de persil • 1 bouquet de ciboulette • 1 fromage de brebis frais • 1 gousse d'ail • 6 cuil. à soupe d'huile d'olive

1. Préchauffez le four à 180 °C (th. 6). Préparez tous les légumes : épluchez-les et coupez-les en très fines lamelles, si possible à l'aide d'une mandoline. Égouttez les poivrons grillés. Ciselez les herbes.

2. Dans le plat à gratin, disposez verticalement les légumes, en alternant les tranches : pomme de terre, tomate, courgette, aubergine, oignon et poivron.

3. Pelez et pressez la gousse d'ail et mélangez avec le persil et la ciboulette. Parsemez le tian de ce mélange, répartissez le fromage émietté, puis arrosez d'huile d'olive. Enfournez pour 1 h de cuisson.

4. Servez bien chaud avec une galette de céréales, par exemple.

ASTUCE

Vous pouvez utiliser l'huile du bocal de poivrons, le gratin n'en sera que plus parfumé.

Tomato-burger

8 burgers | Préparation : 10 min | Cuisson : 10 à 15 min

8 tomates • 8 steaks végétariens (céréales, tofu...) de la taille des tomates **Pour la garniture :** 2 gousses d'ail • 1 cuil. à soupe d'herbes de Provence • Huile végétale en spray • 8 tranchettes de fromage de la taille des tomates • 16 feuilles de basilic • Sel, poivre du moulin

1. Préchauffez le four à 200 °C (th. 6-7). Prélevez un « chapeau » sur chaque tomate. Écrasez les gousses d'ail et répartissez-les, ainsi que les herbes de Provence, sur les bases des tomates. Salez, poivrez et pulvérisez dessus l'huile, puis déposez-les sur une plaque de four huilée. Déposez également les chapeaux, partie coupée contre la plaque, ainsi que les steaks. Enfournez pour 10 à 15 min de cuisson.

2. À la sortie du four, déposez les tranchettes de fromage sur les bases des tomates, puis les steaks. Parsemez de feuilles de basilic hachées et recouvrez avec les chapeaux des tomates. Servez rapidement avec des chips de panisse, par exemple.

Tartelettes aux asperges vertes et salade d'épinards croquante

2 personnes | Préparation : 20 min | Cuisson : 50 min | Moules à tartelettes, cuit-vapeur

1 pâte brisée maison (voir recette p. 13) ou du commerce • ½ botte d'asperges vertes • 2 œufs • 15 cl de crème fleurette • 2 poignées de pousses d'épinards • 1 morceau de pecorino • 1 filet d'huile d'olive • Sel, poivre du moulin

1. Préchauffez le four à 180 °C (th. 6). Étalez la pâte brisée dans des moules à tartelettes. Piquez la pâte. Faites cuire à blanc pendant 15 min.

2. Épluchez les asperges vertes. Ôtez le bout dur et coupez-les en tronçons. Faites-les cuire pendant 15 min à la vapeur. Cassez les œufs dans un saladier, versez la crème et fouettez. Salez et poivrez.

Déposez sur le fond des tartelettes les tronçons d'asperges et gardez les têtes. Ajoutez la préparation à la crème et enfournez pendant 15 min environ.

3. Sortez les tartelettes, décorez avec les pousses d'épinards et les têtes d'asperges et ajoutez des copeaux de pecorino. Ajoutez 1 filet d'huile d'olive et poivrez. Dégustez sans attendre.

VARIANTES

Utilisez des asperges violettes. Ajoutez 1 cuil. à soupe de pecorino râpé dans la crème. Remplacez le pecorino par du parmesan.

Croquette de chou-fleur

4 personnes | Préparation : 35 min | Cuisson : 35 min |
Matériel : Mixeur, emporte-pièce rond de 7 cm de diamètre, plaque de four, papier sulfurisé

1 chou-fleur
4 cébettes (petits oignons blancs)
60 g de parmesan râpé
Piment de Cayenne
2 œufs
2 cuil. à soupe d'huile d'olive
Sel, poivre du moulin

1. Prélevez les bouquets de chou-fleur, lavez-les et passez-les au mixeur jusqu'à l'obtention d'une semoule fine. Placez cette semoule dans un saladier, salez et mettez au four à micro-ondes pendant 7 à 8 min, puis versez au centre d'un grand torchon propre. Laissez refroidir quelques instants. Pendant ce temps, lavez et coupez finement les cébettes (gardez une partie de la tige verte).

2. Fermez le torchon pour former une boule et pressez pour faire sortir un maximum d'eau du chou-fleur. Insistez bien !

3. Remettez le chou-fleur essoré dans le saladier, puis ajoutez le parmesan et les cébettes. Salez, poivrez et ajoutez un peu de piment de Cayenne. Ajoutez les œufs et l'huile d'olive, mélangez bien, vous allez obtenir une sorte de pâte un peu épaisse.

4. Préchauffez le four à 200 °C (th. 6-7).

5. Façonnez des croquettes à l'aide d'un emporte-pièce et déposez-les sur une plaque préalablement recouverte de papier sulfurisé. Tassez bien chaque croquette. Enfournez pendant 35 min. Dégustez sans attendre.

Yakhni bi sbeinegh
ragoût d'épinards à la viande

6 personnes | Préparation : 20 min | Cuisson : 30 min

1,5 kg d'épinards frais ou 1 kg de surgelés
600 g de viande d'agneau hachée
3 cuil. à soupe d'huile de tournesol
1 bouquet de coriandre
4 gousses d'ail
Le jus de 1 citron jaune
Sel, poivre du moulin

1. Lavez les épinards soigneusement car les feuilles sont souvent remplies de terre. Hachez-les grossièrement.

2. Faites revenir la viande hachée dans l'huile pendant 10 min.

3. Équeutez le bouquet de coriandre, lavez-le et ajoutez-le à la viande ainsi que l'ail écrasé. Salez et poivrez. Mettez le tout dans une casserole et jetez-y les feuilles d'épinards.

4. Ajoutez un demi-verre d'eau, mélangez et faites cuire pendant 20 min. Au moment de servir, ajoutez le jus de citron et accompagnez ce plat d'un riz blanc ou d'un riz aux vermicelles.

VARIANTES

Vous pouvez préparer de la même manière des blettes ou des poireaux à la viande. Servez avec des radis, des poivrons et des brins d'estragon.

Vous pouvez sans problème remplacer la viande d'agneau par de la viande de bœuf.

Tartes fines toutes crues, champignons et pecorino

6 tartelettes | Préparation : 20 min | Repos : 1 h | Cuisson : 15 min | Matériel : 4 mini-cocottes ou ramequins

Pour la pâte
100 g de beurre
100 g de farine
1 jaune d'œuf
100 g de parmesan

Pour la garniture
200 g de champignons de Paris
100 g de pecorino
1 fenouil
1 gros bouquet de persil plat
5 radis
Le jus de ½ citron jaune
3 cuil. à soupe d'huile d'olive
Un peu de fleur de sel

1. Réalisez la pâte : travaillez le beurre mou coupé en morceaux avec la farine dans un saladier ou la cuve d'un robot. Ajoutez l'œuf et le parmesan. Lorsque la pâte est homogène, formez une boule, filmez-la et placez-la au réfrigérateur pendant 1 h.

2. Faites préchauffer le four à 180 °C (th. 6). Abaissez la pâte sur 5 mm sur un plan de travail préalablement fariné. Découpez 8 disques. Déposez-les sur une feuille de papier sulfurisée sur une plaque allant au four. Recouvrez d'une seconde feuille de papier sulfurisée et couvrez de haricots secs pour que la pâte ne gonfle pas. Enfournez pour 15 min.

3. Préparez la garniture : découpez très finement en lamelles les champignons et le fenouil. Coupez des copeaux de pecorino.

4. Sur chaque fond de tarte cuit et refroidi, déposez 1 tranche de fenouil, et les champignons intercalés avec les feuilles de persil et de radis. Parsemez de beaux copeaux de pecorino.

5. Émulsionnez l'huile d'olive avec le citron et la fleur de sel et arrosez les tartes avant de servir.

Calamars persillés
et légumes de printemps

4 personnes | Préparation : 15 min | Cuisson : 25 min | Matériel : Mixeur, plancha

Pour les calamars
800 g de calamars
½ botte de persil
2 gousses d'ail

Pour l'accompagnement
200 g de carottes nouvelles
400 g de pois gourmands
1 botte d'oignons nouveaux
2 cm de gingembre
1 filet d'huile d'olive
1 cuil. à soupe de vinaigre de riz ou de cidre

1. Commencez par préparer les légumes : pelez les carottes et coupez-les en sifflets (en biais) de 5 mm d'épaisseur, puis faites-les précuire 10 min dans un grand volume d'eau bouillante. Ôtez les fils des pois gourmands. Coupez les oignons en deux dans la longueur. Hachez le gingembre.

2. Mettez à cuire les pois gourmands et les oignons à feu moyen avec un filet d'huile d'olive pendant 10 min. À mi-cuisson ajoutez les carottes. À la fin de la cuisson, ajoutez le vinaigre, le gingembre et mélangez.

3. Rincez et séchez les calamars, puis coupez-les en quatre. Hachez le persil et l'ail, puis mélangez-les avec les calamars. Faites-les saisir sur la plancha à feu moyen pendant 4 min, puis terminez la cuisson à feu doux pendant encore 1 min. Servez immédiatement.

Quiche verte
courgette, menthe

4 personnes | Préparation : 20 min |
Cuisson : 1 h 10 | Matériel : Moule à tarte

4 courgettes moyennes
1 bouquet de menthe
1 oignon
4 cuil. à soupe d'huile d'olive
1 pâte feuilletée maison (voir recette p. 10)
ou du commerce
3 œufs
250 g de ricotta
100 g de parmesan
100 g de gruyère râpé
1 jaune d'œuf
Sel, poivre du moulin

Pour l'accompagnement
1 laitue romaine
1 cuil. à café de moutarde forte
2 cuil. à soupe de vinaigre de vin
3 cuil. à soupe d'huile d'olive
1 cuil. à soupe de persil haché
2 cuil. à soupe de mélange de graines
Sel, poivre du moulin

1. Lavez les courgettes et coupez-en les extrémités. Coupez-les en rondelles, puis coupez chaque rondelle en quatre. Ciselez la menthe. Épluchez l'oignon et hachez-le.

2. Versez l'huile d'olive dans une sauteuse et faites-y revenir l'oignon, puis les courgettes pendant environ 20 min. Préchauffez le four à 180 °C (th. 6). Étalez finement la pâte feuilletée et déposez-la dans un moule à tarte. Enlevez l'excédent et formez une boule. Piquez le fond de tarte et faites cuire à blanc pendant 15 min.

3. Cassez les œufs dans un saladier, ajoutez la ricotta et fouettez bien. Ajoutez le parmesan et la menthe, puis salez et poivrez. Mélangez bien. Ajoutez les courgettes et les oignons. Mélangez et versez sur le fond de tarte. Saupoudrez de gruyère râpé. Étalez le reste de pâte feuilletée, découpez des bandes et déposez-les sur la tarte de façon à former des croisillons. Dorez avec un jaune d'œuf, puis enfournez pour 30 à 35 min.

4. Lavez la laitue et essorez-la. Dans un saladier, émulsionnez la moutarde, le vinaigre et l'huile. Salez et poivrez. Ajoutez la laitue, le persil et les graines. Mélangez et servez avec la tarte.

VARIANTE

Saupoudrez le fond de tarte de chapelure ou de biscottes émiettées.

Tarte à la ratatouille
et salade croquante

2 personnes | Préparation : 15 min | Cuisson : 50 min | Matériel : Mandoline

1 boule de pâte à pain
1 oignon
2 courgettes
1 petite aubergine
4 tomates
1 poivron jaune
1 cuil. à soupe de thym frais
Huile d'olive

Pour la salade
1 courgette
1 carotte
1 oignon nouveau
3 radis
6 tomates cerise
2 cuil. à soupe de persil haché
1 cuil. à soupe de sauce soja
2 cuil. à soupe d'huile de tournesol

1. Épluchez l'oignon et hachez-le grossièrement. Lavez les légumes et coupez-les en morceaux.

2. Versez de l'huile d'olive dans une cocotte et faites-y revenir l'oignon pendant 5 min. Ajoutez les légumes et le thym, puis laissez mijoter à feu doux pendant 20 min environ en mélangeant régulièrement.

3. Préchauffez le four à 200 °C (th. 6-7). Étalez la pâte à pain et déposez-la sur une plaque allant au four et recouverte de papier sulfurisé. Ourlez les bords et garnissez de ratatouille. Enfournez pour 20 min.

4. Préparez la salade : lavez les légumes et coupez la courgette, la carotte, l'oignon et les radis à la mandoline. Coupez les tomates cerise en quatre et mettez le tout dans un saladier. Ajoutez le persil, versez la sauce soja et l'huile. Mélangez et servez avec la tarte à la ratatouille.

VARIANTE

Remplacez la pâte à pain par des pains pita coupés en deux. Ajoutez des olives noires et des câpres.

Riz sauté à l'asiatique

2 personnes | Préparation : 20 min | Cuisson : 30 min | Matériel : Wok

125 g de riz cuit • 2 oignons nouveaux • 1 poignée de pois mange-tout • 1 carotte • ½ poivron vert • ½ poivron rouge • 1 poignée de petits pois • 4 cuil. à soupe de sauce soja • 4 cuil. à soupe de basilic ciselé • 1 cuil. à café de gomasio • 1 cuil. à soupe de graines de sésame grillées à sec • 1 filet d'huile de tournesol • 1 filet d'huile de sésame • Poivre

1. Ciselez les oignons nouveaux ainsi qu'une partie du vert des tiges. Lavez les pois mange-tout et réservez-les. Épluchez la carotte et coupez-la en rondelles fines. Épluchez les poivrons et détaillez-les en petits cubes.

2. Faites chauffer l'huile de tournesol dans un wok et faites-y revenir les oignons nouveaux, puis ajoutez les pois mange-tout, les carottes et les poivrons et faites cuire pendant 10 min environ en mélangeant régulièrement pour éviter que cela accroche.

3. Ajoutez les petits pois. Laissez cuire pendant quelques minutes, puis versez la sauce soja pour déglacer. Mélangez et ajoutez le riz. Versez l'huile de sésame, ajoutez le basilic et saupoudrez de gomasio. Mélangez, parsemez de graines de sésame grillées à sec et servez bien chaud. Poivrez.

Tian de légumes d'été et crumble de flocons d'avoine

2 personnes | Préparation : 10 min | Cuisson : 1 h 10

4 tomates • 1 aubergine • 2 courgettes • 2 oignons • 2 gousses d'ail • 1 cuil. à soupe de thym frais • Huile d'olive • Sel, poivre du moulin **Pour le crumble :** 50 g de flocons d'avoine • 50 g de farine • 50 g de parmesan râpé • 50 g de noisettes • 1 cuil. à soupe de moutarde • 5 à 6 cuil. à soupe d'huile d'olive

1. Lavez les légumes. Épluchez les oignons et coupez-les en rondelles. Épluchez les gousses d'ail. Frottez un plat à gratin avec 1 gousse, puis hachez le reste.

2. Préchauffez le four à 180 °C (th. 6). Alternez les rondelles de légumes dans le plat à gratin. Arrosez d'huile d'olive, salez, poivrez, ajoutez l'ail et le thym. Enfournez pour 40 min environ.

3. Préparez le crumble : mettez dans un saladier les flocons d'avoine, la farine, le parmesan, les noisettes concassées, la moutarde et mélangez. Ajoutez l'huile d'olive et mélangez du bout des doigts jusqu'à l'obtention d'une pâte sableuse. Déposez la préparation sur une plaque allant au four et enfournez pour 30 min. Dégustez le tian de légumes parsemé de crumble.

VARIANTE

Remplacez l'huile d'olive par du beurre dans le crumble et ajoutez du thym dans la préparation.

Tatin d'endives à l'orange et au miel

4 personnes | Préparation : 20 min | Cuisson : 45 à 50 min

1 pâte feuilletée maison (voir recette p. 10) ou du commerce • 8 belles endives • 4 cuil. à soupe de miel • Le jus de 1 orange • 1 cuil. à soupe de zestes d'oranges • 1 cuil. à soupe de pignons de pin grillés à sec • 2 cuil. à soupe d'huile d'olive • 2 cuil. à soupe de beurre • 1 pincée de fleur de sel • 1 pincée de poivre

1. Lavez les endives, enlevez les feuilles abîmées, coupez le tronc et tranchez-les en deux dans le sens de la longueur.

2. Faites fondre l'huile et le beurre dans une grande poêle et déposez les endives les unes à côté des autres en les serrant bien. Couvrez et faites cuire à feu doux pendant 5 min environ. Retournez les endives, ajoutez 2 cuil. à soupe de miel et le jus d'orange. Salez et poivrez. Laissez mijoter jusqu'à ce qu'elles soient bien tendres.

3. Préchauffez le four à 180 °C (th. 6). Badigeonnez le fond d'un moule de miel à l'aide d'un pinceau. Déposez-y les endives les unes à côté des autres en les serrant bien. Versez le jus restant sur les endives. Couvrez de pâte feuilletée et glissez les bords à l'intérieur du moule. Enfournez pour 30 à 35 min. Servez avec les zestes d'oranges et les pignons de pin grillés à sec.

Cannelonis à la ricotta et aux épinards

6 personnes | Préparation : 20 min | Cuisson : 30 min | Matériel : Mixeur

400 g de pousses d'épinards • 700 g de ricotta • 180 g de parmesan râpé + 2 cuil. à soupe pour le dessus • 20 à 22 cannellonis • 1,3 kg tomates pelées et concassées en boîte • 4 cuil. à soupe de basilic ciselé + 2 cuil. à soupe pour le service • Huile d'olive • Sel, poivre du moulin

1. Mettez les pousses d'épinards dans un mixeur et hachez-les grossièrement. Mettez-les dans un saladier, ajoutez la ricotta et le parmesan. Mélangez, salez et poivrez. Remplissez les cannellonis de cette préparation.

2. Versez un fond de purée de tomates dans le fond du plat à gratin et déposez les cannellonis. Versez le reste de purée de tomates, ajoutez le basilic ciselé, saupoudrez de parmesan et versez un filet d'huile d'olive. Enfournez 30 min. Parsemez le basilic. Dégustez bien chaud, salez et poivrez si nécessaire.

Légumes d'été farcis
au quinoa

2 personnes | Préparation : 10 min | Cuisson : 55 min à 1 h

2 tomates
2 courgettes rondes
2 petits poivrons
1 oignon
1 gousse d'ail
1 branche de céleri
120 g de quinoa
50 cl de bouillon de légumes
3 cuil. à soupe de persil plat ciselé
Huile d'olive
Sel, poivre du moulin
Pour le jus de persil
1 botte de persil
Le jus de 1 citron jaune
6 cuil. à soupe d'huile d'olive
Sel, poivre du moulin

1. Lavez les légumes et coupez les chapeaux. Videz les courgettes et les tomates dans un saladier. Hachez leur chair. Évidez les poivrons. Épluchez et hachez grossièrement l'oignon, l'ail et la branche de céleri.

2. Versez de l'huile d'olive dans une poêle et faites-y blondir l'oignon et l'ail. Ajoutez la branche de céleri et laissez mijoter pendant 5 min, puis ajoutez la chair des tomates et des courgettes. Faites revenir pendant 5 min, puis ajoutez le quinoa.

3. Versez la moitié du bouillon de légumes et laissez cuire pendant 10 min environ. Ajoutez du bouillon au fur et à mesure si nécessaire. La préparation doit être souple et crémeuse. Stoppez la cuisson et ajoutez le persil, salez et poivrez. Farcissez les légumes.

4. Préchauffez le four à 180 °C (th. 6). Déposez les légumes dans un plat à gratin, ajoutez les chapeaux et arrosez de 1 filet d'huile d'olive. Enfournez pour 35 à 40 min.

5. Préparez le jus de persil : détaillez les feuilles de persil et faites-les blanchir pendant 30 s dans de l'eau bouillante, puis passez-les immédiatement dans de l'eau froide. Pressez-les avec le dos d'une cuillère pour enlever un maximum d'eau. Mettez-les dans le mixeur, ajoutez du sel, du poivre, le jus de citron et l'huile d'olive. Mixez jusqu'à l'obtention d'un coulis. Arrosez les légumes de jus de persil et dégustez sans attendre

VARIANTES

Remplacez le quinoa par du millet ou du boulgour. Remplacez le jus de persil par un jus de coriandre.

Nouilles sautées
aux trois choux

2 personnes | Préparation : 20 min |
Cuisson : 35 min | Matériel : Cuit-vapeur, wok

1 tête de brocoli
1 petit chou chinois
2 pak choï
120 g de nouilles chinoises fraîches
4 ciboules
2 cuil. à soupe d'huile d'arachide
2 gousses d'ail pelées et hachées
2 cuil. à soupe de gingembre frais râpé
1 cuil. à soupe de citronnelle ciselée
4 cuil. à soupe de sauce soja
1 cuil. à soupe d'huile de sésame
3 cuil. à soupe de cacahuètes non salées
4 cuil. à soupe de basilic thaï ciselé
1 cuil. à soupe de graines de sésame

1. Lavez le brocoli, détaillez-le en fleurettes et faites-les cuire au cuiseur vapeur pendant 15 min, ils doivent être *al dente*. Lavez le chou chinois et les pak choï et ciselez-les. Faites cuire les nouilles chinoises dans une casserole d'eau bouillante selon les indications du paquet.

2. Émincez les ciboules, le blanc et le vert. Faites chauffer l'huile d'arachide dans un wok. Ajoutez les ciboules, l'ail, le gingembre et la citronnelle et faites revenir pendant quelques minutes. Ajoutez le chou chinois et les pak choï et laissez réduire pendant 10 min environ en mélangeant pour que cela n'accroche pas.

3. Déglacez avec la sauce soja. Ajoutez les nouilles, le brocoli et l'huile de sésame. Mélangez et laissez cuire pendant quelques minutes.

4. Faites griller à sec les cacahuètes dans une poêle.

5. Ajoutez le basilic thaï et les graines de sésame. Servez bien chaud, parsemez de cacahuètes grillées.

VARIANTE

Ajoutez des carottes, des pousses de soja et des shiitakés.

Duo de gnocchis à la sauge

4 personnes | Préparation : 20 min | Cuisson : 1 h | Matériel : Presse-purée

Pour les gnocchis de pomme de terre
500 g de pommes de terre
1 œuf
125 g de farine
70 g de parmesan râpé
1 pincée de sel + un peu pour la cuisson

Pour les gnocchis de potimarron
400 g de potimarron
1 petit œuf
80 g de farine
30 g de parmesan râpé
1 cuil. à café de poivre

Pour la sauce
50 g de beurre demi-sel
8 feuilles de sauge
1 bloc de parmesan frais râpé

1. Préchauffez le four à 200 °C (th. 6-7). Préparez les gnocchis de pomme de terre : lavez les pommes de terre. Enrobez-les dans du papier d'aluminium et faites-les cuire pendant 40 min. Laissez refroidir légèrement, puis coupez-les en deux. Prélevez la chair et mettez-la dans un saladier. Écrasez au presse-purée dans un saladier. Ajoutez l'œuf, la farine, le parmesan, le sel et mélangez bien (la purée doit être homogène).

2. Saupoudrez le plan de travail de farine. Divisez la préparation en deux et roulez-la afin de former un long pâton. Coupez ensuite en tronçons longs de 1,5 à 2 cm. Formez des boules et laissez-les glisser en appuyant légèrement sur le dos d'une fourchette afin de réaliser les stries. Déposez les gnocchis sur une plaque légèrement farinée.

3. Préparez les gnocchis de potimarron. Coupez le potimarron en morceaux sans l'éplucher, déposez-les sur la plaque à côté des pommes de terre. Laissez cuire pendant 20 min. Surveillez la cuisson car celle du potimarron est plus rapide. Écrasez les morceaux dans un saladier au presse-purée. Ajoutez l'œuf battu, la farine, le parmesan et le poivre. Mélangez bien et formez les gnocchis.

4. Faites chauffer une grande casserole d'eau bouillante salée. Plongez les gnocchis et sortez-les quand ils remontent à la surface.

5. Préparez la sauce : faites fondre le beurre salé dans une poêle et ajoutez les feuilles de sauge, laissez cuire pendant quelques minutes. Ajoutez les gnocchis. Faites réchauffer pendant quelques minutes. Servez avec du parmesan frais râpé. Dégustez bien chaud, salez et poivrez si nécessaire.

VARIANTES

Aromatisez les gnocchis avec du curcuma, du piment d'Espelette, de l'ail des ours ou de la noix muscade.

Parmigiana d'aubergines

4 personnes | Préparation : 35 min | Repos : 1 h | Cuisson : 50 min | Matériel : Mandoline

500 g d'aubergines
1 oignon
1 gousse d'ail
1 botte de basilic
700 g de purée de tomates
1 pincée de sucre
3 œufs
4 cuil. à soupe de farine
350 g de mozzarella
120 g de parmesan
Feuilles de basilic pour le service
Huile d'olive
Sel, poivre du moulin

1. Lavez et détaillez les aubergines en fines lamelles à l'aide d'une mandoline. Mettez-les dans une grande passoire, saupoudrez de sel et laissez-les dégorger pendant 1 h.

2. Préparez le coulis de tomates. Épluchez et ciselez l'oignon et l'ail. Ciselez le basilic. Versez un filet d'huile d'olive dans une sauteuse et faites-y blondir l'oignon et l'ail. Versez la purée de tomates, ajoutez le sucre, la moitié du basilic, salez et poivrez. Laissez cuire pendant 20 min.

3. Égouttez les aubergines et séchez-les avec du papier absorbant. Cassez les œufs dans un bol, battez-les et versez dans une assiette creuse. Versez la farine dans une autre assiette creuse. Passez rapidement les aubergines dans la farine, puis dans l'œuf. Faites chauffer une grande poêle avec de l'huile d'olive et faites-y dorer les aubergines 8 à 10 min. Réservez-les sur du papier absorbant et épongez-les légèrement.

4. Préchauffez le four à 200 °C (th. 6-7). Utilisez un plat carré pour que ce soit simple à monter. Coupez la mozzarella en petits morceaux. Déposez une couche de sauce tomate dans le fond du plat, ajoutez les aubergines, une couche de sauce tomate, saupoudrez de parmesan et ajoutez de la mozzarella et du basilic. Répétez l'opération jusqu'à épuisement des ingrédients en terminant par parmesan, mozzarella et basilic. Enfournez pour 20 min et servez avec quelques feuilles de basilic.

Risotto aux cèpes

4 personnes | Préparation : 15 min | Cuisson : 20 à 25 min

500 g de cèpes frais
1 gousse d'ail
2 cuil. à soupe de beurre
2 cuil. à soupe de persil plat
1 oignon
320 g de riz arborio
1 verre de vin blanc sec
1,5 l de bouillon de légumes chaud
Huile d'olive
Parmesan pour le service
1 cuil. à soupe de persil pour le service
Sel, poivre du moulin

1. Préparez les cèpes. Frottez-les doucement avec une brosse à champignon pour enlever la terre, coupez la base du pied, puis détaillez-les en lamelles. Épluchez et hachez finement l'ail. Faites chauffer 1 cuil. à soupe de beurre dans une poêle avec 1 cuil. à soupe d'huile d'olive. Ajoutez l'ail et faites dorer pendant quelques minutes. Ajoutez les champignons et le persil, faites cuire 12 à 15 min en mélangeant régulièrement. Réservez.

2. Versez le reste du beurre dans une casserole, ajoutez 2 cuil. à soupe d'huile d'olive et laissez fondre à feu doux. Épluchez et hachez l'oignon, ajoutez-le et laissez blondir pendant quelques minutes. Versez le riz, mélangez avec une cuillère en bois et déglacez avec le vin blanc sec. Ajoutez du bouillon au fur et à mesure jusqu'à ce que le riz soit cuit. Ajoutez les ¾ de la préparation aux champignons et mélangez délicatement. Ajoutez quelques champignons, un trait d'huile d'olive et parsemez le parmesan et de persil frais. Salez et poivrez si nécessaire. Dégustez bien chaud.

VARIANTE

Utilisez des cèpes séchés que vous réhydraterez dans de l'eau chaude. Gardez le jus pour le risotto.

Stoemp aux légumes

4 personnes | Préparation : 20 min | Cuisson : 35 à 40 min | Matériel : Presse-purée
2 poireaux • 1 chicon • 100 g de choux de Bruxelles cuits • 800 g de pommes de terre à chair farineuse • 2 carottes • 1 pincée de gros sel • 120 g de beurre • 30 cl de lait • 3 cuil. à soupe de persil plat • Sel, poivre du moulin

1. Lavez les poireaux et coupez-les en rondelles. Lavez le chicon et coupez-le en tranches. Coupez les choux de Bruxelles en deux ou en quatre s'ils sont gros. Faites-les blanchir pendant 8 min dans une casserole d'eau bouillante.

2. Épluchez les pommes de terre et coupez-les en rondelles. Mettez les pommes de terre dans un faitout, couvrez d'eau et salez. Portez à ébullition, ajoutez les carottes et laissez cuire pendant 20 min.

3. Faites fondre 60 g de beurre dans une poêle et faites-y fondre les poireaux et le chicon pendant 10 à 12 min. Ajoutez les choux de Bruxelles et laissez encore cuire 3 min. Mélangez de temps à autre pour que cela n'accroche pas.

4. Quand les pommes de terre et les carottes sont cuites, égouttez-les en gardant un peu de jus de cuisson. Remettez-les dans le faitout. Écrasez la préparation au presse-purée en ajoutant le reste du beurre et le lait. Versez la préparation poireaux, chicon et choux de Bruxelles. Mélangez, salez et poivrez à votre goût. Parsemez le persil plat et dégustez immédiatement.

Gratin de patates douces et crumble de noix de pécan

4 personnes | Préparation : 20 min | Cuisson : 50 min | Matériel : Presse-purée
600 g de patates douces • 1 cuil. à café de sucre roux • 1 pincée de cannelle en poudre • 15 cl de crème fleurette légère • 50 g de farine • 50 g de cassonade • 50 g de beurre salé à température ambiante • 130 g de noix de pécan • Gros sel • Sel, poivre du moulin

1. Préchauffez le four à 180 °C (th. 6).

2. Épluchez les patates douces et coupez-les en cubes. Mettez-les dans une casserole, ajoutez une pincée de gros sel et couvrez bien d'eau. Portez à ébullition et laissez mijoter pendant 20 min. Quand les patates douces sont tendres, égouttez-les. Mettez-les dans un saladier, écrasez-les au presse-purée. Salez et poivrez. Ajoutez le sucre, la cannelle et la crème au fur et à mesure (la texture doit être onctueuse). Mélangez bien, goûtez et rectifiez l'assaisonnement si nécessaire. Versez la préparation dans un plat à four.

3. Versez la farine, la cassonade et le beurre salé dans un bol, mélangez du bout des doigts en crumble, ajoutez les noix de pécan grossièrement concassées. Parsemez la préparation sur les patates douces et enfournez pour 30 min. Dégustez bien chaud.

Menemen

4 personnes **I** Préparation : 15 min **I** Cuisson : 10 à 12 min

1 poivron vert • 1 poivron jaune • 4 tomates • 4 oignons • 1 pincée de cumin • 6 œufs • 2 cuil. à soupe de persil plat • 1 bol d'olive • Pain • Huile d'olive • Sel, poivre du moulin

1. Lavez et coupez les poivrons en petits cubes. Lavez et détaillez les tomates en petits morceaux. Épluchez et hachez grossièrement les oignons. Versez de l'huile dans une poêle et faites-y revenir les oignons pendant 5 min. Ajoutez les tomates et les poivrons. Salez, poivrez et ajoutez le cumin. Mélangez et laissez cuire pendant 5 à 6 min.

2. Cassez les œufs dans un saladier, battez-les en omelette. Versez sur les légumes, mélangez et laissez cuire quelques minutes selon vos goûts. Servez parsemé de persil. Dégustez avec du pain et des olives.

Salade tex mex

4 personnes **I** Préparation : 10 min **I** Repos : 1 nuit **I** Cuisson : 1 h 20 à 1 h 30

250 g de haricots noirs • 2 gousses d'ail • 1 gros poivron vert • 2 tomates • 1 piment vert • 4 cuil. à soupe de coriandre ciselée • Le jus de 1 citron vert • 3 cuil. à soupe d'huile d'olive • Sel

1. Passez les haricots noirs sous l'eau claire et faites-les tremper une nuit dans de l'eau froide.

2. Le lendemain, faites-les cuire dans une grande casserole d'eau non salée environ 1 h 20 à 1 h 30 (ou selon les indications du paquet). Ils doivent être légèrement fermes. Égouttez-les et refroidissez-les sous l'eau froide. Versez dans un saladier.

3. Épluchez et ciselez finement l'ail. Coupez le poivron vert en fines lanières et les tomates en dés. Hachez le piment vert. Mettez le tout sur les haricots noirs et mélangez. Versez le jus de citron et l'huile d'olive. Salez à votre goût. Saupoudrez de coriandre. Dégustez immédiatement ou réservez au frais.

CONSEIL

Pour cette salade, il est meilleur d'acheter des haricots noirs secs et de les cuire. En boîte, ils riquent d'être mous.

Jambalaya aux légumes et épices cajun

6 personnes I Préparation : 40 min I Cuisson : 30 min

300 g de riz long
2 oignons blancs
2 échalotes
1 gousse d'ail
3 poivrons rouges
2 poivrons verts
250 g de gombos
3 tomates
3 carottes
1 piment rouge
4 branches de céleri
3 cuil. à soupe d'huile neutre
3 brins de thym
2 feuilles de laurier
3 clous de girofle
4 cuil. à soupe de persil plat + 2 cuil. à soupe pour le service
1 cuil. à caféde mélange d'épices cajun
1 l de bouillon de légumes
Sel, poivre du moulin

1. Lavez le riz sous l'eau claire. Épluchez et ciselez les oignons, les échalotes et l'ail. Coupez les poivrons et les gombos en lamelles et les tomates en cubes. Épluchez et détaillez les carottes en petits dés. Émincez finement le piment rouge et les tiges de céleri.

2. Versez l'huile dans un faitout, faites chauffer et faites-y revenir les oignons, les échalotes et l'ail. Ajoutez les poivrons, les gombos et les carottes. Mélangez et laissez dorer pendant quelques minutes. Ajoutez le piment, le céleri et les tomates. Mélangez bien et baissez le feu si cela accroche au fond du faitout. Ajoutez le thym, le laurier, les clous de girofle et le persil. Saupoudrez d'épices cajun (plus ou moins selon les goûts, c'est assez fort) et mélangez.

3. Ajoutez le riz. Versez le bouillon de légumes, mélangez et faites cuire à feu doux pendant 30 min. Mélangez régulièrement et ajoutez de l'eau si la préparation est sèche. Goûtez et rectifiez l'assaisonnement si nécessaire. Salez, poivrez et ajoutez le persil. Servez bien chaud.

Tajine de légumes

4 personnes | Préparation : 25 min | Cuisson : 55 à 60 min

3 oignons
4 gousses d'ail
5 tomates
4 poivrons
6 carottes
4 courgettes moyennes
1 cuil. à soupe de paprika
1 cuil. à soupe de cumin
1 cuil. à soupe de curcuma
1 cuil. à soupe de coriandre en poudre
1 cuil. à soupe de concentré de tomates
5 cuil. à soupe de persil plat ciselé
5 cuil. à soupe de coriandre ciselée
6 cuil. à soupe d'huile d'olive + 2 cuil. à soupe pour le plat
Pain marocain et harissa pour le service
Sel, poivre du moulin

1. Épluchez et coupez-les oignons en rondelles. Épluchez et hachez l'ail. Coupez-en deux les tomates au-dessus d'un bol pour récupérer le jus, épépinez-les et coupez-les en rondelles. Lavez et coupez les poivrons en six. Enlevez les graines et les parties blanches. Épluchez les carottes et coupez-les en deux. Lavez les courgettes et coupez-les en grosses rondelles.

2. Versez l'huile d'olive dans un bol, ajoutez l'ail haché, le paprika, le cumin, le curcuma, la coriandre et le concentré de tomates ainsi que le jus de tomates. Mélangez et ajoutez 2 cuil. à soupe de persil et de coriandre. Salez bien et poivrez.

3. Versez de l'huile dans le fond du plat à tajine. Déposez les carottes, ajoutez un peu de persil et de coriandre et versez 2 cuil. à soupe de sauce huile et épices. Couvrez et faites cuire à feu doux pendant 15 min. Ajoutez en couche les oignons sur les carottes. Versez un peu de sauce huile et épices. Laissez cuire pendant 15 min.

4. Ajoutez les poivrons, versez un peu de sauce huile et épices et laissez cuire pendant 10 min. Ajoutez ensuite les courgettes et les tomates, versez le reste de sauce huile et épices et parsemez la coriandre et du persil restant. Laissez cuire pendant 15 à 20 min. Vérifier la cuisson au bout de 15 min. Retirez du feu si les légumes sont cuits. Servez bien chaud avec du pain marocain et de la harissa.

VARIANTE

Ajoutez des pommes de terre ou des navets.

Curry d'aubergines et chapati

4 personnes | Préparation : 10 min | Cuisson : 25 à 30 min

2 aubergines • 1 pomme de terre • 1 gousse d'ail • 1 oignon • 2 cuil. à soupe de ghee • 1 cuil. à café de piment vert • 1 cuil. à soupe de gingembre • 1 cuil. à soupe de pâte de curry jaune • 2 tomates mûres hachées • 1 cuil. à soupe de curcuma • 1 cuil. à café de cumin en poudre • 2 cuil. à soupe de coriandre • 4 chapatis • Sel

1. Lavez et coupez les aubergines en petits morceaux. Épluchez et coupez la pomme de terre en petits cubes. Épluchez et hachez l'ail et l'oignon. Hachez le piment et le gingembre, ciselez la coriandre. Faites chauffer le ghee dans un faitout.

2. Ajoutez l'ail, l'oignon, le piment et le gingembre et faites blondir pendant 3 min. Incorporez la pâte de curry, les tomates, le curcuma et le cumin. Mélangez et laissez cuire pendant 2 min. Mettez les aubergines et la pomme de terre. Mélangez bien pour les enrober de préparation. Parsemez la coriandre et ajoutez un grand verre d'eau. Salez et faites mijoter pendant 20 à 25 min en mélangeant régulièrement. Ajoutez de l'eau si nécessaire. Goûtez et rectifiez l'assaisonnement.

3. Dégustez avec les chapatis que vous aurez fait réchauffer.

Curry de tomates, oignons nouveaux et riz blanc au curcuma

2 personnes | Préparation : 20 min | Cuisson : 20 min

3 bottes d'oignons nouveaux • 3 gousses d'ail • 2 tomates bien mûres • 2 cuil. à soupe de ghee • 1 cuil. à soupe de graines de moutarde noire • 1 cuil. à soupe de cumin en poudre • 1 cuil. à café de coriandre en poudre • 1 cuil. à café de curcuma • 1 cuil. à café de piment • 1 cuil. à soupe de coriandre ciselée • 120 g de riz blanc • 1 cuil. à café de curcuma

1. Ciselez les oignons nouveaux. Épluchez et ciselez l'ail. Coupez les tomates en petits morceaux en conservant le jus.

2. Faites fondre le ghee dans un faitout. Ajoutez les grains de moutarde et laissez cuire jusqu'à ce qu'ils éclatent. Ajoutez le cumin, la coriandre, le curcuma et le piment. Laissez cuire pendant 2 min et incorporez les oignons et l'ail. Laissez cuire pendant 5 min en mélangeant régulièrement. Ajoutez les tomates et laissez mijoter pendant 10 min.

3. Lavez le riz et faites-le cuire selon les indications du paquet. Ajoutez le curcuma dans l'eau. Servez le curry parsemé de coriandre avec le riz.

Palak Paneer

4 personnes | Préparation : 10 min | Cuisson : 20 à 25 min

800 g de pousses d'épinards
2 oignons
2 gousses d'ail
1 cuil. à soupe de gingembre frais râpé
1 petit piment vert haché
1 cuil. à soupe de garam masala
1 cuil. à café de curcuma
1 cuil. à café de cumin en poudre
1 cuil. à café de coriandre en poudre
400 g de tomates concassées (1 boîte)
20 cl de crème fleurette légère
180 g de fromage frais paneer (épicerie indienne)
Pains indiens
Huile
Sel, poivre du moulin

1. Lavez les épinards sous l'eau claire et essorez-les. Épluchez et ciselez les oignons et l'ail. Versez de l'huile dans un faitout et faites-y revenir les oignons pendant 5 min en mélangeant. Ajoutez l'ail, le gingembre, le piment, le garam masala, le curcuma, le cumin et la coriandre. Mélangez et versez ½ verre d'eau. Laissez l'eau s'évaporer et ajoutez les tomates. Laissez mijoter pendant 10 à 12 min.

2. Incorporez les épinards, mélangez bien et laissez cuire pendant 10 min : les épinards doivent avoir fondus. Versez la crème. Mélangez et laissez encore cuire pendant 5 min.

3. Coupez le fromage en gros cubes. Faites chauffer de l'huile dans une poêle et faites-y bien griller les cubes de fromages. Servez les épinards et ajoutez des cubes de fromage grillés. Dégustez avec des pains indiens. Salez et poivrez si nécessaire.

Wok de nouilles sautées aux légumes

4 personnes I Préparation : 15 min I
Cuisson : 10 à 15 min I Matériel : Wok

200 g de nouilles chinoises
4 shiitakes séchés
1 botte de ciboule
2 gousses d'ail
2 choux pak choï
1 poivron rouge
1 carotte
2 cuil. à soupe d'huile neutre
2 cuil. à soupe de gingembre frais râpé
100 g de pousses de soja
1 cuil. à soupe d'huile de sésame
2 cuil. à soupe de coriandre ciselée
1 cuil. à soupe de graines de sésame blond
2 cuil. à soupe de cacahuètes non salées
Sauce soja

1. Faites cuire les nouilles chinoises selon les indications du paquet. Égouttez-les. Réhydratez les shiitakes dans un bol avec de l'eau chaude. Passez la botte de ciboule sous l'eau claire et ciselez-la. Épluchez l'ail et hachez-le grossièrement. Lavez les pak choï et coupez-les en lanières. Lavez le poivron et détaillez-le en fines lanières. Épluchez la carotte et coupez-la à la mandoline en rondelles fines.

2. Faites chauffer l'huile neutre dans un wok et faites-y revenir la ciboule et l'ail pendant 5 à 6 min. Ajoutez le gingembre, les pak choï, le poivron, la carotte et les pousses de soja. Mélangez et laissez cuire, sans faire brûler, pendant 5 min. Ajoutez les champignons et versez un peu de liquide de trempage pour donner du goût. Mélangez le tout et laissez cuire pendant 2 min.

3. Versez l'huile de sésame et ajoutez un filet de sauce soja. Ajoutez les nouilles, mélangez bien et laissez cuire pendant 2 min pour que les nouilles soient bien chaudes. Parsemez de coriandre, de sésame et de cacahuètes. Servez bien chaud avec de la sauce soja.

Pad thaï aux légumes

4 personnes | Préparation : 20 min | Cuisson : 15 à 20 min | Matériel : Wok

250 g de nouilles de riz larges
Le jus de 2 citrons verts + les rondelles de 1 citron vert pour le service
12,5 cl de sauce thaïe au piment
8 cl de sauce soja
1 cuil. à café de pâte de chili
8 feuilles de chou chinois
2 poivrons rouges
2 carottes
6 oignons verts
2 cuil. à soupe d'huile végétale
3 gousses d'ail
2 gros œufs
60 g de pousses de soja
4 cuil. à soupe de ciboule
4 cuil. à soupe de coriandre ciselée
4 cuil. à soupe de cacahuètes non salées

1. Faites cuire les nouilles de riz selon les indications du paquet. Égouttez-les et rincez-les sous l'eau froide. Versez le jus de citron vert dans un bol, mélangez avec la sauce thaïe au piment, la sauce soja et la pâte de chili. Ciselez les feuilles de chou, coupez les poivrons en fines lanières, épluchez les carottes, coupez-les en julienne et ciselez les oignons verts.

2. Versez l'huile dans un wok, faites chauffer et faites-y revenir l'ail pendant 2 min. Ajoutez les poivrons, les carottes et les feuilles de chou. Mélangez et laissez cuire pendant 5 min à couvert. Réservez dans une assiette.

3. Cassez les œufs et battez-les à la fourchette. Versez-les dans le wok et laissez cuire jusqu'à ce qu'ils soient bien fermes. Ajoutez les pousses de soja, les légumes, la moitié des oignons verts et les nouilles. Mélangez bien, puis incorporez les légumes. Versez la sauce, mélangez pour que la préparation soit bien homogène. Laissez bien réchauffer le tout pendant 3 à 4 min. Servez dans des bols, parsemez la ciboule, de coriandre et de cacahuètes. Ajoutez des rondelles de citron vert. Ajoutez un filet de jus de citron vert et dégustez bien chaud.

CONSEIL

Ce plat est très pimenté. Aussi, selon les goûts, réduire la quantité de piment.

Aubergines confites
au sésame blanc

4 personnes | Préparation : 15 min |
Repos : 4 h | Cuisson : 12 à 15 min

4 aubergines japonaises (épicerie japonaise)
4 cuil. à soupe d'huile végétale
8 cuil. à soupe de sauce soja
4 cuil. à soupe de vinaigre de riz
1 cuil. à soupe d'huile de sésame grillé
1 cuil. à soupe de jus de yuzu
1 cuil. à soupe de gingembre frais râpé
1 cuil. à soupe d'ail haché
2 tiges de ciboules émincées
2 cuil. à soupe de graines de sésame blond

1. Lavez les aubergines et coupez-les en deux dans le sens de la longueur. Entaillez-les en losanges du côté peau pour qu'elles cuisent plus rapidement et de façon homogène. Versez l'huile dans un faitout ou une grande poêle, déposez les aubergines et faites-les cuire à feu doux et à couvert en les retournant à mi-cuisson 10 à 12 min. Prolongez la cuisson si elles sont grosses.

2. Versez dans un bol, la sauce soja, le vinaigre de riz, l'huile de sésame grillée, le jus de yuzu, le gingembre et l'ail. Mélangez à la fourchette.

3. Quand les aubergines sont cuites et bien tendres, épongez-les avec de l'essuie tout. Coupez-les en morceaux. Mettez-les dans un saladier, arrosez de sauce et mélangez. Laissez reposer pendant 4 h au frais. Avant de servir, saupoudrez de ciboule et ajoutez les graines de sésame blond.

Bo bun
aux légumes

2 personnes | Préparation : 20 min | Cuisson : 5 min

120 g de vermicelles de riz
80 g de pousses de soja
2 carottes
1 petit concombre
1 sucrine
2 ciboules
2 cuil. à soupe de menthe ciselée
2 cuil. à soupe de coriandre ciselée
2 cuil. à soupe de citronnelle ciselée
2 cuil. à soupe de cacahuètes non salées

Pour la sauce
4 cuil. à soupe de sauce soja
Le jus de 2 citrons verts
1 cuil. à café de sucre roux
4 cuil. à soupe d'huile de sésame
1 cuil. à soupe de beurre de cacahuètes
1 cuil. à soupe de purée de piment

1. Commencez par préparer la sauce : versez la sauce soja, le jus des citrons et le sucre dans une casserole, faites chauffer jusqu'à la dissolution du sucre. Laissez refroidir. Ajoutez l'huile de sésame, le beurre de cacahuète et la purée de piment. Émulsionnez jusqu'à ce que la préparation soit bien homogène.

2. Faites cuire les vermicelles de riz selon les indications du paquet et égouttez-les. Lavez les pousses de soja. Épluchez les carottes et coupez-les en fins bâtonnets ou râpez-les. Coupez le concombre en rondelles fines. Détaillez les feuilles de sucrine et émincez les ciboules.

3. Déposez des feuilles de sucrine dans le fond des bols. Ajoutez les vermicelles de riz. Déposez dessus des carottes, des rondelles de concombre, des pousses de soja. Parsemez les ciboules, la menthe, la coriandre, la citronnelle et les cacahuètes. Versez de la sauce et dégustez.

VARIANTE

Ajoutez des nems de légumes.

SALADES

Salade de fèves fruitée

4 personnes I Préparation : 15 min I Marinade : 3 h

1 gousse d'ail • 2 cuil. à soupe d'huile d'avocat • 1 citron • 12 cuil. à soupe de grosses fèves cuites • 4 cuil. à soupe de blé ou de fenugrec germé • 160 g de jeunes pousses d'épinard ou de chou kale • ½ grenade • 1 melon jaune ou vert • 1 pincée de sumac • Sel, poivre du moulin

1. Pressez la gousse d'ail et mélangez-la à l'huile d'avocat et au jus du citron. Assaisonnez de sel et de poivre. Versez sur les fèves et laissez macérer pendant 3 h. Ajoutez le reste des ingrédients : graines germées, jeunes pousses, grains de grenade, billes de melon.

2. Saupoudrez de sumac et servez.

SUGGESTION

Utilisez des fèves bien parfumées, cuites avec un beau bouquet garni, quelques feuilles de sauge ou de sarriette et 2 gousses d'ail. Et mettez-les à mariner lorsqu'elles sont encore chaudes.

Salade d'aubergines miso, gingembre et piment, sarrasin et roquette

4 personnes I Préparation : 10 min I Cuisson : 20 min I Matériel : Râpe, pinceau de cuisine

2 petites aubergines • 1 cuil. à soupe de miso rouge • 1 cuil. à soupe de sauce soja • 1 cuil. à soupe de vinaigre de riz • 2 cm de gingembre • 2 gousses d'ail • 1 petit piment • 200 g de sarrasin • 50 g de roquette • 10 brins de coriandre • Quelques brins de basilic pourpre

1. Préchauffez le four à 180 °C (th. 6). Mélangez le miso avec le vinaigre de riz, la sauce soja, le gingembre râpé, l'ail écrasé et le piment haché.

2. Lavez et coupez les aubergines en quatre, quadrillez au couteau la surface de la chair et badigeonnez-les du mélange au miso. Disposez-les sur une plaque et faites-les cuire au four pendant 20 min.

3. Pendant ce temps, faites cuire le sarrasin comme indiqué sur le paquet et mettez-le de côté. Lavez et hachez la coriandre, et mélangez-la au sarrasin égoutté. Servez les aubergines avec la roquette et le sarrasin, décorez de quelques feuilles de basilic pourpre.

INFO NUTRITION

Le sarrasin, aussi appelé « blé noir », ne contient pas de gluten. Il est très digeste, riche en fibres, et son pouvoir antioxydant est nettement plus élevé que celui des céréales telles que le blé ou le seigle.

Salade de riz complet, saumon mariné et légumes verts

4 personnes | Préparation : 20 min | Cuisson : 20 min | Marinade : 30 min | Matériel : Presse-agrumes, râpe

300 g de filet de saumon • 200 g de riz complet • 200 g de petits pois écossés • 200 g de pois gourmands • 8 asperges • Le jus de 1 citron • 1 cm de racine de gingembre frais • 1 cuil. à soupe d'huile d'olive • 1 poignée de graines germées de poireaux • 4 brins de coriandre

1. Coupez le saumon en très fines tranches, arrosez-le de jus de citron mélangé au gingembre râpé et à l'huile d'olive. Laissez mariner pendant 30 min au frais.

2. Pendant ce temps, faites cuire le riz comme indiqué sur le paquet. Passez-le sous l'eau froide et égouttez-le. Lavez les petits pois, les asperges coupées en tronçons et les pois gourmands, et faites-les cuire à la vapeur pendant 5 min.

3. Servez le saumon mariné avec le riz et les légumes verts. Parsemez de graines germées et de coriandre hachée.

Salade de quinoa au fenouil et pois chiches croquants

4 personnes | Préparation : 25 min | Cuisson : 30 min

130 g de quinoa cru • 4 cuil. à café d'huile de noisette • 4 cuil. à café de vinaigre de cidre • 1 cuil. à soupe de sauce soja • 1 grosse orange • 2 petits bulbes de fenouil • 180 g de pois chiches cuits égouttés • 1 pincée de piment d'Espelette • 4 cuil. à soupe de graines germées (radis par exemple) • Sel, poivre du moulin

1. Faites cuire le quinoa en suivant les indications du paquet. Égouttez-le, arrosez-le d'huile de noisette, de vinaigre de cidre et de sauce soja. Réservez à température ambiante pendant le reste de la préparation.

2. Détaillez l'orange en quartiers. Lavez le fenouil et tranchez-le. Faites-les griller avec un peu d'huile de cuisson. Salez, poivrez. Faites revenir les pois chiches dans le reste d'huile jusqu'à ce qu'ils soient croquants. Égouttez, salez et parsemez de piment.

3. Répartissez le quinoa dans les assiettes de service, ajoutez les tranches de fenouil, les quartiers d'orange et les pois chiches. Parsemez de graines germées et servez aussitôt.

Salade de haricots verts au bacon et aux échalotes

4 personnes | Préparation : 20 min | Cuisson : 10 min | Repos : 10 min

800 g de haricots verts équeutés • 4 échalotes • 4 cuil. à soupe d'huile d'olive • 100 g de bacon détaillé en bâtonnets • 2 cuil. à soupe de vinaigre balsamique • 1 petite cuil. à soupe de miel • Un peu de persil ciselé • Sel, poivre du moulin

1. Faites cuire les haricots verts à la vapeur jusqu'à ce qu'ils soient tendres.

2. Épluchez et ciselez les échalotes. Faites-les revenir dans 1 cuil. à soupe d'huile d'olive. Quand elles sont dorées, ajoutez le bacon et faites-le cuire quelques minutes en remuant.

3. Préparez la vinaigrette en mélangeant le vinaigre avec le miel, du sel, du poivre et le reste d'huile d'olive.

4. Arrosez les haricots cuits, encore chauds, de vinaigrette. Ajoutez le bacon et les échalotes. Laissez refroidir, puis parsemez de persil ciselé avant de servir.

Salade de chèvre chaud au miel

2 personnes | Préparation : 15 min | Cuisson : 5 à 8 min

1 batavia • 1 tomate • 1 oignon frais • 4 figues fraîches • 2 cuil. à soupe de haricots rouges en boîte • Persil • Ciboulette • 2 cuil à café de gomasio **Pour les tartines :** ½ baguette • ½ bûche de chèvre • 2 cuil. à café de crème liquide • 1 cuil. à café de miel **Pour la vinaigrette :** 1 cuil. à café de moutarde forte • 3 cuil. à soupe d'huile d'olive • 1 cuil. à soupe de vinaigre balsamique

1. Préchauffez le four à 180 °C (th. 6). Coupez le pain dans la longueur. Tranchez le chèvre en lamelles. Sur les 2 morceaux de pain, répartissez les lamelles de chèvre, la crème et le miel. Enfournez pour 5 à 8 min.

2. Pendant ce temps, préparez la salade : lavez la batavia et la tomate, et coupez-la en rondelles. Pelez et émincez l'oignon. Coupez les figues en quatre. Dans deux assiettes de service, disposez la salade, la tomate, l'oignon, les haricots rouges et les figues. Émincez les herbes.

3. Dans un bol, préparez la vinaigrette : à l'aide d'un petit fouet, mélangez la moutarde en versant l'huile, puis le vinaigre. Arrosez la salade de vinaigrette, saupoudrez d'herbes et de gomasio. Disposez le pain et servez aussitôt.

Salade de riz et de légumes croquants

4 personnes **I** Préparation : 25 min **I** Cuisson : 15 min **I** Repos : 5 min **I** Matériel : Mandoline

50 g de riz long grain ou de riz basmati • 1 bulbe de fenouil • ½ concombre • 2 carottes • 100 g de tomates cerise • ½ botte de radis roses **Pour la sauce :** 10 cl d'huile d'olive • Le jus de 1 orange • 1 cuil. à soupe de balsamique blanc • 2 brins de menthe • Piment d'Espelette • Sel, poivre du moulin

1. Faites cuire le riz pendant 15 min dans une grande quantité d'eau bouillante salée.

2. Préparez les légumes : lavez le fenouil, enlevez la première côte, puis détaillez-le en tranches et enfin en tout petits dés. Épluchez et épépinez le concombre, puis coupez-le en petits dés.

3. Épluchez et coupez les carottes en tout petits dés également. Lavez et coupez les tomates cerise en deux. Lavez les radis. À l'aide d'une mandoline, émincez-les en tranches très fines. Mélangez tous ces ingrédients dans un saladier.

4. Dans un bol, mélangez l'huile, le jus de l'orange et le vinaigre. Salez et poivrez, puis ajoutez les feuilles de menthe finement ciselées ainsi que le piment d'Espelette selon votre goût. Versez cette vinaigrette sur la salade et laissez reposer quelques minutes avant de servir.

Salade de poivrons et pois chiches au parmesan

4 personnes **I** Préparation : 15 min **I** Cuisson : 30 min **I** Matériel : Plaque de four, papier sulfurisé

3 poivrons rouges • 2 poivrons jaunes • 1 petite boîte de pois chiches en conserve • 1 poignée de pousses d'épinards • 100 g de parmesan en copeaux • 4 cuil. à soupe d'huile d'olive • Sel, poivre du moulin

1. Préchauffez le four à 180 °C (th. 6).

2. Lavez et épépinez les poivrons. Déposez les poivrons coupés en deux sur une plaque allant au four et recouverte de papier sulfurisé. Enfournez pour 30 min. Laissez refroidir après cuisson et enlevez la peau. Découpez-les en lamelles fines et mettez-les dans un plat.

3. Rincez les pois chiches et égouttez-les bien. Ajoutez les pois chiches dans le plat. Ajoutez ensuite les pousses d'épinards et le parmesan.

4. Assaisonnez d'huile d'olive. Salez, poivrez. Dégustez.

INFO NUTRITION

Le poivron rouge contient des caroténoïdes, responsables de sa couleur et puissants antioxydants. Le poivron rouge, par sa couleur, est donc un antioxydant intéressant !

Salade de roquette, tomate, avocat et fraise

4 personnes I Préparation : 15 min

4 poignées de roquette • 4 tomates • 150 g de fraises • 1 boule de mozzarella • 1 avocat • 1 citron vert • 1 poignée de pignons de pin • Quelques feuilles de basilic • 2 cuil. à soupe d'huile d'olive • 2 cuil. à soupe de vinaigre balsamique • Sel, poivre du moulin

1. Lavez la roquette et essorez-la. Lavez les tomates, découpez-les en morceaux. Lavez les fraises et découpez-les en quartiers. Mettez-les dans un saladier.

2. Découpez la boule de mozzarella et l'avocat en morceaux et rajoutez-les dans le saladier. Pressez le citron pour éviter que l'avocat noircisse. Rajoutez les pignons de pin, le basilic, l'huile d'olive et le vinaigre balsamique. Salez et poivrez. Dégustez.

INFO NUTRITION

Les fraises sont des fruits peu caloriques. Elles sont riches en flavonoïdes et en provitamine A.

Salade de betteraves, carottes et ail rôtis, feta, semoule et herbes fraîches

4 personnes I Préparation : 25 min I Cuisson : 1 h

2 grosses betteraves crues • 3 carottes • 4 gousses d'ail • 8 cl d'huile d'olive + 1 filet • 8 cl de vinaigre balsamique + 1 filet • 2 cuil. à soupe de miel d'acacia • 1 petite poignée d'herbes sèches (romarin, thym, laurier...) • 150 g de semoule de couscous (nature ou aux épices) • 1 bouquet de coriandre fraîche ou de persil plat • 150 g de feta • Sel, poivre du moulin

1. Préchauffez le four à 180 °C (th. 6). Épluchez et coupez les betteraves en morceaux de taille égale (pour une cuisson uniforme). Épluchez et coupez les carottes en bâtonnets. Séparez les gousses d'ail, mais ne les pelez pas. Dans un bol, mélangez 8 cl d'huile, 8 cl de vinaigre et le miel. Salez et poivrez. Mettez les légumes et l'ail dans le plat à four. Arrosez-les de préparation au miel. Mélangez bien pour que tous les légumes soient enrobés, puis saupoudrez d'herbes sèches. Couvrez de papier d'aluminium.

2. Enfournez pour 30 min de cuisson. Ôtez le papier aluminium et prolongez la cuisson de 30 min. Retournez les légumes régulièrement. Testez la cuisson en les piquant avec un couteau : ils doivent être tendres. Laissez tiédir. Pendant ce temps, préparez la semoule dans un saladier en versant dessus le même volume d'eau bouillante salée et en la laissant gonfler à couvert. Sur une planche, ciselez la coriandre et découpez la feta en dés.

3. Dans le plat de service, étalez le couscous cuit et à peine tiède, disposez les légumes rôtis et les dés de feta. Complétez l'assaisonnement en versant 1 filet d'huile d'olive et 1 filet de vinaigre balsamique, un peu de poivre mais pas trop de sel à cause de la feta. Terminez par la coriandre ciselée et servez.

Salade de calamars et roquette

4 personnes **I** Préparation : 20 min **I** Cuisson : 5 min

1 échalote • 200 g d'anneaux de calamars • Piment d'Espelette • 100 g de roquette • 1 cuil. à soupe de vinaigre de cidre • 1 cuil. à café de miel • 100 g de cottage cheese • 4 cuil. à soupe d'huile d'olive • Sel

1. Épluchez et ciselez l'échalote. Dans une poêle, faites revenir les anneaux de calamars 5 min avec l'échalote et un peu de piment d'Espelette.

2. Lavez la roquette et essorez-la. Dans un bol, mélangez le vinaigre, le miel et 4 cuil. à soupe d'huile d'olive. Salez.

3. Dans un saladier, mélangez les calamars avec la roquette et la sauce. Égouttez dans une passoire le cottage cheese sans écraser les morceaux et ajoutez-le à la salade. Dégustez sans attendre.

VARIANTE

Vous pouvez remplacer les calamars par des supions ou des lamelles de seiche que vous prendrez soin de quadriller avec un couteau pour qu'elles ne se recroquevillent pas trop. La cuisson est la même que pour les anneaux de calamars.

Salade de crevettes, cœurs de palmier, avocat et groseilles

4 personnes **I** Préparation : 15 min **I** Cuisson : 5 min

400 g de crevettes cuites • 1 boîte de cœurs de palmier • 1 avocat • 1 citron • 100 g de groseilles • 1 cuil. à soupe d'huile d'olive • 1 cuil. à café de sauce soja • Aneth • Poivre du moulin

1. Décortiquez les crevettes. Égouttez la boîte de cœurs de palmier, rincez-les à l'eau claire et découpez-les en morceaux.

2. Récupérez la chair de l'avocat, découpez-la en dés et arrosez-la de jus de citron. Lavez les groseilles et détachez les graines.

3. Dans un saladier, mélangez les crevettes, les cœurs de palmier, les dés d'avocat et les groseilles.

4. Préparez la sauce en mélangeant l'huile d'olive, le reste de jus de citron, la sauce soja, du poivre et de l'aneth.

5. Arrosez la salade de sauce et dégustez.

INFO NUTRITION

On retrouve ici les crevettes, l'avocat et les groseilles qui vous apportent le plein d'énergie et d'antioxydants.

Salade niçoise

6 personnes **I** Préparation : 15 min **I** Cuisson : 10 min

4 œufs
500 g de fèves en cosse
6 artichauts poivrade
1 citron
1 kg de tomates
1 concombre Noa (ou concombre épineux)
1 petit poivron vert à salade (corne de bœuf)
10 radis roses
6 cébettes (oignons nouveaux)
1 gousse d'ail
100 g d'olives niçoises
non dénoyautées
12 filets d'anchois
6 branches de basilic
4 cuil. à soupe d'huile d'olive
Sel, poivre du moulin

1. Faites cuire les œufs pendant 10 min dans l'eau bouillante. Écalez-les. Écossez les fèves. Préparez les artichauts. Coupe-les en quatre et citronnez-les immédiatement pour éviter qu'ils noircissent.

2. Lavez et coupez les tomates en petits dés. Saupoudrez-les de sel pour qu'elles rendent du jus. Pelez le concombre 1 bande sur 2. Coupez-le en dés. Lavez le poivron et coupez-le en deux, ôtez les graines et hachez-le finement. Lavez et émincez finement les radis roses. Hachez finement les cébettes. Coupez les œufs durs en quatre.

3. Frottez le saladier avec la gousse d'ail afin qu'il parfume légèrement la salade. Déposez les tomates bien égouttées au fond du saladier, réservez leur jus. Recouvrez de tous les autres ingrédients et d'olives en terminant par les œufs durs et les filets d'anchois. Mélangez l'huile d'olive et le jus rendu par les tomates, ajoutez le basilic haché et poivrez. Assaisonnez la salade niçoise de cette « vinaigrette » à la dernière minute et mélangez à table.

À SAVOIR

S'il vous reste de la salade, n'hésitez pas à l'utiliser pour en garnir un sandwich ! C'est certainement ainsi qu'est né le pan bagnat.

Salade de blanc de poulet,
haricots verts et mâche

4 personnes | Préparation : 10 min | Cuisson : 25 min |
Matériel : Cuit-vapeur

2 blancs de poulet fermier
2 belles poignées de haricots verts
1 pincée de gros sel
1 branche de romarin
1 cuil. à café de pâte de miso
1 cuil. à soupe d'eau
2 cuil. à soupe de vinaigre de riz
1 filet de miel
3 cuil. à soupe d'huile de colza
100 g de mâche
2 cuil. à soupe de noix de cajou grossièrement concassées

1. Remplissez la partie basse du cuit-vapeur avec un peu d'eau, puis ajoutez le gros sel et le romarin.

2. Enlevez le gras du poulet et placez-le dans le cuit-vapeur. Faites cuire 12 à 15 min. Le poulet doit être bien cuit. Réservez.

3. Faites cuire les haricots verts 10 min environ. Ils doivent rester un peu fermes.

4. Mettez la pâte de miso dans un bol et détendez-la avec l'eau à l'aide d'une fourchette. Ajoutez le vinaigre de riz, le miel et l'huile de colza. Émulsionnez bien.

5. Coupez les filets de poulet en morceaux. Déposez dans deux assiettes les haricots verts, la mâche préalablement lavée et le poulet. Mélangez si vous le souhaitez.

6. Ajoutez la vinaigrette de miso et parsemez de noix de cajou. Dégustez tiède.

VARIANTES

Faites griller le poulet cuit dans un peu d'huile de sésame. Ajoutez 1 cuil. à soupe de gingembre râpé dans la vinaigrette au miso.

Salade de poulpe
aux herbes

6 personnes | Préparation : 1 h | Cuisson : 45 min | Repos : 2 h

1 poulpe de 1 kg
2 cuil. à soupe de vinaigre d'alcool
1 échalote
½ botte de ciboulette
½ botte de persil plat
10 cl de vin blanc sec
2 cuil. à soupe de vinaigre de vin
10 cl d'huile d'olive
Sel, poivre du moulin

1. Nettoyez le poulpe à grande eau. Séparez ensuite la tête des tentacules. Videz les organes présents dans la tête, retirez les yeux, puis retournez-la comme une chaussette pour ôter la partie dure et nettoyer correctement l'intérieur. Remettez-la à l'endroit et retirez la fine peau colorée délicatement. Les morceaux obtenus doivent être bien blancs. Le fait « d'éplucher » le poulpe empêche qu'il ne devienne trop dur ou caoutchouteux à la cuisson.

2. Nettoyez à grande eau et soigneusement les tentacules pour qu'il ne reste rien dans les ventouses. Ôtez également la peau colorée du début des tentacules. Au bout, la peau est plus fine et risque moins de devenir caoutchouteuse. Dans un grand faitout rempli d'eau froide, versez le vinaigre d'alcool, puis le poulpe. L'eau doit bien recouvrir la bête. Faites cuire entre 30 et 45 min. Vérifiez la cuisson en plantant un couteau pointu dans la chair, elle doit être assez fondante mais pas trop. Une fois la cuisson optimale obtenue, égouttez le poulpe, laissez-le refroidir et détaillez-le en morceaux de la taille souhaitée.

3. Épluchez et ciselez finement l'échalote. Lavez et ciselez finement les herbes. Dans un plat, versez le poulpe et mélangez avec les herbes, l'échalote, le vin, le vinaigre de vin et l'huile d'olive. Salez et poivrez. Recouvrez le plat d'un film alimentaire et laissez mariner 2 h au réfrigérateur avant de déguster bien frais.

Salade de papaye verte
et tomates cerise

6 personnes | Préparation : 30 min | Cuisson : 20 min |
Matériel : Presse-agrumes, mortier et pilon ou petit mixeur

1 petite papaye verte
2 carottes
1 poignée de tomates cerise
100 g de petites crevettes grises
1 botte de coriandre

Pour la pâte de piment
2 gousses d'ail
1 petit piment rouge
1 citron vert
3 cuil. à soupe de cacahuètes grillées nature
1 cuil. à soupe de cassonade
3 cuil. à soupe de sauce nuoc-mâm (sauce poisson)
Sel, poivre du moulin

1. Préparez la pâte de piment : épluchez l'ail et retirez le pédoncule du piment. Pressez le citron. À l'aide du mortier et du pilon ou du mixeur, réduisez en purée les cacahuètes avec le sucre, le piment et l'ail, puis ajoutez le jus de citron, la sauce nuoc-mâm, du sel et du poivre. La sauce doit être piquante et puissante en goût.

2. Épluchez la papaye et coupez-la en quatre afin de retirer les graines et les membranes blanches. Râpez ensuite la chair. Pelez et râpez les carottes. Lavez les tomates cerise avant de les couper en quatre. Décortiquez les crevettes grises en retirant la queue, la tête et les pattes. Effeuillez la coriandre.

3. Dans un plat creux, mélangez la papaye avec les carottes, la pâte de piment et la coriandre. Décorez avec les tomates cerise et les crevettes grises. Servez aussitôt.

À SAVOIR

En Thaïlande, on n'utilise pas de petites crevettes grises, mais plutôt des crevettes séchées ou de la pâte de crevettes, ce qui confère à la recette un goût plus fort, pas forcément très agréable. À vous d'essayer et de choisir votre version préférée.

Salade de saumon grillé

6 personnes | Préparation : 15 min | Cuisson : 45 min |
Matériel : Pilon et mortier ou petit mixeur, presse-agrumes

300 g de filets de saumon sans arêtes et sans peau
1 botte de menthe
1 botte de coriandre
2 petits concombres
1 échalote
2 oignons nouveaux
3 gousses d'ail
4 cuil. à soupe d'huile végétale

Pour la sauce
2 échalotes
2 cuil. à soupe d'huile végétale
2 piments rouges
½ cuil. à café de sel
3 cuil. à café de sucre en poudre
2 citrons verts
Sel, poivre du moulin

1. Préchauffez le four à 190 °C (th. 6-7). Préparez la sauce : épluchez les échalotes et mettez-les dans un plat allant au four avec du sel, du poivre et l'huile. Enfournez et laissez cuire 30 min. La pointe d'un couteau enfoncée à cœur des échalotes ne doit rencontrer aucune résistance. Sortez celles-ci du four et laissez-les refroidir. Retirez le pédoncule des piments, coupez-les en deux dans le sens de la longueur et épépinez-les. En vous aidant du pilon et du mortier ou du mixeur, réduisez en purée les piments avec les échalotes, le sel, le sucre et du poivre. Pressez les citrons et ajoutez le jus à la sauce.

2. Effeuillez les herbes. Épluchez les concombres et coupez-les en quatre dans le sens de la longueur afin de retirer les graines. Détaillez ensuite la chair en bâtonnets de 4 ou 5 cm de longueur. Pelez, puis émincez finement l'échalote et les oignons nouveaux. Épluchez l'ail et coupez-le en fines lamelles. Faites chauffer l'huile dans une poêle, puis faites-y dorer les pétales d'ail. Disposez-les ensuite sur du papier absorbant. Dans la même poêle, faites griller le saumon 2 ou 3 min de chaque côté de façon à garder le cœur rosé. Ôtez-le de la poêle, puis coupez-le en médaillons épais.

3. Dans un saladier, mélangez les trois quarts de la sauce avec les herbes, l'échalote, les oignons et les concombres. Ajoutez le saumon et le reste de sauce, puis décorez avec les pétales d'ail.

CONSEIL

Pour renforcer le côté marin de cette salade, ajoutez 1 cuil. à soupe d'œufs de saumon.

Salade de poulet
aux pêches grillées et à la feta

4 personnes | Préparation : 15 min | Cuisson : 20 min |
Matériel : Gril en fonte (facultatif), pinceau de cuisine

2 barquettes d'aiguillettes de poulet (environ 300 g)
Un peu d'huile d'olive
4 pêches pas trop mûres
1 sachet de salade (roquette, mesclun, jeunes pousses, etc.)
100 g de feta
Sel, poivre du moulin

Pour la sauce
3 cuil. à soupe d'huile d'olive
3 cuil. à soupe de vinaigre de cidre (ou aromatisé aux fruits)
1 cuil. à café de miel liquide
1 piment rouge épépiné et haché

1. Versez quelques gouttes d'huile sur les aiguillettes de poulet, salez, poivrez et mélangez. Faites-les cuire sur le gril en fonte, afin d'obtenir de jolies rayures, ou à la poêle. Réservez.

2. Lavez et découpez les pêches en quartiers, puis huilez-les à l'aide d'un pinceau. Sur le gril, ou dans la poêle, faites-les cuire 1 ou 2 min sur chaque face. Réservez avec les aiguillettes de poulet.

3. Préparez la sauce en mélangeant l'huile avec le vinaigre, le miel et le piment haché.

4. Dressez la salade dans le plat de service, disposez les aiguillettes de poulet et les pêches tièdes par-dessus, émiettez la feta sur l'ensemble et arrosez de sauce. Laissez mariner quelques instants avant de déguster.

Salade horiatiki

4 personnes | Préparation : 15 min

5 tomates bien mûres • ½ concombre • ½ poivron vert épépiné • 1 oignon rouge • 200 g de feta • 12 olives kalamata • 1 cuil. à soupe de vinaigre de vin rouge • 1 à 2 cuil. à café d'origan • 4 cuil. à soupe d'huile d'olive vierge extra • Fleur de sel • 12 tranches de baguette (pour servir)

1. Lavez et coupez les tomates en quartiers. Pelez et coupez le concombre en rondelles. Lavez et taillez le poivron en lanières. Épluchez et émincez l'oignon rouge. Coupez la feta en dés.

2. Dans un petit bol, émulsionnez le vinaigre et l'huile d'olive.

3. Dans un saladier, mélangez tous les ingrédients, ajoutez les olives et assaisonnez avec la vinaigrette. Saupoudrez d'origan et salez très légèrement.

4. Faites griller les tranches de baguette.

5. Dégustez la salade bien fraîche, accompagnée de baguette croustillante.

Salade de courgettes vapeur, feta et coriandre, sauce tahiné

4 personnes | Préparation : 10 min | Cuisson : 8 à 10 min | Matériel : presse-ail

4 courgettes jaunes ou vertes • 8 petits oignons de printemps • 1 grosse poignée de coriandre fraîche • 150 g de feta • Un peu de gomasio **Pour la sauce :** 4 cuil. à soupe de tahiné • 4 cuil. à soupe de jus de citron • 4 cuil. à soupe d'eau • 1 gousse d'ail • Sel, poivre du moulin

1. Lavez et coupez les courgettes en tranches d'environ 5 mm d'épaisseur. Pelez les oignons et coupez-les en deux. Faites cuire tous les légumes à la vapeur pendant 8 à 10 min : les courgettes doivent être juste croquantes. Ciselez la coriandre. Découpez la feta en petits cubes.

2. Préparez la sauce : dans un bol, mélangez le tahin et le jus de citron. La préparation doit épaissir (ajoutez progressivement l'eau en mélangeant délicatement jusqu'à obtenir la consistance souhaitée). Pressez la gousse d'ail à l'aide du presse-ail et incorporez-la à la sauce. Salez et poivrez.

3. Déposez les légumes tièdes sur un plat et arrosez-les d'un peu de sauce. Disposez les cubes de feta et la coriandre ciselée dans le plat, puis arrosez de nouveau de sauce. Terminez en parsemant le tout de gomasio.

Salade de roquette, figues, mozzarella et jambon cru

4 personnes **I** Préparation : 15 min

150 g de roquette • 3 cuil. à soupe de pignons de pin • 12 figues fraîches • 4 tranches de jambon de Parme • 1 boule de mozzarella di buffala • 2 cuil. à soupe de vinaigre balsamique • 1 grosse cuil. à soupe de miel • 5 cuil. à soupe d'huile d'olive • Sel, poivre du moulin

1. Lavez et essorez la roquette. Dans une poêle, faites dorer à sec les pignons. Réservez sur une assiette. Lavez et coupez les figues en quatre, sans aller jusqu'au bout pour former des « fleurs ».

2. Dans chaque assiette, déposez un lit de roquette et répartissez les « fleurs » de figues. Déposez du jambon cru au creux de chaque figue. Déchirez la mozzarella en morceaux et parsemez-en les assiettes.

3. Préparez la vinaigrette : mélangez le vinaigre et le miel. Salez et poivrez, puis ajoutez l'huile d'olive. Versez un peu de vinaigrette sur chaque assiette. Terminez en les parsemant de pignons grillés et servez.

Salade de tagliatelles de courgette et halloumi

4 personnes **I** Préparation : 20 min **I** Cuisson : 5 min **I** Matériel : Mandoline ou économe, gril en fonte ou plancha

8 petites courgettes • Huile d'olive • Un peu de zaatar • 250 g de halloumi traditionnel • 2 belles poignées de tomates cerise • 1 filet de jus de citron • Poivre du moulin

1. Lavez les courgettes. Détaillez-les en rubans réguliers d'environ 3 mm de large avec la mandoline. Badigeonnez-les d'huile d'olive.

2. Faites chauffer le gril en fonte et faites griller les tagliatelles de courgettes en retournant régulièrement jusqu'à ce qu'elles soient grillées et souples. Saupoudrez-les de zaatar et placez-les de nouveau sur le gril. Réservez.

3. Coupez le halloumi en petites tranches et faites-les griller sur les deux faces dans une poêle antiadhésive, sans matière grasse : le fromage attachera moins que sur le gril.

4. Dressez les tagliatelles de courgettes grillées dans un grand plat ou directement dans les assiettes. Ajoutez les tomates cerise lavées et coupées en deux, puis les tranches de fromage grillé. Parsemez de zaatar, arrosez de jus de citron et d'huile d'olive, poivrez et servez.

Salade de concombre et de carottes croquants aux parfums thaïs

4 personnes | Préparation : 10 min | Matériel : Mandoline

1 concombre • 3 carottes • 40 g de cacahuètes grillées salées Pour la sauce : 3 cuil. à soupe de nuoc-mâm (sauce de poisson) • 2 cuil. à soupe de sauce sweet chili • 2 cuil. à soupe de jus de citron vert • Quelques gouttes d'huile de sésame • 6 feuilles de menthe ou de la coriandre

1. Lavez et épluchez le concombre et les carottes. Découpez-les en tranches fines de 2 ou 3 mm à la mandoline, puis détaillez-les en julienne au couteau.

2. Mélangez dans un bol les deux sauces, le jus de citron vert, l'huile de sésame et la menthe ou la coriandre ciselées. Concassez grossièrement les cacahuètes avec un couteau.

3. Dans un plat, mélangez les légumes et la sauce. Parsemez de cacahuètes concassées et servez sans attendre.

CONSEILS

La découpe en julienne est importante pour cette salade. Si vous râpiez les légumes, ils rendraient trop d'eau.
La sauce sweet chili est une sauce pimentée et sucrée typiquement thaïe.

Salade d'endives au saumon fumé et aux pommes, vinaigrette aigre-douce

4 personnes | Préparation : 10 min

4 endives • 2 pommes Granny ou acidulées • 150 g de saumon fumé **Pour la vinaigrette :** 4 cuil. à soupe de Savora® (condiment doux aux épices) • 2 cuil. à soupe de sucre en poudre • 2 cuil. à soupe de vinaigre de cidre • 20 cl d'huile de tournesol ou de colza bio • ½ bouquet d'aneth ciselé • Poivre du moulin

1. Pour la vinaigrette aigre-douce, mélangez la Savora, le sucre en poudre, le vinaigre de cidre, l'huile, et un peu de poivre. Ajoutez l'aneth ciselé et mélangez bien.

2. Lavez les endives et enlevez les premières feuilles, puis coupez-les en rondelles. Lavez soigneusement les pommes, puis détaillez-les en bâtonnets d'environ 4 à 5 mm. Placez les endives et les pommes dans un bol. Arrosez-les de vinaigrette et mélangez bien.

3. Coupez le saumon fumé en lanières et ajoutez-les à la salade. Dégustez immédiatement.

Salade caprese

4 personnes I Préparation : 10 min I Repos : 10 min

6 belles tomates bien mûres ou 4 cœurs-de-bœuf • 2 boules de mozzarella di buffala • 10 cl d'huile d'olive • 3 cuil. à soupe de crème de vinaigre balsamique • ½ bouquet de basilic frais • Sel, poivre du moulin

1. Lavez et coupez les tomates en tranches régulières. Disposez-les en rosace sur les assiettes de service. Coupez les boules de mozzarella en tranches et intercalez-les entre les tranches de tomates.

2. Salez et poivrez, puis arrosez d'huile d'olive. Versez la crème de vinaigre balsamique en filet sur toute la salade. Laissez reposer 10 min le temps que les tomates marinent un peu et rendent du jus. Parsemez la surface de feuilles de basilic et dégustez.

VARIANTES

Remplacez le basilic frais par du pesto ou encore par de la tapenade.

Salade de courgettes aux gnocchis

4 personnes I Préparation : 15 min I Cuisson : 15 min I Matériel : Wok, écumoire

1 oignon ou quelques oignons de printemps • 4 belles courgettes (vertes ou jaunes) • 1 barquette de 380 g de gnocchis frais • 3 cuil. à soupe d'huile d'olive + un peu pour la cuisson • 2 cuil. à soupe de vinaigre balsamique • 1 bouquet de coriandre • Sel, poivre du moulin

1. Mettez à chauffer un grand volume d'eau salée.

2. Épluchez et émincez l'oignon. Lavez et coupez les courgettes en dés, puis faites sauter le tout avec un peu d'huile d'olive dans un wok, à feu assez vif, jusqu'à ce que les légumes soient juste tendres. Salez et poivrez.

3. Quand les courgettes sont tendres, versez les gnocchis dans l'eau bouillante et sortez-les avec une écumoire dès qu'ils remontent à la surface, soit environ au bout de 1 min. Déposez-les dans le wok avec les courgettes au fur et à mesure, puis mélangez.

4. Coupez le feu sous le wok et arrosez d'huile d'olive et de vinaigre balsamique. Salez et poivrez.

5. Versez la salade dans un plat et parsemez-la de coriandre ciselée au dernier moment. Servez tiède (c'est vraiment meilleur) ou froid.

Salade mexicaine
toute légère aux crevettes

4 personnes | Préparation : 15 min | Cuisson : 4 min |
Matériel : Blender ou mixeur

1 bocal de poivrons grillés
3 cuil. à soupe d'huile d'olive
3 cuil. à soupe d'eau
2 cuil. à soupe de jus de citron vert
½ bouquet de coriandre fraîche
1 bocal de cœurs de palmier
2 avocats
1 boîte de 280 g de maïs en grains
2 gousses d'ail
1 piment rouge
1 cuil. à soupe d'origan séché
300 g de crevettes fraîches crues
et décortiquées (ou déjà cuites, en barquette)
½ cuil. à café de paprika
Sel, poivre du moulin

1. Préparez la sauce : détaillez grossièrement 1 poivron grillé et mettez-le dans le blender. Ajoutez 2 cuil. à soupe d'huile d'olive, l'eau, le jus de citron vert, du sel, du poivre et la moitié de la coriandre fraîche. Mixez le tout finement pour obtenir une sauce fluide. Réservez.

2. Coupez le reste des poivrons en dés et les cœurs de palmier en rondelles. Pelez et découpez les avocats en dés. Rincez et égouttez le maïs. Mélangez tous les légumes dans un plat.

3. Épluchez et émincez l'ail et le piment. Dans une poêle, faire chauffer 1 cuil. à soupe d'huile et faites-y revenir l'ail, le piment, l'origan séché et les crevettes pendant quelques minutes si elles sont crues, ou quelques secondes si elles sont déjà cuites. Saupoudrez de paprika.

4. Dans un plat, versez un fond de sauce au poivron, puis ajoutez les légumes et les crevettes. Arrosez encore d'un peu de sauce ou servez le reste à part. Parsemez des feuilles de coriandre restantes.

Salade thaïe
à la mangue et aux crevettes

4 personnes | Préparation : 30 min | Cuisson : 5 min |
Matériel : Presse-agrumes, presse-ail, rasoir à julienne

- 1 piment rouge thaï (long et fin)
- 3 échalotes
- 3 oignons verts (ou ciboule)
- 1 citron vert
- 1 cuil. à soupe de sucre en poudre
- 3 cuil. à soupe de nuoc-mâm (sauce de poisson)
- 1 gousse d'ail épluchée
- 250 g de crevettes cuites décortiquées
- 1 mangue pas trop mûre
- 2 carottes
- ½ concombre
- 1 poivron rouge
- 5 brins de coriandre
- 10 feuilles de menthe fraîche
- 1 salade romaine

1. Détaillez le piment rouge en tout petits dés. Épluchez et émincez finement les échalotes et les oignons verts. Pressez le citron vert et versez le jus dans un saladier. Ajoutez le sucre, le piment rouge et le nuoc-mâm, puis mélangez pour dissoudre le sucre. Ajoutez l'ail pressé, les échalotes ainsi que les oignons verts et les crevettes. Mélangez.

2. Pendant ce temps, épluchez et coupez la mangue ainsi que les carottes en longs filaments à l'aide d'un rasoir à julienne. Découpez le concombre et le poivron en fines lamelles. Réservez 2 brins de coriandre. Ciselez grossièrement la menthe et le reste de la coriandre. Ajoutez le tout dans le saladier. Réservez au frais pour laisser mariner.

3. Avant de servir, découpez la salade en chiffonnade et disposez-la dans les assiettes de service. Répartissez la préparation précédente par-dessus et parsemez d'un peu de coriandre fraîche.

VARIANTE

Remplacez les crevettes par du blanc de poulet rôti.

Salade thaïe de bœuf grillé pimentée

4 personnes I Préparation : 20 min I Cuisson : 8 min I Repos : 5 min I Matériel : Râpe à légumes à grosse grille, gril en fonte, râpe fine, presse-ail

1 batavia
1 botte de ciboule thaïe (ou de cébettes)
3 échalotes
2 carottes
1 bouquet de menthe fraîche
1 bouquet de coriandre fraîche
2 bâtons de citronnelle fraîche
2 beaux pavés de rumsteck ou de filet de bœuf
1 poignée de cacahuètes grillées

Pour la sauce
3 cm de gingembre frais
1 piment rouge
1 cuil. à soupe d'huile de sésame
Le jus de 1 citron vert
1 gousse d'ail
3 cuil. à soupe de nuoc-mâm (sauce de poisson)
2 cuil. à café de sucre en poudre
1 cuil. à soupe d'huile de tournesol

1. Lavez et émincez grossièrement la batavia. Ciselez la ciboule, épluchez et émincez les échalotes. Épluchez les carottes et râpez-les avec la grosse grille. Ciselez les herbes fraîches. Enlevez la première feuille des bâtons de citronnelle ainsi qu'une bonne partie de la tige et émincez finement la partie la plus tendre, vers la base. Mélangez tous ces ingrédients.

2. Sur un gril bien chaud, saisissez les pavés de bœuf à feu vif pendant 2 ou 3 min sur chaque face. La viande doit être à peine cuite, seul l'extérieur doit être marqué par la cuisson. Émincez la viande en petites tranches fines sur une planche.

3. Préparez la sauce : râpez le gingembre et émincez le piment. Mélangez l'huile de sésame, le jus de citron vert, le piment émincé, le gingembre râpé et la gousse d'ail pressée. Ajoutez le nuoc-mâm, le sucre en poudre et l'huile de tournesol. Mélangez le tout.

4. Dans de grands bols ou des assiettes creuses, disposez les légumes, les tranches de viande et arrosez de sauce. Laissez reposer 5 min avant de servir, puis saupoudrez de cacahuètes grossièrement concassées.

Salade aux croûtons de chèvre chaud

4 personnes | Préparation : 15 min | Cuisson : 10 min |
Matériel : Presse-ail (facultatif), plaque à four, papier sulfurisé, papier absorbant

1 belle salade frisée
1 échalote
4 crottins de Chavignol ou 1 bûchette de chèvre
8 petites tranches de baguette
50 g de lardons fumés
1 cuil. à café d'herbes de Provence

Pour la vinaigrette
1 gousse d'ail
2 cuil. à soupe de vinaigre de vin
1 cuil. à soupe de moutarde à l'ancienne
4 cuil. à soupe d'huile de tournesol
Sel, poivre du moulin

1. Lavez et essorez la salade frisée. Épluchez et émincez finement l'échalote. Épluchez l'ail.

2. Préparez la vinaigrette en mélangeant le vinaigre et la moutarde. Ajoutez l'huile, la gousse d'ail pressée ou hachée très finement, du sel et du poivre. Mélangez le tout.

3. Découpez chaque crottin en deux dans l'épaisseur, ou détaillez la bûchette en 8 lamelles. Déposez 1 morceau de fromage sur chaque tranche de pain et parsemez d'herbes de Provence. Disposez les tranches sur la plaque à four recouverte de papier sulfurisé et passez-les sous le gril du four pendant 5 min, pour que le pain grille et que le fromage commence à fondre.

4. Pendant ce temps, faites rissoler les lardons dans une poêle sans matière grasse et déposez-les sur une feuille de papier absorbant pour enlever l'excès de gras.

5. Assaisonnez la salade avec la vinaigrette et ajoutez les lardons grillés. Déposez les croûtons sortant du four sur la salade et servez immédiatement.

Salade d'automne
aux légumes rôtis et aux crozets

4 personnes | Préparation : 20 min | Cuisson : 45 min |
Matériel : Plaque à four, papier sulfurisé

2 petits potimarrons de la taille d'un pamplemousse (ou 1 gros)
2 patates douces
2 oignons rouges
Huile d'olive
1 cuil. à soupe d'origan séché
300 g de crozets de Savoie
Sel, poivre du moulin

1. Préchauffez le four à 180 °C (th. 6). Découpez les potimarrons, épépinez-les et détaillez la chair en tranches. Épluchez les patates douces, détaillez-les en morceaux de la même taille que les tranches de potimarron. Épluchez les oignons et coupez-les en quartiers.

2. Sur la plaque à four recouverte de papier sulfurisé, disposez les légumes, arrosez-les d'un beau filet d'huile d'olive, salez et poivrez. Saupoudrez d'origan et mélangez le tout avec les mains pour bien enduire les légumes d'huile.

3. Enfournez pour 45 min de cuisson, remuez les légumes plusieurs fois pendant la cuisson. À la fin, ils doivent être tendres et légèrement grillés.

4. Pendant ce temps, faites cuire les crozets comme indiqué sur le paquet, puis égouttez-les.

5. Dans un plat, mélangez les pâtes et les légumes cuits. Rectifiez l'assaisonnement en huile, sel et poivre, puis dégustez tiède.

VARIANTE
Les patates douces peuvent être remplacées par d'autres légumes racines : carottes, panais...

Salade de pâtes à l'italienne

4 personnes | Préparation : 15 min | Cuisson : 10 min | Matériel : Mixeur

300 g de pâtes de petit format (farfalle, penne...)
250 g de tomates cerise
100 g de tomates confites à l'huile
100 g d'artichauts confits à l'huile
3 cuil. à soupe de câpres
4 poignées de roquette
125 g de billes de mozzarella
2 cuil. à soupe de vinaigre balsamique
3 cuil. à soupe de pignons de pin
3 tranches fines de jambon cru de Parme
50 g de copeaux de parmesan

Pour la sauce

½ bouquet de basilic
1 gousse d'ail
5 cl d'huile d'olive (récupérée dans les bocaux de légumes)
Sel, poivre du moulin

1. Mettez à chauffer un grand volume d'eau salée dans une grande casserole.

2. Préparez la sauce : lavez et effeuillez le basilic. Épluchez l'ail. Mixez le basilic avec l'ail, l'huile d'olive, du sel et du poivre jusqu'à obtenir la consistance d'un pesto assez fluide. Réservez.

3. Faites cuire les pâtes *al dente* dans l'eau bouillante salée. Lavez et coupez les tomates cerise en deux. Coupez aussi en deux les tomates confites et les artichauts. Égouttez les pâtes, rafraîchissez-les sous l'eau froide.

4. Dans un saladier, mélangez les légumes avec les câpres et la roquette. Ajoutez les pâtes et les billes de mozzarella. Versez la sauce au basilic et le vinaigre balsamique par-dessus, puis mélangez-bien.

5. Faites torréfier les pignons de pin dans une poêle à sec jusqu'à ce qu'ils soient dorés. Ajoutez-les ainsi que le jambon effiloché et les copeaux de parmesan dans le saladier, puis servez.

Salade de nouilles soba
à la japonaise

4 personnes | Préparation : 15 min | Cuisson : 4 min |
Matériel : Mandoline, râpe fine

1 poignée de pois gourmands
250 g de nouilles soba au sarrasin
1 botte d'oignons verts (ou ciboule)
1 poignée de radis roses
1 avocat
2 cuil. à soupe de graines de sésame doré

Pour la sauce
1 cm de gingembre frais
½ cuil. à café de wasabi en pâte
2 cuil. à soupe d'huile de sésame
1 cuil. à soupe d'huile de tournesol
3 cuil. à soupe de vinaigre de riz

1. Portez à ébullition un grand volume d'eau dans une casserole. Lavez et équeutez les pois gourmands, puis détaillez-les en petits losanges.

2. Plongez les nouilles soba dans l'eau bouillante pendant 4 min. 1 min avant la fin de la cuisson, ajoutez les pois gourmands. Égouttez le tout et passez-les sous l'eau bien froide : ainsi, les pâtes ne colleront pas entre elles. Ciselez finement les oignons verts. Réservez-les. Lavez et détaillez les radis en fines lamelles à la mandoline. Épluchez l'avocat et détaillez sa chair en morceaux. Mettez le tout dans un saladier. Ajoutez les pâtes et les pois gourmands.

3. Préparez la sauce : épluchez et râpez finement le gingembre. Dans un bol, diluez le wasabi dans les huiles et le vinaigre, puis ajoutez le gingembre râpé.

4. Arrosez la salade de vinaigrette. Parsemez-la d'oignons émincés, de pétales de radis et de graines de sésame. Servez bien frais en accompagnement de sushis ou sashimis, par exemple.

CONSEIL
Les nouilles soba, sortes de spaghettis à base de farine de sarrasin (parfois mélangée avec de la farine de blé), se trouvent dans les épiceries asiatiques ou dans certains magasins bio. Elles sont souvent servies en soupe ou glacées sur un lit de glaçons.

Salade de pâtes
aux légumes d'été rôtis

4 personnes | Préparation : 20 min | Cuisson : 45 min |
Matériel : Plaque à four, papier sulfurisé

1 poignée de tomates cerise
2 courgettes
1 belle aubergine
Quelques oignons de printemps ou 1 oignon jaune
1 poivron rouge
2 gousses d'ail en chemise
Quelques herbes fraîches (origan, thym, romarin)
Huile d'olive
250 g de farfalle semi-complètes
3 cuil. à soupe de pesto de basilic
5 cl de vinaigre balsamique
Sel, poivre du moulin

1. Préchauffez le four à 180 °C (th. 6). Réservez les tomates. Lavez et coupez les légumes en dés de taille moyenne. Étalez-les sur la plaque à four recouverte de papier sulfurisé. Ajoutez les gousses d'ail en chemise, les herbes, du sel et du poivre à votre goût, puis arrosez le tout d'huile d'olive. Mélangez bien avec les mains pour enrober les légumes d'huile.

2. Mettez à chauffer un grand volume d'eau salée dans une casserole. Enfournez les légumes pour 45 min de cuisson, remuez-les plusieurs fois pendant la cuisson. Lavez les tomates et coupez-les en deux. Ajoutez-les au bout de 30 min de cuisson : ainsi, elles cuiront sans rendre trop de jus.

3. Pendant ce temps, faites cuire les pâtes dans l'eau bouillante, comme indiqué sur l'emballage. Égouttez-les et rafraîchissez-les en les passant sous un filet d'eau froide. Mettez-les dans un saladier avec le pesto et mélangez pour que les pâtes ne collent pas entre elles.

4. Quand les légumes sont cuits, ajoutez-les aux pâtes. Arrosez de vinaigre balsamique et rectifiez l'assaisonnement en sel, poivre et huile d'olive si nécessaire. Servez.

Salade de riz et de haricots rouges à la mexicaine

4 personnes | Préparation : 30 min | Cuisson : 15 min

150 g de riz long grain • 280 g de maïs en grains • 250 g de haricots rouges • 250 g de tomates cerise • 1 poivron rouge • 1 poivron vert • 1 oignon rouge • 2 avocats • ½ bouquet de coriandre fraîche **Pour la sauce :** 10 cl d'huile d'olive • Le jus de 1 citron vert • 1 cuil. à café de cumin en poudre • 1 cuil. à soupe de paprika • Quelques gouttes de Tabasco® • Sel, poivre du moulin

1. Faites cuire le riz pendant 15 min dans une grande quantité d'eau bouillante salée. Égouttez-le et rafraîchissez-le en le passant sous un filet d'eau froide.

2. Dans un saladier, mélangez le maïs et les haricots rouges préalablement rincés et égouttés. Coupez les tomates cerise en deux, lavez et émincez finement les poivrons. Épluchez et émincez finement l'oignon rouge. Épluchez les avocats et coupez leur chair en lamelles. Mélangez tous ces ingrédients dans le saladier, puis ajoutez le riz

3. Préparez la sauce en mélangeant tous les ingrédients. Versez-la sur la salade et mélangez délicatement. Effeuillez la coriandre et parsemez-en la salade juste avant de servir.

Salade de lentilles corail, poulet, raisin frais et curry

4 personnes | Préparation : 10 min | Cuisson : 25 min

200 g de lentilles corail • 2 blancs de poulet • 2 cuil. à soupe d'huile d'olive + 1 filet pour la viande • 1 cuil. à café de curry • 100 g de raisin blanc • 1 cuil. à café de miel • 1 cuil. à soupe de vinaigre balsamique blanc • Quelques brins de coriandre fraîche • 1 cuil. à soupe de graines de sésame

1. Rincez les lentilles et faites-les cuire pendant 8 à 10 min dans de l'eau bouillante. Égouttez et réservez.

2. Enduisez les blancs de poulet d'huile et de curry. Faites-les cuire dans une poêle environ 15 min en les retournant régulièrement. Laissez-les tiédir et coupez-les en lamelles.

3. Lavez et coupez les grains de raisin en deux. Préparez la vinaigrette en mélangeant l'huile, le miel, le vinaigre balsamique blanc et le curry restant.

4. Versez les lentilles tièdes dans un plat et arrosez de vinaigrette. Mélangez, puis ajoutez les lamelles de poulet et les raisins. Parsemez de coriandre fraîche et de graines de sésame juste avant de servir.

CONSEIL

Les lentilles corail cuisent très vite et se défont rapidement : il faut bien surveiller la cuisson pour qu'elles ne finissent pas en purée.

Salade de lentilles au tofu fumé, façon saucisses-lentilles

4 personnes | Préparation : 25 min | Cuisson : 30 min | Matériel : Panier vapeur

2 carottes • 200 g de de lentilles vertes du Puy ou Beluga • 1 oignon • 200 g de tofu fumé • 1 cuil. à soupe d'huile d'olive • 10 cl d'huile de colza bio • 1 belle cuil. à soupe de moutarde de Dijon • 2 cuil. à soupe de vinaigre de vin rouge • 1 cuil. à soupe de pimenton ou de paprika • ½ bouquet de persil plat • Sel, poivre du moulin

1. Lavez et épluchez les carottes. Coupez-les en rondelles. Versez les lentilles dans une casserole remplie d'une grande quantité d'eau froide non salée. Mettez à cuire pour environ 25 min. Faites cuire les rondelles de carotte dans un panier vapeur posé sur la même casserole. Cuites, les lentilles doivent être tendres, mais encore bien se tenir. Égouttez-les et versez-les dans un saladier. Réservez les rondelles de carotte.

2. Épluchez et émincez très finement l'oignon. Réservez. Coupez le tofu en dés, puis salez-le et poivrez-le généreusement. Dans une petite poêle, faites dorer les cubes de tofu avec 1 cuil. à soupe d'huile d'olive.

3. Dans le saladier, mélangez les lentilles, les rondelles de carotte et l'oignon émincé. Ajoutez les dés de tofu sautés.

4. Préparez une vinaigrette avec l'huile de colza, la moutarde, le vinaigre, le pimenton, du sel et du poivre. Versez le tout sur la salade encore tiède. Mélangez bien, puis laissez tiédir. Parsemez de persil ciselé juste avant de servir.

Salade de pois chiches, oignons rouges et poitrine fumée

4 personnes | Préparation : 10 min | Trempage : 12 h | Cuisson : 50 min

200 g de pois chiches secs • 2 oignons rouges • 1 cuil. à café de paprika • 1 cuil. à café de cumin en grains (ou en poudre) • 3 cuil. à soupe d'huile d'olive • 4 tranches fines de poitrine fumée • ½ botte de ciboulette • 1 cuil. à soupe de vinaigre de vin • Sel, poivre du moulin

1. La veille, mettez les pois chiches à tremper pour 12 h pour les réhydrater. Le jour même, faites-les cuire dans de l'eau bouillante non salée pendant 40 min pour qu'ils soient tendres. Égouttez-les et versez-les dans un saladier.

2. Épluchez les oignons rouges et détaillez-les en lamelles. Faites-les rissoler à la poêle, avec 1 cuillère à soupe d'huile, jusqu'à ce qu'ils soient tendres, voire un peu dorés. Salez et poivrez, puis saupoudrez de paprika et de cumin. Ajoutez-les aux pois chiches, dans le saladier.

3. Faites griller la poitrine fumée dans une poêle antiadhésive jusqu'à ce qu'elle soit bien dorée et croustillante. Détaillez-la en lanières et ajoutez-les dans le saladier. Ciselez la ciboulette et versez-la dans la salade. Assaisonnez le tout avec le reste d'huile, le vinaigre, du sel et du poivre. Dégustez à température ambiante.

VARIANTE

Vous pouvez utiliser des pois chiches en conserve (environ 400 g cuits), il est alors inutile de les faire tremper et de les faire cuire au préalable. Égouttez-les et rincez-les, puis reprenez à l'étape 2.

Salade de petit épeautre, légumes d'hiver et vinaigrette ail et miel

4 personnes | Préparation : 15 min | Trempage : 2 - 3 h | Cuisson : 30 - 40 min | Matériel : Grand sac de congélation, grand plat à four en métal

200 g de petit épeautre
½ courge butternut non traitée
2 poireaux pas trop gros
3 gousses d'ail
Huile d'olive
1 cube de bouillon de légumes
4 cuil. à soupe de graines (amandes concassées, graines de courge et pignons de pin)
Sel, poivre du moulin

Pour la sauce

3 cuil. à soupe de vinaigre balsamique blanc
6 cuil. à soupe d'huile d'olive
1 cuil. à soupe de miel liquide
Sel, poivre du moulin

1. Mettez le petit épeautre à tremper dans un saladier d'eau froide pendant 2 à 3 h. Si vous n'avez pas le temps pour cette étape, vous pouvez la remplacer par une durée de cuisson plus longue.

2. Préchauffez le four à 200 °C (th. 6-7). Lavez et découpez en tranches la courge butternut. Ôtez la peau avec un couteau et faites de gros morceaux. Enlevez les premières feuilles des poireaux et un bon tiers des feuilles vertes, coupez-les en deux dans la longueur. Rincez-les, puis découpez-les en tronçons.

3. Mettez les légumes dans un sac de congélation avec les gousses d'ail non pelées, 1 filet d'huile d'olive, du sel et du poivre. Secouez le tout pour bien enduire les légumes d'huile. Sortez les légumes du sac et déposez-les dans le plat en une seule couche et enfournez pour 30 à 35 min de cuisson. Remuez de temps en temps.

4. Pendant ce temps, mettez le petit épeautre égoutté à cuire dans un grand volume d'eau avec le cube de bouillon pendant 30 min (ou 40 min s'il n'a pas trempé au préalable). Dans une petite poêle, faites griller à sec les graines pendant quelques minutes. Réservez.

5. Une fois les légumes cuits, enlevez les gousses d'ail et épluchez-les. Écrasez leur chair dans un petit bol, ajoutez le vinaigre, l'huile, le miel, du sel et du poivre, puis mélangez bien. Dans un saladier, réunissez le petit épeautre égoutté, les légumes rôtis et la sauce. Parsemez de graines grillées et servez encore tiède ou froid.

Salade de boulgour,
melon, concombre et halloumi grillé

4 personnes | Préparation : 20 min | Trempage : 10 min | Cuisson : 5 min | Matériel : Mandoline

150 g de boulgour
1 poignée de graines de courge et de graines de tournesol
½ concombre
1 gros melon
10 radis roses
½ bouquet de menthe
250 g de halloumi ou 1,5 paquet de Grillis de Salakis®
Huile d'olive
1 filet de jus de citron
Sel, poivre du moulin

1. Faites bouillir un grand volume d'eau. Mettez le boulgour dans un saladier et versez de l'eau bouillante par-dessus (1,5 fois le volume du boulgour). Couvrez d'une assiette et laissez gonfler au moins 10 min jusqu'à ce que tout le liquide soit absorbé et que le boulgour devienne tendre. Laissez refroidir.

2. Faites griller les graines dans une poêle à sec, jusqu'à ce qu'elles commencent à éclater. Réservez. Épluchez le concombre et détaillez-le en dés. Faites de même avec le melon. Lavez et émincez les radis avec une mandoline. Effeuillez et ciselez la menthe.

3. Quand le boulgour est refroidi, étalez-le sur un plat, ajoutez les légumes en les disposant joliment, puis parsemez de menthe ciselée.

4. Coupez le halloumi en tranches et faites-le dorer dans la poêle sur les deux faces, toujours sans matière grasse. Disposez les tranches de fromage grillé sur la salade et arrosez d'huile d'olive et de jus de citron. Salez et poivrez, puis servez.

CONSEIL

Le halloumi est un fromage de vache et/ou brebis, originaire de Chypre mais présent sous différentes formes dans tous les pays d'Orient. Sa consistance ferme fait qu'il se mange grillé à la poêle ou au barbecue. Son goût assez salé ressemble un peu à celui de la feta.

Salade d'orge perlé,
brocoli et poulet mariné grillé

4 personnes | Préparation : 30 min | Repos : 30 min | Cuisson : 30 à 35 min | Matériel : Presse-ail, sac de congélation, gril en fonte (facultatif)

2 blancs de poulet
200 g d'orge perlé
1 belle tête de brocoli
1 gousse d'ail
10 cl d'huile d'olive
1 cuil. à soupe de paprika + une pincée
2 échalotes
½ bouquet de persil
1 cuil. à soupe de moutarde
3 cuil. à soupe de vinaigre de cidre
40 g de noisettes
Sel, poivre du moulin

1. Écrasez l'ail et mélangez-le avec 2 cuil. à soupe d'huile d'olive, 1 cuil. à soupe de paprika, du sel et du poivre. Enduisez les blancs de poulet de cette marinade, mettez le tout dans un sac de congélation et laissez reposer au frais pendant 30 min.

2. Pendant ce temps, faites cuire l'orge dans une grande quantité d'eau salée le temps indiqué sur le paquet : entre 25 et 40 min selon les variétés. Lavez le brocoli et détaillez-le en petits bouquets. Faites-le cuire dans un panier-vapeur placé sur la casserole de l'orge en cours de cuisson, pendant 8 min : il doit rester croquant.

3. Faites griller les blancs de poulet sur un gril en fonte chaud ou sous le gril du four pendant environ 10 min, en les retournant régulièrement. Une fois cuits, coupez-les en lamelles.

4. Épluchez et émincez finement les échalotes. Ciselez finement le persil. Préparez la vinaigrette en mélangeant le reste d'huile d'olive, la moutarde et le vinaigre. Versez-la sur l'orge égoutté et tiède, puis ajoutez les échalotes, le persil et le poulet. Mélangez. Ajoutez enfin les brocolis, puis mélangez à nouveau mais délicatement pour que les bouquets ne se défassent pas. Parsemez la salade de noisettes grossièrement concassées et de paprika.

Salade de betteraves
et d'oranges sanguines

4 personnes | Préparation : 20 min | Cuisson : 10 min | Repos : 5 min | Matériel : Spiralizer

1 betterave rouge cuite
2 betteraves jaunes cuites
2 oranges sanguines
2 oranges
1 cuil. à soupe de citron jaune pressé
1 cuil. à soupe de citron vert pressé
¼ d'oignon rouge
Quelques feuilles de cerfeuil
1 filet huile d'olive
Sel, poivre du moulin

1. Préchauffez le four à 180 °C (th. 6). À l'aide d'un spiralizer, réalisez des spaghettis de betteraves. Arrosez les spaghettis d'un filet d'huile d'olive et salez. Enfournez pendant une dizaine de minutes.

2. Épluchez les oranges, puis découpez-en deux en rondelles et les deux autres en suprêmes (les quartiers prélevés sans la mambrane blanche). Pressez ce qui reste des oranges dans un bol pour récupérer le maximum de jus. Ajoutez le jus des citrons.

3. Déposez les oranges au-dessus des betteraves, ajoutez quelques fines rondelles d'oignon.

4. Versez le jus d'agrumes, puis l'huile d'olive. Salez, poivrez. Réservez 5 min au frais et parsemez de cerfeuil avant de servir.

Salade de concombre aux crevettes et à la mangue

4 personnes | Préparation : 15 min | Cuisson : 8 - 10 min | Matériel : Spiralizer

16 crevettes roses cuites • 2 concombres • ½ oignon • 1 mangue • 1 citron • Quelques brins d'aneth • Huile d'olive • Poivre du moulin, fleur de sel

1. Lavez et taillez les concombres en spirales et coupez quelques rondelles avec les restes. Épluchez et taillez l'oignon en rondelles très fines. Épluchez et coupez la mangue en tranches autour du noyau, puis en fines lamelles en longueur. Zestez et pressez le citron.

2. Dans un saladier, mélangez les crevettes, les concombres, l'oignon, la mangue puis arrosez d'huile d'olive et de jus de citron. Salez, poivrez et parsemez de brins d'aneth et de zestes de citron.

Salade folle aux crudités variées

4 personnes | Préparation : 20 min | Matériel : Rasoir à julienne, mandoline

2 carottes • 1 petite courgette • 1 petit poivron rouge • 4 champignons de Paris • 1 petit bulbe de fenouil • 1 échalote • 100 g de mesclun • 5 cuil. à soupe de vinaigrette classique • 3 cuil. à soupe de graines variées

1. Lavez et épluchez les carottes. Lavez la courgette et le poivron, rincez rapidement les champignons et le bulbe de fenouil. Épluchez et émincez finement l'échalote.

2. Avec un rasoir à julienne, détaillez les carottes et la courgette en « spaghetti ». Découpez les champignons en lamelles très fines, et faites de même avec le poivron. Émincez très finement le fenouil à l'aide d'une mandoline. Mélangez tous les légumes dans un saladier.

3. Juste avant de servir, pour que les légumes restent bien croquants, arrosez de vinaigrette et mélangez. Saupoudrez de graines et dégustez immédiatement.

CONSEIL

Cette salade accompagne très bien une tarte salée ou une quiche lorraine pour un dîner léger.

Salatet sabbidej (salade de seiche)

4 à 6 personnes | Préparation : 30 min | Cuisson : 20 min | Marinade : 2 h

750 g de petites seiches ou de calamars • 1 feuille de laurier • 1 oignon • Le jus de 1 citron • 2 gousses d'ail • ½ cuil. à café de piment rouge en poudre • 4 cuil. à soupe d'huile d'olive • Sel, poivre du moulin

1. Lavez et nettoyez les seiches en tirant sur les os et les entrailles. Coupez-les en petits morceaux et faites-les pocher pendant 20 min dans 1 l d'eau bouillante salée aromatisée de laurier, de l'oignon coupé en quatre, de sel et de poivre.

2. Égouttez et assaisonnez à chaud avec le jus de citron, l'ail épluché et écrasé, le piment, l'huile d'olive, du sel et du poivre.

3. Laissez mariner pendant 2 h en retournant régulièrement avant de servir.

VARIANTE

Si vous n'aimez pas le piment, remplacez-le par du paprika.

Salade gourmande de mâche et roquette,
sauce sésame et miel d'acacia

4 personnes | Préparation : 20 min

80 g de mélange de mâche et de roquette • 250 g de tomates cerise • 1 avocat bien mûr • 1 radis noir • 1 douzaine de noix **Pour la vinaigrette :** 25 g de tahin • 2 cuil. à soupe de jus de citron • 1 cuil. à soupe d'huile d'olive • 1 cuil. à soupe de miel d'acacia • 1 pincée de gingembre moulu • Sel

1. Lavez et essorez la mâche et la roquette. Lavez les tomates cerise et coupez-les en deux. Épluchez l'avocat, coupez-le en lamelles. Épluchez le radis noir et coupez-le en tranches très fines.

2. Mettez la salade dans un grand saladier et ajoutez l'avocat, les tomates cerise et le radis noir. Cassez les noix et ajoutez les cerneaux dans la salade.

3. Préparez la vinaigrette : mettez la purée de sésame dans un bol. Ajoutez le jus de citron et un peu de sel. Mélangez, puis ajoutez l'huile d'olive et le miel. Délayez avec 2 à 3 cuil. à soupe d'eau pour obtenir une sauce un peu plus liquide. Servez avec la salade.

Salade de fèves et artichauts

4 personnes I Préparation : 25 min I Cuisson : 5 min

300 g de fèves fraîches écossées • 4 artichauts poivrade • Le jus de 1 citron vert • 5 oignons nouveaux • 2 cuil. à soupe de jus de citron jaune • 5 cuil. à soupe d'huile d'olive vierge extra • Fleur de sel et poivre du moulin • Gros sel

1. Faites cuire les fèves pendant 5 min dans un grand volume d'eau bouillante salée. Égouttez-les, puis rafraîchissez-les sous l'eau froide. Retirez la peau et réservez.

2. Cassez la queue des artichauts, retirez les feuilles dures pour ne garder que le cœur tendre, raccourcissez la pointe des deux tiers et coupez les artichauts en fines lamelles dans la hauteur. Plongez-les aussitôt dans de l'eau glacée additionnée du jus de citron vert.

3. Pelez et émincez les oignons nouveaux. Dans un petit bol, émulsionnez le jus de citron jaune et l'huile d'olive avec 1 belle pincée de fleur de sel et 2 tours de moulin à poivre.

4. Dans un saladier, mélangez tous les ingrédients et assaisonnez de vinaigrette au citron. Dégustez froid.

Salade de courgette crue

4 personnes I Préparation : 15 min I Matériel : Couteau économe ou économe rasoir ou mandoline

3 à 4 courgettes (selon la grosseur) • 50 g de pignons de pin • 8 pétales de tomates confites à l'huile • 12 tomates cerise jaunes • 1 cuil. à soupe de vinaigre balsamique • 3 cuil. à soupe d'huile d'olive vierge extra • Quelques feuilles de menthe (pour la décoration) • Fleur de sel

1. Lavez les courgettes et coupez les extrémités. À l'aide d'un économe rasoir ou d'une mandoline, réalisez de fines bandes de courgettes dans le sens de la longueur.

2. Dans une poêle chaude sans matière grasse, faites dorer les pignons de pin. Coupez en lanières les tomates confites. Lavez et coupez en deux les tomates cerise.

3. Dans un petit bol, émulsionnez le vinaigre balsamique et l'huile d'olive. Dans un récipient, réunissez tous les ingrédients. Arrosez avec la vinaigrette. Saupoudrez d'un peu de fleur de sel, décorez avec les feuilles de menthe.

4. Dégustez frais.

Salade de fenouil à l'orange et aux anchois

4 personnes **|** Préparation : 30 min **|** Cuisson : 10 min

1 gros bulbe de fenouil • 3 œufs + 1 jaune • 3 oranges • 5 cl d'huile d'olive • 1 cuil. à café de moutarde • 1 cuil. à soupe de vinaigre de Xérès • 10 anchois entiers à l'huile • Sel, poivre du moulin

1. Faites cuire 3 œufs dans l'eau bouillante salée pendant 10 min. Rafraîchissez-les sous l'eau froide, laissez-les refroidir, puis écalez-les.

2. Pelez 2 oranges à vif, prélevez leurs quartiers et coupez-les en morceaux. Pressez la troisième orange.

3. Dans un récipient haut, mettez un jaune d'œuf dur avec le jaune d'œuf cru, le jus d'orange, l'huile d'olive, la moutarde, le vinaigre, 2 anchois auxquels vous aurez ôté les arêtes, du sel et du poivre. Mixez le tout pour obtenir une sauce un peu épaisse.

4. Hachez le reste des œufs durs. Nettoyez et émincez finement le fenouil avec un couteau. Mettez-le dans un bol avec les quartiers d'oranges. Ajoutez la sauce et les œufs durs hachés, mélangez. Répartissez la salade dans les assiettes, déposez 2 anchois à l'huile dessus et servez bien frais.

Salade grecque

4 personnes **|** Préparation : 20 min

200 g de feta • 3 tomates • 1 concombre • 1 poivron vert • 1 oignon rouge • 80 g d'olives kalamata • 2 brins de menthe • 2 brins de basilic • 2 cuil. à soupe de jus de citron jaune • 3 cuil. à soupe d'huile d'olive • Fleur de sel

1. Lavez les tomates, le concombre et le poivron. Coupez les tomates en six et le concombre non épluché en rondelles. Taillez le poivron en deux, épépinez-le, ôtez les membranes blanches, puis coupez-le en lanières. Pelez et émincez l'oignon rouge. Effeuillez et ciselez la menthe et le basilic. Émiettez la feta.

2. Dans un petit bol, émulsionnez l'huile d'olive avec le jus de citron et 1 belle pincée de fleur de sel.

3. Dans un saladier, réunissez tous les ingrédients et assaisonnez avec la vinaigrette au citron. Mélangez délicatement.

4. Dégustez froid.

Salade d'algues,
concombre et quinoa

4 personnes | Préparation : 15 min | Cuisson : 12 min |
Matériel : Passoire, casserole

240 g de quinoa
1 concombre
50 g d'algues fraîches
1 petite grappe de raisin blanc

Pour la sauce
1 cuil. à café de spiruline en poudre
2 cuil. à soupe de vinaigre de riz
1 cuil. à soupe de sauce soja
2 cuil. à soupe d'huile de colza
1 cuil. à café de graines de sésame noir

1. Rincez le quinoa en le plongeant à deux reprises dans une grande quantité d'eau. Déposez-le ensuite dans la casserole, couvrez d'eau froide et portez à ébullition. Faites cuire pendant environ 12 min jusqu'à ce que le quinoa s'ouvre.

2. Épluchez le concombre, épépinez-le et coupez-le en petits dés. Égrenez le raisin et rincez-le. Rincez les algues dans un bol d'eau, répétez l'opération deux fois. Hachez-les.

3. Préparez la sauce en mélangeant la spiruline avec le vinaigre de riz, la sauce soja, l'huile de colza et le sésame. Égouttez le quinoa et répartissez-le dans les assiettes. Ajoutez la salade d'algues-concombre-raisin, mélangez et servez avec la sauce à la spiruline.

INFO NUTRITION

Les algues renferment de grandes quantités de composés antioxydants, ce qui leur confère des vertus anticancéreuses. Elles sont aussi très riches en protéines, en fibres, en vitamines et minéraux : vitamines A, B, C, fer, cuivre, magnésium... un concentré de vitalité !

Salade Jar à emporter

Pour 1 jar | Préparation : 20 min | Cuisson : 15 min |
Matériel : Spiralizer, bocal type Mason Jar, mixeur

1 courgette
40 g de quinoa
Quelques feuilles de chou kale
30 g de feta
Sel, poivre du moulin

Pour la sauce
½ avocat
2 cuil. à soupe de lait de coco
ou de boisson végétale à l'amande.
½ citron vert
Sel, poivre du moulin

1. Lavez et taillez la courgette en spirales. Rincez le quinoa. Versez-le dans une casserole avec une pincée de sel et presque deux fois son volume d'eau. Portez à ébullition, baissez et laissez cuire à couvert et sur feu doux jusqu'à ce que l'eau soit absorbée, soit 15 min environ. Coupez le feu et laissez gonfler à couvert encore 10 min, le quinoa sera plus aéré.

2. Préparez la sauce : mixez la chair de l'avocat avec le lait et le jus du demi-citron vert, puis assaisonnez.

3. Ôtez les côtes dures des feuilles de chou.

4. Versez d'abord la sauce dans le bocal. Déposez délicatement les spaghettis de courgette, puis le quinoa et les feuilles de chou. Coupez la feta en dés et disposez-les sur les feuilles de chou kale avant de refermer le bocal.

À SAVOIR

Il est important de verser d'abord la sauce au fond du bocal, puis de disposer délicatement la salade : les ingrédients conserveront ainsi leur fraîcheur.

Salade verte de printemps

2 personnes | Préparation : 20 min | Cuisson : 25 à 30 min

1 laitue romaine
4 pommes de terre de taille moyenne
2 radis roses
2 petits oignons blancs
1 filet d'huile d'olive
1 pincée de fleur de sel

Pour l'omelette aux herbes
4 œufs
1 cuil. à soupe de ciboulette ciselée
2 cuil. à soupe de persil plat ciselé
1 filet d'huile d'olive
1 pincée de fleur de sel
1 pincée de poivre du moulin

Pour la ricotta aux herbes
250 g de ricotta
2 cuil. à soupe de jus de citron + les zestes
1 cuil. à soupe de persil plat ciselé
1 cuil. à soupe de basilic ciselé
1 cuil. à café de menthe ciselée
1 pincée de fleur de sel
1 pincée de poivre du moulin

1. Lavez les feuilles de laitue plusieurs fois à l'eau claire. Essorez-les et réservez-les dans un saladier. Lavez les pommes de terre et faites-les cuire pendant 25 à 30 min dans le cuiseur vapeur. Épluchez-les et coupez-les en rondelles. Lavez les radis et coupez-les en rondelles. Épluchez les oignons en gardant une belle partie de vert et coupez-les en quatre.

2. Dressez sur deux assiettes des feuilles de laitue, ajoutez à côté des rondelles de pommes de terre, des rondelles de radis et les oignons blancs, versez l'huile d'olive et salez.

3. Préparez l'omelette : cassez les œufs dans un bol, ajoutez 1 cuil. à soupe d'eau, battez à la fourchette, puis ajoutez les herbes, le sel et le poivre. Mélangez bien. Faites chauffer l'huile d'olive dans une poêle et versez la moitié de l'omelette. Retournez l'omelette quand ses bords se décollent et déposez-la sur une assiette. Recommencez avec le reste de la préparation. Découpez ensuite l'omelette en bandes. Déposez-les dans les deux assiettes.

4. Préparez la ricotta aux herbes : fouettez rapidement la ricotta avec le jus de citron, les herbes, le sel et le poivre. Déposez 2 à 3 quenelles de ricotta aux herbes à côté de l'omelette. Dégustez.

Salade tiède de quinoa, lentilles vertes
et légumes nouveaux

Pour 2 grandes assiettes creuses ou 2 bols | Préparation : 20 min | Cuisson : 40 min

1 verre de quinoa
1 verre de lentilles vertes
2 cuil. à soupe de noix grillées et concassées
4 mini-carottes
2 petits navets
2 oignons nouveaux
1 chou-rave
2 pommes de terre violettes
1 poignée de petits pois
4 feuilles de laitue lavées
3 cuil. à soupe de cerfeuil ciselé
Vinaigre de Xérès
Huile de noix
2 pincées de gros sel
1 pincée de fleur de sel
1 pincée de poivre du moulin

1. Faites cuire le quinoa et les lentilles dans deux casseroles d'eau bouillante salée au gros sel selon les indications du paquet. Égouttez-les et mettez-les dans un saladier. Ajoutez 1 cuil. à soupe de noix grillées et concassées et 1 filet d'huile de noix. Mélangez.

2. Épluchez les légumes sauf les petits pois, gardez un peu de vert des queues des carottes, des navets et des oignons, et coupez le chou-rave en tranches. Faites cuire tous les légumes au cuit-vapeur pendant 15 min environ : ils doivent rester *al dente*.

3. Émulsionnez dans un bol 3 cuil. à soupe de vinaigre de Xérès avec 6 cuil. à soupe d'huile de noix, salez et poivrez.

4. Découpez les feuilles de laitue en lanières. Déposez-les dans le fond des assiettes ou des bols. Ajoutez de la préparation quinoa-lentilles, puis disposez les légumes tièdes. Arrosez de vinaigrette, saupoudrez du reste de noix et de cerfeuil. Dégustez immédiatement.

ASTUCES

Pour de belles salades, utilisez des mini-légumes. Si la saveur de l'huile de noix est trop forte pour vous, remplacez-en la moitié par de l'huile de colza ou de tournesol.

Salade de pâtes au pesto de basilic,

olives de Nice, roquette et petites tomates

2 personnes | Préparation : 20 min |
Cuisson : 10 à 12 min | Repos : 1 h

250 g de pâtes (au choix)
120 g de tomates cerise
1 petite courgette
1 branche de céleri
4 cuil. à soupe d'olives de Nice
4 cuil. à soupe de pignons de pin
1 pincée de gros sel

Pour le pesto
40 g de feuilles de basilic
20 g de parmesan
20 g de pignons de pin + 1 poignée
Huile d'olive
Sel, poivre du moulin

1. Faites cuire les pâtes dans une grande casserole d'eau bouillante salée selon les indications du paquet. Égouttez-les et passez-les sous l'eau froide pour éviter qu'elles collent. Réservez.

2. Lavez et coupez les tomates cerise en deux. Lavez la courgette, puis coupez-la en petits dés. Lavez et coupez la branche de céleri en petits tronçons. Mettez tous les légumes dans un saladier et ajoutez les olives de Nice. Mélangez.

3. Préparez le pesto : mettez dans la cuve d'un mixeur les feuilles de basilic, le parmesan et les pignons de pin. Mixez et ajoutez de l'huile d'olive au fur et à mesure. Stoppez quand la consistance est onctueuse.

4. Ajoutez les pâtes refroidies dans le saladier. Versez le pesto et mélangez bien. Réservez au frais pendant 1 h avant de servir. Faites griller à sec les pignons de pin dans une poêle et ajoutez-les sur la salade. Dégustez.

VARIANTE

Faites un pesto de tomates séchées et ajoutez des mini-boules de mozzarella.

Salade tiède de haricots verts
et nems aux légumes

2 personnes | Préparation : 20 min | Cuisson : 30 min

200 g de haricots verts
1 cuil. à café de graines de sésame
1 cuil. à soupe de tahin ou purée de sésame
2 cuil. à soupe de jus de citron
1 cuil. à soupe de sauce soja
1 cuil. à soupe de vinaigre de vin
2 cuil. à soupe de coriandre ciselée
1 cuil. à soupe d'huile de sésame
Sel, poivre du moulin

Pour les nems aux légumes

½ oignon
1 carotte
1 petite courgette
6 feuilles de riz
4 cuil. à soupe de graines germées
Huile de tournesol

1. Équeutez les haricots verts, enlevez les fils, puis lavez-les à l'eau claire. Faites-les cuire pendant 15 min à la vapeur. Versez l'huile de sésame dans une poêle et faites revenir les haricots verts pendant 2 min. Déposez-les dans un plat et saupoudrez-les de graines de sésame.

2. Émulsionnez le tahin avec le jus de citron, la sauce soja et le vinaigre de vin. Salez et poivrez. Versez les ¾ de la sauce sur les haricots verts et ajoutez la coriandre ciselée.

3. Préparez les nems aux légumes : lavez les légumes et épluchez-les. Râpez-les à la grosse râpe. Versez l'huile de tournesol dans une poêle et faites-y revenir les légumes pendant 7 à 8 min.

4. Humidifiez les feuilles de riz. Ajoutez des graines germées et des légumes. Rabattez les côtés vers le centre et roulez la feuille de riz sur elle-même.

5. Faites chauffer de l'huile de tournesol dans une poêle et faites-les griller. Égouttez les nems sur du papier absorbant. Dégustez avec le reste de sauce et les haricots verts au sésame.

Salade de pois chiches tièdes, mangue, pousses d'épinards croquantes et coriandre

2 personnes I Préparation : 10 min I Repos : 1 nuit I Cuisson : 1 h
200 g de pois chiches • 2 oignons • 1 mangue • 4 cuil. à soupe de coriandre ciselée • 1 poignée de pousses d'épinards • Le jus de 1 citron vert • 3 cuil. à soupe d'huile d'olive • Sel, poivre du moulin

1. Faites tremper les pois chiches la veille dans une grande casserole d'eau froide. Rincez-les à l'eau froide et faites-les cuire pendant 1 h dans une casserole d'eau salée. Égouttez-les.

2. Enlevez la peau des pois chiches en les pinçant entre vos doigts. Épluchez les oignons et coupez-les en petits morceaux. Épluchez la mangue, réservez le jus et coupez-la en dés ou en lamelles. Mettez-les dans un saladier, ajoutez les oignons, la coriandre, les pousses d'épinards et les pois chiches.

3. Émulsionnez le jus de mangue, le jus de citron et l'huile d'olive. Salez et poivrez. Versez la vinaigrette. Dégustez.

VARIANTE

Ajoutez 1 pincée de piment ou 1 pincée de cumin. Ajoutez un avocat et des cubes de feta.

Salade de mâche d'automne

2 personnes I Préparation : 30 min
200 g de mâche • 2 cuil. à soupe de raisins secs de Corinthe • 2 endives (dont 1 rouge) • 1 pomme • 2 belles figues • 1 cuil. à soupe de cerneaux de noix • Le jus de 1 citron • 4 cuil. à soupe de fromage blanc • 1 trait de miel • 1 cuil. à soupe d'huile de noix • Sel, poivre du moulin **Pour le pesto de noix :** 100 g de noix • 100 g de parmesan • Huile d'olive • Sel, poivre du moulin

1. Faites macérer les raisins secs dans de l'eau tiède. Lavez la mâche et l'endive blanche. Coupez l'endive et réservez-la. Lavez la pomme et coupez-la en tranches fines. Lavez les figues et coupez-les en quartiers fins. Faites griller à sec les noix dans une poêle. Coupez l'endive rouge en rondelles.

2. Dans un bol, émulsionnez le jus de citron avec le fromage blanc, le miel et l'huile de noix, salez et poivrez. Mettez un peu de vinaigrette dans le fond de deux assiettes. Ajoutez tous les ingrédients de la salade en jouant sur les formes et les couleurs.

3. Préparez le pesto de noix : faites griller les noix. Mettez-les dans le mixeur avec le parmesan et ajoutez de l'huile d'olive jusqu'à la formation d'un pesto. Salez et poivrez, puis ajoutez-en généreusement sur la salade. Dégustez.

VARIANTE

Ajoutez du fromage frais de brebis ou des fleurs de tête de moine. Dans le pesto, on peut ajouter de l'ail, du persil ou de la ricotta pour une texture très légère.

Salade Waldorf

4 personnes | Préparation : 10 min

2 pommes acides rouges • Le jus de 1 citron • 1 petite grappe de raisin rouge • 1 branche de céleri • 200 g de mayonnaise • 1 laitue romaine • 80 g de cerneaux de noix • Sel, poivre du moulin

1. Lavez les pommes et coupez-les en cubes. Citronnez-les pour qu'elles ne s'oxydent pas. Coupez les grains de raisin en deux. Lavez et coupez le céleri en petits tronçons. Mettez tous les ingrédients dans un bol, ajoutez la mayonnaise et mélangez délicatement.

2. Lavez les feuilles de laitue romaine et déposez-les au fond des assiettes, puis ajoutez la préparation. Ajoutez les cerneaux de noix. Poivrez et salez si nécessaire. Dégustez immédiatement ou gardez au frais.

Salade nectarines, abricots, sucrine, noix de cajou grillées et burrata

2 personnes | Préparation : 10 min

2 nectarines • 2 abricots • 2 sucrines • 2 petites boules de burrata • 1 cuil. à soupe de vinaigre de miel • 60 g de noix de cajou • 1 cuil. à soupe de basilic citron • 2 cuil. à soupe d'huile de noisette • Sel, poivre du moulin

1. Passez les nectarines sous l'eau bouillante et épluchez-les. Coupez-les en lamelles. Lavez les abricots et détaillez-les en cubes. Lavez les sucrines et coupez les feuilles en deux.

2. Disposez les fruits et la sucrine dans deux grandes assiettes, et ajoutez les boules de burrata sur le dessus.

3. Dans un bol, émulsionnez le vinaigre et l'huile de noisette. Salez et poivrez.

4. Faites griller les noix de cajou dans une poêle à sec. Ajoutez-les sur les salades. Versez l'assaisonnement. Ajoutez le basilic citron ciselé et dégustez.

VARIANTE

Faites une vinaigrette avec simplement du jus de citron et de l'huile d'olive. Ajoutez quelques feuilles de chicorée.

Salade mechouia

2 personnes | Préparation : 10 min | Cuisson : 35 à 40 min

2 poivrons rouges • 4 tomates • 3 gousses d'ail • 2 cuil. à soupe de persil plat • Pain tunisien • Olives vertes • Huile d'olive

1. Préchauffez le four à 200 °C (th. 6-7). Coupez les poivrons en 4 et déposez-les sur une plaque à four. Coupez les tomates en deux et ajoutez-les à côté des poivrons. Enfournez 25 min. Enlevez la peau des poivrons et des tomates, et coupez-les en petits morceaux. Gardez bien le jus des tomates.

2. Épluchez et hachez l'ail. Versez de l'huile d'olive dans une poêle et ajoutez l'ail, les poivrons, les tomates et le jus. Faites cuire 10 à 15 min en mélangeant bien. Ajoutez un peu d'eau si la préparation colle. Parsemez de persil. Dégustez chaud ou froid avec du pain et des olives.

Salade de concombres et chapatis

2 personnes | Préparation : 20 min | Cuisson : 4 min | Matériel : Rouleau à pâtisserie

2 petits concombres • 1 petit oignon rouge • 4 tomates • 1 petit piment vert • 4 cuil. à soupe de menthe ciselée • 1 botte de coriandre ciselée • Le jus de 1 citron vert • 1 cuil. à café de sucre roux **Pour les chapatis :** 100 g de farine de pois chiche • 150 g de farine de blé • 1 pincée de cumin en poudre • 1 cuil. à café de sel • 2 cuil. à soupe de ghee • 2 yaourts natures • Sel

1. Préparez les chapatis : versez dans un saladier les farines, le cumin et le sel. Versez de l'eau petit à petit, tout en malaxant, et cessez lorsque vous obtenez une préparation lisse et homogène. Formez une boule et réservez au frais le temps de préparer la salade.

2. Détaillez les concombres, l'oignon rouge et les tomates en mirepoix. Mettez-les dans un saladier. Ciselez finement le piment vert et ajoutez-le dans les légumes ainsi que la menthe et la coriandre ciselées finement. Mélangez et ajoutez le jus de citron, sucrez et salez. Mélangez et laissez reposer le temps de finir de préparer le yaourt et les chapatis.

3. Versez les yaourts dans un bol, fouettez-les pour qu'ils soient bien onctueux et salez à votre goût. Réservez au frais.

4. Divisez la pâte en quatre. Étalez-la finement au rouleau à pâtisserie sur un plan légèrement fariné. Faites chauffer une poêle et faites cuire les chapatis pendant 2 min de chaque côté. Badigeonnez de ghee et dégustez-les immédiatement avec la salade et le yaourt.

Salade de légumes grillés et yaourt de chèvre

2 personnes | Préparation : 10 min | Cuisson : 40 min |
Matériel : Plaque de four, papier sulfurisé

1 aubergine
2 courgettes
1 poivron vert
1 poivron rouge
2 branches de tomates cerise
1 filet de vinaigre balsamique
1 pincée de piment d'Espelette
1 cuil. à soupe de thym frais
60 g de pignons de pin
1 filet d'huile d'olive

Pour le yaourt de chèvre

1 gousse d'ail pelée
3 cuil. à soupe de basilic haché
2 yaourts de chèvre
1 poignée de roquette
1 cuil. à soupe d'huile d'olive
Sel, poivre du moulin

1. Préchauffez le four à 180 °C (th. 6). Lavez les légumes. Coupez l'aubergine et les courgettes en tranches fines. Coupez les poivrons en lanières. Déposez les légumes sur une plaque chemisée de papier sulfurisé allant au four. Arrosez d'huile d'olive, ajoutez 1 filet de vinaigre balsamique, 1 pincée de piment d'Espelette, 1 pincée de sel et 1 pincée de poivre, et parsemez de thym frais. Enfournez pour 20 min.

2. Sortez la plaque du four. Retournez les légumes et déposez les branches de mini-tomates sur le dessus. Enfournez à nouveau pour 15 min, puis 5 min.

3. Préparez le yaourt de chèvre. Mettez la gousse d'ail, 2 cuil. à soupe de basilic et l'huile d'olive dans un mixeur. Mixez en crème. Versez dans un bol et ajoutez les yaourts de chèvre. Mélangez, salez et poivrez.

4. Faites griller à sec les pignons de pin dans une poêle. Mettez les légumes dans deux assiettes, parsemez de basilic frais. Ajoutez la roquette, les pignons de pin grillés et dégustez avec la crème de yaourt.

VARIANTE

Ajoutez des olives noires dans les légumes et 1 poignée de pois chiches.

SOUPES ET BOUILLONS

Velouté de potiron
au fonio croustillant

4 personnes | Préparation : 20 min |
Cuisson : 45 min | Matériel : Cocotte, mixeur

500 g de potiron
1 petit oignon
½ fenouil
1 gousse d'ail
1 cuil. à soupe de graines de coriandre
10 g de gingembre frais
1 petit cube de bouillon
60 cl de boisson végétale de soja
40 g de crème d'avoine (en farine précuite, non liquide)
80 g de fonio
1 cuil. à soupe d'huile
30 g de beurre demi-sel
3 cuil. à soupe de graines de courge
Sel, poivre du moulin

1. Retirez les graines du potiron et coupez-le en cubes. Émincez grossièrement l'oignon et le fenouil. Mettez le tout dans un faitout avec la gousse d'ail, la coriandre, le gingembre épluché et le cube de bouillon.

2. Versez la boisson végétale et portez à ébullition. Salez, poivrez et laissez cuire à petits frémissements pendant 20 à 30 min. Ajoutez la crème d'avoine à mi-cuisson. Mixez la préparation quand le potiron est cuit.

3. Pendant la cuisson du velouté, mettez à tremper le fonio dans de l'eau tiède pendant 5 min, puis égouttez-le et placez-le dans une passoire à tamis très fin. Faites-le cuire à la vapeur pendant environ 10 min. Égrainez-le en début de cuisson, ajoutez l'huile et salez légèrement. Quand le fonio est cuit, incorporez le beurre et faites-le sauter rapidement avec les graines de courge. Ne le laissez pas trop dessécher.

4. Répartissez le velouté dans des coupes individuelles et saupoudrez de fonio et de graines de courge sautés. Servez aussitôt.

INFO NUTRITION

Naturellement sans gluten, le fonio est facile à digérer. Il est bien plus riche en calcium, magnésium, et surtout en acides aminés essentiels que les céréales traditionnelles (blé, riz...).

Soupe provençale

4 personnes | Préparation : 15 min | Cuisson : 45 min | Trempage : 12 h | Matériel : Cocotte

75 g de haricots blancs
1 oignon
1 carotte
½ branche de céleri
1 cuil. à café d'huile d'olive
1 tranche de poitrine fumée épaisse
1 l de bouillon
2 cuil. à soupe de concentré de tomates
1 bouquet garni (thym, laurier, sauge)
2 gousses d'ail
75 g d'épeautre précuit
1 barquette de tomates cerise
4 cuil. à soupe de pignons de pin
10 feuilles de basilic
Sel, poivre du moulin

1. La veille, mettez à tremper les haricots dans un grand volume d'eau.

2. Le jour même, pelez l'oignon, épluchez la carotte et le céleri, puis émincez-les. Faites-les suer (sans coloration) avec l'huile et la poitrine coupée en quatre. Salez, poivrez légèrement.

3. Versez le bouillon, les haricots égouttés et le concentré de tomates. Portez à ébullition, ajoutez le bouquet garni et l'ail pressé. Laissez mijoter pendant 45 min environ (le temps de cuisson des haricots). Ajoutez les grains d'épeautre après 10 min de cuisson.

4. Concassez les tomates cerise et ajoutez-les 5 min avant la fin de la cuisson. Parsemez de pignons torréfiés et concassés et de basilic ciselé.

SUGGESTION

Râpez aussi du parseman et parsemez-en la soupe au moment de servir.

INFO NUTRITION

Cette soupe riche en céréales et légumes secs peut constituer une entrée rassasiante ou un plat complet si vous augmentez les proportions.

Velouté de pois cassés

4 personnes | Préparation : 15 min | Trempage : 2 h | Cuisson : 45 min | Matériel : Mixeur

300 g de pois cassés • 1 morceau de 10 cm d'algue kombu • 300 g de petits pois en boîte • 1 branche de céleri • 1 oignon • 10 cl de lait de coco • 1 pincée de gingembre en poudre • 1 pincée de curcuma en poudre • Sel

1. Faites tremper les pois cassés pendant 2 h. Rincez-les bien avant de les mettre à cuire avec l'algue kombu dans une grande cocotte avec 4 fois leur volume d'eau pendant 30 min.

2. Égouttez les petits pois et ajoutez-les dans la cocotte. Lavez et coupez le céleri en rondelles et ajoutez-le également.

3. Épluchez l'oignon, coupez-le en huit et ajoutez-le dans la cocotte. Prolongez la cuisson de 15 min à couvert.

4. En fin de cuisson, ajoutez le lait de coco, le gingembre et le curcuma avant de mixer. Salez à votre convenance et dégustez chaud.

Soupe miso

4 personnes | Préparation : 15 min

3 cuil. à soupe de miso • 3 cuil. à soupe de sauce soja salée • 1 petit poireau • 100 g de tofu ferme nature • 40 g d'algues wakamé au sel

1. Dans un saladier, déposez le miso et la sauce soja. Faites bouillir 1 l d'eau, versez-la par-dessus et réservez.

2. Lavez le poireau et coupez-le en fines rondelles. Ajoutez-les dans l'eau.

3. Coupez le tofu en dés et ajoutez-les également.

4. Rincez le wakamé, puis coupez-le en tronçons de 1 cm et ajoutez-les dans l'eau. Servez bien chaud.

Soupe au chou et aux courgettes

4 personnes I Préparation : 15 min I Cuisson : 20 min I Matériel : Cocotte, râpe

¼ de chou vert • 3 courgettes • 1 oignon blanc • 5 brins de persil • 2 cm de racine de gingembre frais • Sel

1. Effeuillez le chou vert, lavez les feuilles et hachez-les. Coupez les extrémités des courgettes, lavez-les et coupez-les en morceaux. Épluchez l'oignon et émincez-le. Retirez la peau du gingembre en la grattant à l'aide d'une cuillère, puis râpez-le.

2. Déposez l'oignon, le gingembre et le chou dans la cocotte, couvrez d'eau à hauteur et faites cuire pendant 15 min. Ajoutez alors les courgettes et poursuivez la cuisson 5 min de plus. Mixez, ajoutez le persil rincé et ciselé, 1 pincée de sel et servez chaud.

Bouillon à la vanille et saint-pierre

4 personnes I Préparation : 20 min I Cuisson : 10 min

1 l de fumet de poisson • 2 gousses de vanille • 200 g de filet de saint-pierre • 1 citron vert • Une dizaine de brins de cerfeuil

1. Coupez les gousses de vanille en deux dans le sens de la longueur et retirez les graines se trouvant au centre à l'aide de la pointe d'un couteau. Mélangez-les au fumet. Faites-le chauffer et maintenez-le à frémissements.

2. Découpez le poisson en fines tranches. Pressez le citron vert et effeuillez le cerfeuil.

3. Dans de grandes assiettes à soupe, répartissez le bouillon et ajoutez le jus du citron, le cerfeuil et le poisson. Servez aussitôt.

VARIANTES

Le saint-pierre est un poisson cher mais sa finesse vaut son coût. Vous pouvez néanmoins le remplacer par du dos de cabillaud

Soupe de courge et quinoa

4 personnes | Préparation : 15 min | Cuisson : 15 min | Matériel : Cocotte

600 g de potimarron • 2 feuilles de kale • 1 petit oignon • 1 gousse d'ail • 200 g de quinoa • 1 cube de bouillon de légumes • 1 pincée de piment en poudre • 1 pincée de cumin en poudre • 1 pincée de coriandre en poudre • Sel

1. Lavez et coupez la chair du potimarron en cubes. Lavez les feuilles de kale et hachez-les après avoir ôté la tige centrale. Épluchez et hachez l'oignon et l'ail.

2. Déposez dans la cocotte les légumes et le cube de bouillon, couvrez d'eau à hauteur, ajoutez le quinoa et portez à ébullition. Laissez cuire environ 10 min jusqu'à ce que les légumes et le quinoa soient cuits. Salez légèrement, et assaisonnez avec le piment, le cumin et la coriandre.

INFO NUTRITION

Le quinoa est une pseudo-céréale riche en fibres, en protéines, en fer et en oligo-éléments au pouvoir antioxydant. Elle ne contient pas de gluten, ce qui la rend plus digeste que le blé.

Bouillon ortie, thym et romarin

Pour 1 litre | Préparation : 10 min | Cuisson : 15 - 20 min | Matériel : Cocotte, mixeur

500 g d'orties • 1 cuil. à soupe de thym frais • 1 branche de romarin

1. Utilisez toutes les feuilles d'orties de la partie supérieure. Portez à ébullition 1 l d'eau, ajoutez les orties, le thym et le romarin. Couvrez et laissez cuire 15 à 20 min.

2. Enlevez la branche de romarin et mixez. Dégustez chaud.

VARIANTE

Remplacez les orties par des fanes de radis.

INFO NUTRITION

Souvent considérée comme une simple mauvaise herbe envahissante et urticante, l'ortie possède pourtant des propriétés diurétiques et dépuratives marquées. Ne la jetez plus, utilisez-la pour vos bouillons détox !

Soupe au céleri, persil et noisette

4 personnes I Préparation : 15 min I Cuisson : 25 min I Matériel : Cocotte, mixeur
800 g de céleri-boule • 1 branche de céleri • ½ oignon blanc • 6 brins de persil plat • 20 cl de boisson de noisette • 1 cuil. à soupe d'huile d'olive • Quelques noisettes • Sel

1. Épluchez le céleri-boule et coupez-le en morceaux. Lavez la branche de céleri et émincez-la. Épluchez et hachez l'oignon. Déposez le céleri-branche, l'oignon et les morceaux de céleri-boule dans la cocotte et faites cuire quelques minutes. Couvrez d'eau à hauteur et de boisson de noisette, puis poursuivez la cuisson pendant 15 min.

2. Mixez la soupe avec la moitié des feuilles de persil plat. Rectifiez l'assaisonnement. Juste avant de servir, hachez le reste de persil, mélangez-le avec l'huile d'olive et 2 cuil. à soupe d'eau, salez légèrement et servez avec la soupe et quelques noisettes concassées.

Bouillon asperge et curry

Pour 1 litre I Préparation : 10 min I Cuisson : 10 min I Matériel : Cocotte, mixeur
6 asperges blanches • 1 pincée de sel • 1 pincée de poivre • 2 pincées de curry

1. Pelez bien les asperges et coupez-les en tronçons. Déposez-les dans le fond d'un faitout, ajoutez 1 pincée de sel et versez 1 l d'eau. Portez à ébullition, puis laissez mijoter environ 10 min, ou jusqu'à ce que les asperges soient tendres.

2. Ajoutez le curry et mixez bien. Passez au tamis si nécessaire. Dégustez bien chaud.

VARIANTE

Si les asperges sont amères, ajoutez 1 cuil. à café de miel ou de sucre roux.

INFO NUTRITION

Riche en potassium, l'asperge a un effet diurétique marqué.
Par ailleurs, elle renferme un composé non-toxique, l'acide asparagusique, qui aromatise l'urine assez rapidement après sa consommation.

Velouté au cresson

4 personnes | Préparation : 20 min | Cuisson : 40 min | Matériel : Cocotte, mixeur

Pour la soupe
1 botte de cresson
1 poireau
2 gousses d'ail
2 poires bien mûres (200 g)
1 cuil. à soupe d'huile de coco ou d'olive
80 cl de bouillon de légumes
60 g d'éclats de pois cassés
1 bouquet garni (poireau, thym, laurier, céleri)
15 cl de crème végétale ou animale
1 pincée de curcuma ou de curry
Sel, poivre du moulin

1. Nettoyez soigneusement et essorez le cresson. Réservez quelques belles pousses pour la présentation.

2. Coupez le bout du poireau, fendez-le, lavez-le, puis émincez-le. Faites-le revenir à l'huile, à feu modéré, pendant 10 min. Écrasez l'ail et ajoutez-le après 8 min de cuisson. Évidez les poires et coupez-les en quatre.

3. Versez le bouillon, ajoutez les poires, les pois cassés, le bouquet garni, salez, poivrez, puis laissez frémir pendant 25 min. Ajoutez le cresson et poursuivez la cuisson pendant 2 min. Retirez le bouquet garni, versez la crème, puis mixez. Goûtez et rectifiez l'assaisonnement.

4. Servez la soupe chaude, parsemée des pousses de cresson et de curcuma ou de curry.

INFO NUTRITION

Le cresson favorise la sécrétion d'enzymes de détoxication. Les pois cassés donnent de l'onctuosité à cette soupe et apportent des protéines, des fibres et du magnésium qui agissent sur le péristaltisme intestinal.

Consommé de tomates
aux herbes folles

4 personnes | Préparation : 25 min | Cuisson : 1 h 05 |
Matériel : Cocotte, chinois à tamis moyen, chinois étamine à tamis très fin

Pour la soupe
1 petite branche de céleri
1 grosse échalote
1 cuil. à soupe d'huile d'olive
1 kg de tomates
80 cl de bouillon de légumes
2 gousses d'ail
1 branche de thym
1 petite branche de romarin
½ feuille de laurier

Pour la garniture
1 grosse poignée d'herbes (pissenlits, roquette, orties)
200 g de tomates cerise
Quelques herbes aromatiques(origan, marjolaine, basilic, thym citron...)
Sel, piment d'Espelette

1. Lavez les légumes et pelez l'échalote. Émincez finement la branche de céleri et l'échalote.

2. Faites-les revenir à l'huile, à feu modéré, pendant 5 à 10 min, sans coloration. Salez légèrement en début de cuisson. Pendant ce temps, coupez les tomates en huit. Pelez et écrasez l'ail.

3. Versez le bouillon sur l'émincé de céleri et d'échalotes. Ajoutez les tomates, l'ail, le thym, le romarin, le laurier et une pincée de piment d'Espelette. Portez à ébullition, puis réduisez le feu et laissez frémir pendant 50 min.

4. Passez le bouillon au chinois en pressant sur la garniture pour en faire sortir le jus, puis passez à nouveau le bouillon au chinois étamine. Rectifiez l'assaisonnement. Ajoutez les herbes et les tomates cerise lavées et coupées en deux au bouillon.

5. Réchauffez le bouillon et servez-le chaud avec quelques feuilles d'herbes aromatiques.

Soupe frappée
au concombre

4 personnes | Préparation : 15 min | Congélation : 3 h |
Matériel : Cocotte, mixeur, shaker

Pour les glaçons
1 l de bouillon corsé

Pour la soupe
1 concombre long + pour la décoration
½ petit oignon doux
1 pomme verte (type Granny Smith)
2 kiwis
1 poignée de graines germées type alfalfa + un peu pour la décoration
1 grosse poignée de petites pousses (cresson, mâche)
1 cuil. à soupe de graines de lin
Le jus de ½ citron
40 cl de bouillon de légumes corsé
Quelques feuilles d'herbes aromatiques (persil, cerfeuil, estragon)
Sel, mélange 5 baies

1. Versez le bouillon dans un grand bac à glaçons et faites prendre au congélateur.

2. Lavez les légumes, les fruits et les herbes. Épluchez les kiwis et l'oignon, retirez le cœur de la pomme. Coupez le concombre, l'oignon, la pomme et les kiwis en morceaux.

3. Versez-les dans le bol du mixeur avec les graines germées, les petites pousses, les graines de lin, le jus de citron, le bouillon et les feuilles aromatiques. Salez, poivrez et mixez. Rectifiez la consistance et les saveurs, et réservez au frais.

4. Juste avant de servir, versez 5 glaçons de bouillon dans un shaker, puis un quart de la préparation au concombre. Fermez et secouez vivement. Versez la préparation dans un verre de service en la filtrant. Préparez ainsi les autres soupes frappées et servez-les aussitôt, décorées de rondelles de concombre et de graines germées.

Soupe de carottes, patates douces
et cacahuètes

6 personnes | Préparation : 20 min | Cuisson : 35 min |
Matériel : Cocotte, écumoire, mixeur

800 g de carottes
1 grosse patate douce
1 oignon
1 cube de bouillon de volaille bio + 80 cl d'eau
40 cl de lait de coco
2 cuil. à soupe d'huile d'olive
Sel, poivre du moulin
100 g de cacahuètes grillées

1. Pelez les carottes et la patate douce, coupez-les en tronçons. Épluchez l'oignon et émincez-le.

2. Dans une cocotte, faites revenir sans coloration l'oignon avec l'huile d'olive et 1 pincée de sel. Une fois qu'il est translucide, ajoutez les carottes et les patates douces, poursuivez la cuisson pendant 5 min en remuant régulièrement. Versez ensuite le cube de bouillon dilué et le lait de coco. Assaisonnez. Couvrez et portez à ébullition, puis laissez cuire pendant 25 min à feu doux, jusqu'à ce que les légumes soient tendres.

3. Égouttez grossièrement les légumes en conservant le bouillon de cuisson. Mixez finement en versant au fur et à mesure le bouillon pour ajuster au mieux l'onctuosité de la soupe. Rectifiez l'assaisonnement si nécessaire.

4. Concassez les cacahuètes avec un couteau ou, pour aller plus rapidement, au mixeur, puis servez la soupe chaude accompagnée des cacahuètes grillées.

Soupe aromatique
aux roulés d'aubergines

4 personnes **I** Préparation : 35 min **I** Cuisson : 50 min **I**
Matériel : Cocotte, mixeur, chinois étamine

Pour le bouillon
80 cl de bouillon
de légumes
1 oignon
2 gousses d'ail
2 cuil. à soupe
de concentré de tomates
1 cuil. à café de garam masala
(à défaut de ras-el-hanout)
1 pincée de curcuma
1 branche de thym
6 cuil. à soupe de pois chiches
6 tomates cerise

Pour les roulés d'aubergines
1 aubergine
1 cuil. à soupe d'huile d'olive
2 cuil. à soupe de pistou
12 brins de ciboulette
Sel, poivre noir ou piment d'Espelette

Pour la garniture
1 tige de basilic

1. Lavez les légumes.

2. Préparez le bouillon : pelez l'oignon et émincez-le, pelez et écrasez les gousses d'ail. Faites chauffer le bouillon, ajoutez le concentré de tomates, les épices, l'oignon, l'ail et le thym. Laissez frémir pendant 30 min.

3. Pendant ce temps, préparez l'aubergine. Lavez-la et détaillez-la en tranches de 6 à 8 mm. Réservez les 6 plus belles tranches, utilisez le reste dans une autre recette. Faites chauffer 1 cuil. à soupe d'huile et 10 cl d'eau salée et poivrée dans une grande poêle. Faites cuire les tranches d'aubergines à couvert pendant environ 10 min à feu modéré. Retournez-les à mi-cuisson. Répartissez le pistou sur les tranches d'aubergines, coupez-les en deux (dans la longueur) et roulez chaque bande. Maintenez-les à l'aide de brins de ciboulette et conservez-les au chaud.

4. Filtrez le bouillon. Lavez et coupez les tomates cerise en deux, égouttez les pois chiches. Réchauffez le bouillon avec les pois chiches et les tomates cerise pendant 5 min.

5. Répartissez les roulés d'aubergines dans des assiettes de service, puis versez le bouillon chaud. Décorez de feuilles de basilic.

Soupe de tomate cœur-de-bœuf
au basilic

4 à 6 personnes | Préparation : 30 min | Cuisson : 35 min |
Matériel : Cocotte, écumoire, mixeur

1 kg de tomates cœurs-de-bœuf
1 carotte
1 oignon
1 gousse d'ail
½ botte de basilic
1 cube de bouillon de légumes bio + 1 l d'eau
3 cuil. à soupe de crème épaisse
3 cuil. à soupe de pignons de pin
4 cuil. à soupe d'huile d'olive
Sel, poivre du moulin

1. Pelez la carotte, l'oignon et la gousse d'ail. Coupez la carotte en fines rondelles, émincez l'oignon et hachez la gousse d'ail. Coupez les queues de la demi-botte de basilic.

2. Dans une cocotte, faites revenir avec 2 cuil. à soupe d'huile d'olive les rondelles de carottes, l'oignon émincé, l'ail et les queues de basilic. Salez et poivrez. Couvrez et faites cuire pendant 15 min en remuant régulièrement.

3. Dans une casserole, faites bouillir de l'eau et plongez-y les tomates pendant 30 s. Égouttez-les, puis retirez la peau et le pédoncule. Coupez grossièrement les tomates en cubes et ajoutez-les au reste des légumes. Versez le bouillon, couvrez, portez à ébullition et laissez cuire 15 min à feu doux.

4. Pendant ce temps, faites griller les pignons dans une poêle sans matière grasse à feu moyen. À la fin de la cuisson du velouté, ajoutez, hors du feu, la crème et remuez.

5. Égouttez grossièrement les tomates en conservant le bouillon de cuisson. Mixez-les finement, en versant progressivement le bouillon pour ajuster au mieux l'onctuosité de la soupe. Rectifiez l'assaisonnement si nécessaire.

6. Servez la soupe chaude, versez un filet d'huile d'olive, puis décorez avec des pignons de pin et des feuilles de basilic.

Soupe d'avocat et thon mariné au citron

6 personnes **|** Préparation : 15 min **|** Matériel : Mixeur

1 cube de bouillon de volaille • 1 pavé de thon albacore • 1 citron • 2 petits concombres • 1 avocat • 1 tranche de pain • ½ botte de coriandre • ½ botte de ciboulette • 6 cuil. à soupe d'huile d'olive • Sel, poivre du moulin

1. Portez à ébullition 25 cl d'eau avec le cube de bouillon. Laissez refroidir. Découpez le thon en cubes de 0,5 cm de côté. Pressez le citron et versez le jus sur le thon. Ajoutez du sel, du poivre et laissez reposer.

2. Épluchez les concombres et l'avocat. Dénoyautez ce dernier. Dans le bol d'un mixeur, assemblez le bouillon, le pain, les concombres et l'avocat. Mixez pendant 5 min de façon à obtenir une soupe extrêmement lisse. Vérifiez l'assaisonnement. Effeuillez la coriandre et hachez-la, ainsi que la ciboulette. Répartissez la soupe dans des verres et ajoutez un peu de thon, de l'huile d'olive et les herbes. Servez aussitôt.

CONSEIL

Vous pouvez réaliser cette recette avec du saumon, du bar ou de l'espadon. Ajoutez un peu d'épices tex mex, du curry ou une pointe de piment pour rehausser le goût.

Bouillon de tamarin au poulet

4 personnes **|** Préparation : 20 min **|** Cuisson : 20 min

1 l de bouillon de volaille • 1 cuil. à café de pâte de tamarin • 1 blanc de poulet rôti ou les restes d'un poulet rôti • ½ botte de coriandre • 1 petit piment vert • 1 petit piment rouge • 2 cm de gingembre frais • 1 oignon nouveau • 1 cuil. à café de sauce nuoc-mâm (sauce poisson) • 1 cuil. à café de sauce soja

1. Effeuillez la coriandre. Retirez le pédoncule des piments avant de les couper en deux afin de retirer les graines. Émincez-les finement. Épluchez le gingembre, coupez-le en fines tranches, puis détaillez celles-ci en fins bâtonnets. Rincez l'oignon nouveau, retirez le vert abîmé et émincez-le finement.

2. Dans une casserole, portez à frémissement le bouillon avec la sauce nuoc-mâm, la sauce soja et la pâte de tamarin. Vérifiez l'assaisonnement.

3. Effilochez le poulet et répartissez-le dans 4 grandes assiettes creuses. Arrosez de bouillon et saupoudrez de coriandre, de piment et de gingembre.

CONSEILS

La garniture très aromatique parfume votre bouillon. Vous pouvez en augmenter la puissance en ajoutant dans le bouillon du galanga et de la citronnelle que vous ferez cuire à petit bouillon pendant 10 min. Dans ce cas, ajoutez 25 cl de bouillon au départ.

Bouillon au céleri
et aux noix de saint-jacques

4 personnes | Préparation : 20 min | Cuisson : 10 min | Matériel : Cocotte

1 l de fumet de poisson
100 g de céleri-rave
1 petite tige de céleri avec les feuilles
Une dizaine de petites noix de saint-jacques
1 citron vert
Quelques petites feuilles de pousses d'épinards

1. Coupez le bout rond du citron vert. À l'aide d'un couteau, épluchez le citron en retirant le zeste et la membrane blanche afin d'obtenir un fruit totalement épluché. Toujours en vous aidant de votre couteau, incisez profondément le citron le long des membranes séparant les quartiers afin de décoller ces derniers. Réservez.

2. Rincez et émincez finement les feuilles de céleri. Râpez le céleri-rave comme une carotte et coupez en fines tranches les noix de saint-jacques. Faites chauffer le fumet de poisson et maintenez-le à frémissements.

3. Dans de grandes assiettes à soupe, répartissez les noix de saint-jacques. Couvrez du bouillon fumant et ajoutez le céleri-rave, les feuilles, les pousses d'épinards et les quartiers de citron. Servez aussitôt.

CONSEIL

Choisissez des noix de saint-jacques françaises aussi appelées « pecten maximus », et comme elles seront légèrement crues, prenez-en sans corail dont la texture crue n'est pas très agréable.

Soupe d'épinards
au lait de coco

6 personnes | Préparation : 25 min | Cuisson : 45 min |
Matériel : Cocotte, mixeur, tamis fin

3 crabes étrilles
1 kg d'épinards en branches
1 boîte de lait de coco (40 cl)
1 piment antillais
1 échalote
½ cuil. à café de poivre noir en grains
Sel, poivre du moulin

1. Brossez les étrilles sous l'eau courante. Dans une marmite, portez à ébullition 1,5 l d'eau salée additionnée des grains de poivre, plongez-y les étrilles et faites-les cuire pendant 15 min.

2. Retirez les étrilles de l'eau et laissez-les tiédir. Filtrez bien l'eau de cuisson et réservez-la. Mettez les étrilles dans le mixeur avec quelques cuillerées de l'eau de cuisson. Mixez jusqu'à ce qu'elles soient finement broyées. Passez-les au tamis fin au-dessus d'une cocotte. Versez le reste de l'eau de cuisson et portez à ébullition.

3. Lavez et équeutez les épinards et ajoutez-les dans la cocotte, ainsi que l'échalote pelée et émincée. Faites cuire 15 min. Mixez jusqu'à l'obtention d'un mélange homogène et fluide. Versez le lait de coco, salez et rectifiez au besoin l'assaisonnement en poivre. Ajoutez le piment antillais tel quel et laissez mijoter pendant encore 15 min.

4. Retirez le piment et versez la préparation dans une soupière. Servez nature ou accompagné de toasts légèrement grillés.

CONSEILS

Le piment doit être parfaitement intact, sinon il rendrait la soupe trop piquante. Si vous n'avez pas de piment entier, n'utilisez qu'un huitième de piment. Cette soupe doit avoir le parfum du piment et non toute sa force.

Soupe de poireaux
à l'indienne

4 personnes | Préparation : 20 min |
Cuisson : 30 min | Matériel : Cocotte, mixeur

450 g de poireaux (le blanc avec un peu de vert)
200 g de pommes de terre (non traitées)
1 petit rhizome de curcuma (à défaut 1 cuil. à café de curcuma en poudre)
20 g de gingembre frais
1 cuil. à soupe d'huile de coco
1 cuil. à café de graines de cumin fraîchement concassées
2 cuil. à café de graines de coriandre fraîchement concassées
1 cuil. à café de curry en poudre
70 cl de bouillon de légumes
20 cl de lait de coco
1 petit bouquet de coriandre
1 poignée de graines germées (alfalfa, poireaux, radis, betterave...)
Sel, poivre noir

1. Lavez soigneusement les poireaux, les pommes de terre et le curcuma, puis émincez-les assez finement. Réservez un peu de vert des poireaux pour la fin de la recette. Lavez, épluchez et râpez le gingembre.

2. Faites revenir à l'huile de coco les poireaux avec le gingembre râpé, les graines de cumin et de coriandre, le curry et un peu de sel, à feu modéré sans coloration, pendant 10 min. Versez le bouillon et le lait de coco, ajoutez les pommes de terre et le curcuma, puis salez et poivrez. Portez à ébullition et laissez mijoter pendant 15 à 20 min. Vérifiez la cuisson des pommes de terre.

3. Mixez et rectifiez l'assaisonnement. Ajoutez le vert des poireaux réservé et les feuilles de coriandre, et mixez à nouveau.

4. Servez la soupe chaude parsemée de graines germées.

INFO NUTRITION

Les vitamines, minéraux et composés antioxydants sont majoritairement présents dans la partie verte du poireau. Ne jetez pas cette partie pour faire votre soupe, conservez-la au maximum !

Bouillon au poulet,
crevettes et saumon

4 personnes | Préparation : 20 min | Cuisson : 1 h 05 | Repos : 30 min | Matériel : Cocotte, tamis fin

8 grosses crevettes crues
1 carcasse de poulet
2 cuil. à soupe de saké
2 cuil. à soupe de sauce soja
2 carottes
5 cm de daïkon (ou de radis blanc)
6 champignons shiitakés frais (à défaut une petite poignée de pleurotes ou de champignons de Paris)
1 citron vert
2 pavés de saumon d'environ 150 g (sans la peau)
2 blancs de poulet
2 oignons nouveaux

1. Décortiquez les crevettes et ne laissez sur la queue que le dernier anneau et les nageoires. Conservez les carapaces. Rincez longuement sous l'eau froide la carcasse du poulet afin de retirer toute trace de sang.

2. Dans une grande casserole à feu vif, mettez la carcasse de poulet et les carapaces des crevettes, puis recouvrez largement d'eau. Ajoutez le saké, la sauce soja et portez à ébullition. Baissez le feu et laissez cuire à feu moyen pendant 45 min. Filtrez le bouillon au tamis.

3. Dans le même temps, épluchez les carottes, le daïkon et coupez-les en carrés de 0,5 cm de côté. Ôtez le pied des champignons et émincez-les en tranches de 2 à 3 mm. Coupez le bout rond du citron à l'aide d'un couteau bien aiguisé, puis épluchez-le complètement. Vous devez obtenir un fruit où n'apparaît que la chair, séparée par des traits blancs. Incisez alors l'agrume le long de ces traits blancs afin de détacher les quartiers. Réservez.

4. Coupez le saumon en lanières, détaillez le poulet en médaillons. Séparez le blanc du vert des oignons, puis émincez le tout. Réservez le vert pour la finition. Portez de nouveau le bouillon à ébullition, puis ajoutez le saumon, le poulet, les légumes, le blanc des oignons et portez à frémissement. Laissez cuire à petits bouillons pendant 15 min. Ajoutez les crevettes et laissez cuire encore 5 min. Éteignez le feu et répartissez la soupe dans de grands bols. Saupoudrez-la avec le vert des oignons réservés, répartissez les quartiers de citron vert dessus et servez aussitôt.

Potée de chou rouge, pommes et châtaignes

2 personnes I Préparation : 10 min I Cuisson : 20 min I Matériel : Cocotte-minute

1 petit chou rouge • 2 pommes • 150 g de châtaignes en boîte • 2 cuil. à soupe de vinaigre de miel • 2 cuil. à soupe d'huile de colza • Sel, poivre du moulin

1. Enlevez les premières feuilles du chou et coupez-le en lanières. Passez-le sous l'eau froide. Faites chauffer l'huile de colza dans une cocotte-minute et faites-y revenir le chou. Ajoutez ½ verre d'eau. Fermez la cocotte et laissez cuire pendant 10 min.

2. Épluchez les pommes, enlevez le trognon et coupez-les en quatre. Rincez les châtaignes à l'eau froide. Passez la cocotte-minute sous l'eau froide, ouvrez-la et ajoutez les pommes et les châtaignes. Versez le vinaigre de miel. Fermez la cocotte-minute et laissez cuire pendant encore 10 min. Salez, poivrez et dégustez bien chaud.

VARIANTE

Ajoutez 2 pommes de terre en rondelles.

Bortsch

4 personnes I Préparation : 25 - 30 min I Cuisson : 30 - 35 min I Matériel : Cocotte

700 g de betteraves rouges • 2 oignons • 2 gousses d'ail • ¼ de chou blanc • 2 branches de céleri • 1 cuil. à soupe de graines d'aneth • 1 cuil. à soupe de gingembre frais râpé • 1 cuil. à soupe de cumin en poudre • 1,4 l de bouillon de légumes (ou herbes) • 2 cuil. à soupe de jus de citron ou vinaigre • 3 cuil. à café d'huile de tournesol • 2 cuil. à soupe de persil plat ciselé • 2 cuil. à soupe d'aneth ciselé • 180 g de crème fraîche épaisse • Sel, poivre du moulin

1. Épluchez les betteraves et coupez-les en petits cubes. Épluchez et hachez finement l'oignon et l'ail. Lavez le chou blanc et les branches de céleri, et émincez-les finement.

2. Versez l'huile dans un faitout et faites-y blondir les oignons et l'ail pendant 5 min. Ajoutez les betteraves, le chou, le céleri et mélangez bien. Saupoudrez de graines d'aneth, de gingembre et de cumin. Mélangez et laissez cuire pendant 2 min.

3. Versez le bouillon de légumes et le jus de citron. Laissez mijoter 25 à 30 min. Salez et poivrez, goûtez et rectifiez l'assaisonnement si nécessaire. Servez dans des bols ou des assiettes creuses, parsemez de persil et d'aneth, et ajoutez une quenelle de crème fraîche épaisse.

Soupe froide de carottes
à la clémentine et au gingembre

4 à 6 personnes | Préparation : 20 min | Cuisson : 25 min | Repos : 2 h | Matériel : Cocotte, mixeur, écumoire, râpe

1 oignon
2 cubes de bouillon de légumes bio
600 g de carottes
5 g de gingembre frais
2 cuil. à soupe d'huile d'olive
4 clémentines bio
12 brins de coriandre
Sel et poivre du moulin

1. Pelez et émincez l'oignon. Faites bouillir 1 l d'eau avec les cubes de bouillon de légumes. Pelez les carottes et le gingembre, puis coupez-les en rondelles. Dans une cocotte, faites suer l'oignon dans l'huile d'olive avec une pincée de sel. Une fois qu'il est devenu translucide, ajoutez les carottes, le gingembre, poursuivez la cuisson pendant 3 à 4 min, puis versez le bouillon de légumes. Portez à ébullition, puis baissez le feu et laissez cuire 20 min environ jusqu'à ce que les carottes soient tendres.

2. Égouttez les carottes à l'aide d'une écumoire, conservez le bouillon de cuisson. Mixez les carottes et ajoutez petit à petit le bouillon jusqu'à l'obtention d'une consistance onctueuse mais légèrement épaisse.

3. Vérifiez l'assaisonnement et laissez refroidir à température ambiante. Prélevez les zestes de 2 clémentines à l'aide d'une râpe et pressez toutes les clémentines pour récupérer le jus. Une fois la soupe de carotte refroidie, ajoutez les zestes râpés et le jus de clémentine, mélangez, puis placez au frais pendant au moins 2 h. Décorez avec des feuilles de coriandre et dégustez bien froid.

Bouillon de coquillages,
tomate crue et citron

4 personnes | Préparation : 20 min |
Cuisson : 10 min | Matériel : Cocotte, chinois

1 l de bouillon de coquillages
(1 l d'eau + 1 kg de palourdes
ou coques ou moules)
2 tomates Cornue des Andes
1 citron jaune
1 tige de céleri avec les feuilles
4 cuil. à café d'huile d'olive
Fleur de sel

1. Réalisez le bouillon de coquillages et retirez les fruits de mer des coquilles. Réservez-les. Filtrez le bouillon

2. Coupez le bout rond du citron. À l'aide d'un couteau, épluchez le citron en retirant le zeste et la membrane blanche afin d'obtenir un fruit totalement épluché. Toujours en vous aidant de votre couteau, incisez profondément le citron le long des membranes séparant les quartiers afin de décoller ces derniers. Coupez-les en deux et réservez.

3. Incisez la base des tomates et retirez le pédoncule. Ébouillantez-les durant 1 minute avant de les éplucher. Coupez ensuite les tomates en petits cubes d'un centimètre de côté. Rincez les feuilles de céleri, superposez-les et émincez-les finement.

4. Répartissez dans de grandes assiettes les tomates, les quartiers de citron, les fruits de mer et les feuilles de céleri. Couvrez de bouillon et assaisonnez avec l'huile d'olive et un peu de fleur de sel. Servez aussitôt.

CONSEIL

Pour réaliser votre bouillon de coquillages, ne le salez pas car les coquillages vont apporter énormément de sel dans le bouillon.

Soupe japonaise
aux radis d'hiver

4 personnes **I** Préparation : 25 min **I** Cuisson : 25 min **I**
Matériel : Cocotte, spiralizer

4 œufs
1 petit radis d'hiver (violet ou blanc)
4 oignons verts
1 cuil. à soupe d'huile de sésame
2 cuil. à café de gingembre frais râpé
450 g d'épinards
170 g de mini-champignons shiitake
150 g de mange-tout
1,5 l de bouillon
1 cuil. à soupe de sauce soja
1 cuil. à soupe de vinaigre de riz
½ jus de citron vert
Graines de sésame
Sel, poivre du moulin

1. Déposez les œufs dans une casserole remplie d'eau, portez-la à ébullition et retirez le tout du feu. Laissez les œufs dans l'eau chaude pendant 10 min avant de les rincer sous l'eau froide, de les écaler et de les couper en deux. Réservez-les.

2. Lavez et taillez le radis en spirales, et coupez les oignons finement. Faites chauffer l'huile dans une poêle assez large, ajoutez le gingembre, la moitié des oignons verts et laissez cuire 1 min. Ajoutez les épinards, les champignons et les mange-tout, puis assaisonnez. Versez le bouillon et, lorsqu'il est à ébullition, ajoutez les spaghettis de radis, la sauce soja, le vinaigre de riz, le jus du demi-citron vert, puis laissez mijoter pendant 5 min.

3. Servez la soupe dans des bols en déposant dans chacun 1 demi-œuf. Parsemez du reste des oignons verts

Tourin à la tomate

4 personnes | Préparation : 10 min | Cuisson : 55 min |
Matériel : Cocotte, spiralizer, mixeur, chinois

6 à 8 tomates mûres
1 oignon
1 tête d'ail (6 à 8 gousses)
1 demi-ficelle de pain rassis
1 l de bouillon de légumes
3 cuil. à soupe d'huile d'olive
1 cuil. à café de sucre
3 pincées de piment d'Espelette
Quelques branches de thym frais (pour servir)
Croûtons (pour servir)
Sel, poivre du moulin

1. Rincez les tomates sous l'eau froide, essuyez-les, puis détaillez-les en gros dés. Épluchez l'oignon et les gousses d'ail. Coupez la ficelle en fines tranches et frottez chaque tranche avec une gousse d'ail. Hachez finement l'oignon et les gousses d'ail.

2. Faites chauffer, à feu doux, 2 cuil. à soupe d'huile d'olive dans une cocotte à fond épais, ajoutez l'ail et l'oignon hachés, et remuez régulièrement jusqu'à ce que l'oignon devienne translucide.

3. Ajoutez ensuite les tomates et laissez-les rendre leur jus durant 5 min environ. Ajoutez le bouillon de légumes, le sucre et le piment d'Espelette. Rectifiez l'assaisonnement. Couvrez et laissez mijoter le tout, à petits bouillons, pendant 45 min. Mixez le tourin, puis passez-le au chinois afin de retirer la peau des tomates.

4. Dans une poêle, faites dorer les tranches de pain avec la dernière cuillerée d'huile. Servez chaud, avec un peu de thym effeuillé et des croûtons maison.

Soupe de carottes, curcuma, coriandre et gingembre

4 personnes | Préparation : 10 min | Cuisson : 25 min | Matériel : Cocotte, râpe, mixeur

600 g de carottes • 1 petit oignon • 1 gousse d'ail • 10 brins de coriandre • 2 cm de racine de gingembre frais • 2 cuil. à café de curcuma • 1 cuil. à café d'huile de sésame • Sel

1. Épluchez les carottes, l'ail et l'oignon, et coupez-les en morceaux. Faites cuire l'oignon, le gingembre épluché et râpé, l'ail et le curcuma dans la cocotte avec un petit fond d'eau. Puis ajoutez les carottes, mélangez, couvrez d'eau et poursuivez la cuisson pendant 20 min.

2. Pendant ce temps, lavez et séchez la coriandre, effeuillez-la et ciselez-la. Lorsque les carottes sont cuites, mixez la soupe, salez-la légèrement, ajoutez l'huile de sésame et les feuilles de coriandre, mélangez et servez.

Soupe de poireaux au curry

4 personnes | Préparation : 20 min | Cuisson : 15 min | Matériel : Cocotte, mixeur

4 poireaux • 2 pommes de terre • 1 petit oignon • 1 cuil. à soupe de curry jaune en poudre • 4 brins de basilic • 1 poignée de graines germées de poireaux • Sel

1. Enlevez les premières feuilles des poireaux, coupez les extrémités, lavez-les et émincez-les. Épluchez les pommes de terre, coupez-les en cubes. Épluchez l'oignon et hachez-le.

2. Déposez l'oignon et le curry dans la cocotte avec les pommes de terre et les poireaux. Couvrez d'eau à hauteur et faites cuire pendant 15 min. Mixez la soupe avec le basilic, ajoutez 1 pincée de sel. Servez chaud avec quelques graines germées de poireaux.

INFO NUTRITION

La partie verte du poireau est bien plus riche en fibres, en vitamines et en composés antioxydants que la partie blanche.
Ne jetez donc pas les feuilles les plus vertes, gardez-les pour réaliser un potage de légumes variés.

Velouté de poireaux

4 personnes **I** Préparation : 20 min **I** Cuisson : 35 min **I** Matériel : Cocotte, mixeur

2 gros poireaux • 1 oignon • 2 cuil. à soupe d'huile d'olive • 4 pommes de terre moyennes • 1 cube de bouillon de légumes • 4 cuil. à soupe de crème de soja • Sel et poivre du moulin

1. Dans une casserole, faites chauffer 2 cuil. à soupe d'huile d'olive. Épluchez et émincez l'oignon, et faites-le revenir quelques minutes.

2. Ajoutez les poireaux et les pommes de terre, lavés, épluchés et émincés. Ajoutez alors 1 l d'eau et le cube de bouillon de légumes. Laissez mijoter pendant 30 min à feu moyen.

3. Mixez, salez et poivrez si nécessaire. Servez dans des bols et ajoutez 1 cuil. à soupe de crème de soja.

Velouté courge-patate douce-panais

4 personnes **I** Préparation : 15 min **I** Cuisson : 25 min **I** Matériel : Cocotte, mixeur

½ courge butternut • 2 petits panais • 1 grosse patate douce • 1 oignon • 1,5 l d'eau + 1 cube de bouillon de légumes • Huile d'olive

1. Lavez, épluchez et coupez en dés la courge, les panais et la patate douce. Pelez et émincez l'oignon.

2. Dans une cocotte, faites revenir l'oignon avec un peu d'huile. Ajoutez ensuite les légumes. Versez l'eau avec le cube de bouillon, puis faites cuire 25 min.

3. Mixez et servez bien chaud.

CONSEIL

Si vous utilisez des produits bio, vous n'avez pas besoin d'éplucher la patate douce et les panais.

Soupe au pesto

4 personnes | Préparation : 45 min |
Cuisson : 1 h | Matériel : Cocotte

200 g de carottes
2 petits oignons blancs
250 g de pommes de terre
200 g de haricots verts
1 blanc de poireau
1 tomate
1 courgette
150 g de poitrine de porc demi-sel
5 cl d'huile d'olive
1 branche de romarin
200 g de haricots blancs cuits
120 g de petits pois
120 g de petites pâtes
4 cuil. à soupe de pesto
Sel, poivre du moulin

1. Épluchez les carottes, les petits oignons et les pommes de terre, coupez-les en petits cubes. Écossez et taillez les haricots verts en petits tronçons. Lavez et émincez le poireau, puis lavez, épépinez et taillez la tomate en petits cubes. Lavez et taillez la courgette en petits cubes, puis taillez la poitrine également en petits cubes.

2. Mettez les morceaux de poitrine dans une casserole. Couvrez-les d'eau froide, portez à ébullition pendant 2 min. Égouttez-les et rafraîchissez-les dans une petite passoire.

3. Dans une cocotte, faites revenir les morceaux de poireau, les oignons, les carottes, les haricots, les pommes de terre et la poitrine pendant 5 min dans l'huile d'olive. Versez 2,5 l d'eau sur les légumes, ajoutez le romarin, salez, poivrez. Portez à ébullition, laissez cuire 30 min à feu doux.

4. Au bout de ce temps, ajoutez les haricots blancs égouttés et rincés, la tomate et les petits pois, laissez cuire encore 15 min, puis ajoutez les pâtes et prolongez la cuisson encore 15 min.

5. Hors du feu, ajoutez le pesto en mélangeant comme pour une mayonnaise. Servez aussitôt dans des grandes assiettes. Accompagnez avec de fines tranches de pain grillé frotté à l'ail.

Gaspacho de tomates

6 personnes | Préparation : 20 min | Matériel : Cocotte, mixeur

8 tomates bien mûres
1 concombre
1 poivron
1 petit oignon frais
1 gousse d'ail
2 tranches de pain de mie
6 bonnes cuil. à soupe d'huile d'olive
Le jus de 1 citron
3 cuil. à soupe de vinaigre de vin
4 feuilles de menthe
1 branche de coriandre
Quelques gouttes de Tabasco®
Sel, poivre du moulin

1. Lavez, épluchez et épépinez les tomates, le concombre et le poivron. Coupez le tout en petits dés. Pelez et émincez l'oignon et l'ail. Réservez 1 demi-tomate et un quart de concombre en petits dés pour la finition.

2. Disposez tous les légumes, le pain de mie légèrement humidifié, l'huile d'olive, le jus du citron et le vinaigre dans le mixeur. Mixez jusqu'à l'obtention d'une soupe. Ajoutez le reste des ingrédients et mixez à nouveau finement.

3. Disposez au frais jusqu'au moment de servir.

4. Décorez avec les dés de légumes réservés et servez bien frais.

CONSEIL

Vous pouvez ajouter des dés de feta juste avant de déguster.

INFO NUTRITION

La tomate est un légume-fruit pauvre en calories et riche en lycopène, un composé antioxydant très puissant de la famille des carotènes qui permet de lutter contre la formation des cellules cancéreuses.

Soupe de congre

6 personnes | Préparation : 45 min | Cuisson : 35 min |
Matériel : Cocotte, moulin à légumes

1 kg de congre
1 poireau
3 gousses d'ail
2 tomates
2 cuil. à soupe d'huile d'olive
1 cuil. à soupe de concentré de tomates
1 feuille de laurier séché
1 branche de fenouil
1 clou de girofle
1 petit piment sec (type peperoncino)
1 pincée de safran
Sel, poivre du moulin

1. Coupez le congre en gros morceaux. Lavez soigneusement et émincez le poireau. Pelez et émincez l'ail. Lavez et coupez les tomates en morceaux. Dans la cocotte, faites roussir le poireau et l'ail dans 2 cuil. à soupe d'huile d'olive. Ajoutez les tomates et le concentré de tomates, le laurier, le fenouil, le clou de girofle et le piment.

2. Ajoutez le congre dans la cocotte, faites-le revenir 3 à 4 min. Ajoutez 2 l d'eau bouillante, salez, poivrez et laissez mijoter 30 min à feu doux.

3. Passez cette soupe au moulin à légumes : n'utilisez pas de mixeur, il s'agit de récupérer la chair du poisson sans les arêtes ! C'est un travail de force, mais qui donne toute sa saveur à la soupe.

4. Reversez la soupe ainsi obtenue dans la cocotte nettoyée. Portez à ébullition, ajoutez le safran à la dernière minute. Servez sur des tranches de pain grillé, éventuellement saupoudrées de fromage râpé.

Soupe de moules

6 personnes | Préparation : 20 min |
Cuisson : 20 min | Matériel : Cocotte, chinois

1,5 l de moules bien fraîches
20 cl de vin blanc sec
1 gros oignon
1 gousse d'ail
2 tomates bien mûres
1 cuil. à soupe d'huile d'olive
1 bouquet garni (laurier, thym, fenouil)
200 g de vermicelles
1 dose de safran
Sel, poivre du moulin

1. Lavez et grattez les moules. Jetez-les dans une cocotte pour les ouvrir avec le vin blanc. Remuez jusqu'à ce qu'elles soient toutes ouvertes. Décoquillez-les et réservez-les. Filtrez le jus de cuisson et mettez-le de côté.

2. Pelez et hachez finement l'oignon. Pelez et écrasez l'ail. Lavez, coupez et épépinez les tomates. Faites dorer l'oignon dans 1 cuil. à soupe d'huile d'olive. Ajoutez les tomates et l'ail, faites-les revenir quelques instants. Mouillez avec 1,5 l d'eau, ajoutez le jus des moules et le bouquet garni.

3. Portez à ébullition et ajoutez les vermicelles. Laissez-les cuire 1 min de moins que le temps mentionné sur le paquet.

4. Ajoutez le safran et les moules, et faites chauffer encore 1 min. Goûtez, salez et poivrez si nécessaire. Servez.

Kakavia (soupe de poissons)

4 personnes | Préparation : 25 min |
Cuisson : 20 min | Matériel : Cocotte

250 g de vivaneau
250 g de merlan
3 tomates mûres
2 carottes
1 branche de céleri
1 gousse d'ail
1 oignon nouveau
3 cuil. à soupe d'huile d'olive vierge extra
6 cl de vin blanc
¼ de bouquet d'aneth
¼ de bouquet de persil plat
Le jus de 1 citron
Sel et poivre du moulin

1. Plongez pendant 30 s les tomates dans de l'eau bouillante. Égouttez-les et rafraîchissez-les sous l'eau froide. Retirez le pédoncule et pelez les tomates, puis coupez-les en petits dés.

2. Pelez les carottes et coupez-les en petits dés. Lavez et taillez en rondelles la branche de céleri. Pelez et émincez la gousse d'ail. Émincez également l'oignon nouveau.

3. Dans une casserole, faites revenir l'oignon et l'ail avec l'huile d'olive. Une fois qu'ils sont tendres, ajoutez les carottes et le céleri, poursuivez la cuisson à feu moyen pendant 5 min.

4. Versez ensuite le vin blanc et les tomates. Ajoutez les morceaux de poisson et recouvrez avec un peu d'eau. Salez et poivrez. Portez à ébullition et faites cuire à frémissement pendant 10 à 15 min.

5. Effeuillez et ciselez les herbes. Ajoutez-les avec le jus de citron en fin de cuisson.

6. Dégustez chaud.

Minestrone

4 personnes | Préparation : 30 min | Cuisson : 1 h | Matériel : Cocotte

2 carottes
2 grosses pommes de terre
2 courgettes
1 tranche épaisse de jambon cru
2 gousses d'ail
1 oignon
1 branche de romarin
2 tomates
10 feuilles de basilic
2 cuil. à soupe de parmesan râpé
150 g de petits pois frais
150 g de petites pâtes
3 cuil. à soupe d'huile d'olive
Sel, poivre du moulin

1. Épluchez les carottes, les pommes de terre, lavez les courgettes, et taillez tous ces légumes en petits dés. Coupez le jambon en petits morceaux. Épluchez l'ail et l'oignon, détaillez-les en fines lamelles.

2. Dans une casserole, faites fondre l'oignon et l'ail avec le jambon dans 2 cuil. à soupe d'huile d'olive. Ajoutez les dés de carottes, de pommes de terre et de courgettes, puis versez 2 l d'eau dans la cocotte. Salez, poivrez, ajoutez le romarin, portez à ébullition et laissez cuire 30 min environ à feu doux.

3. Pendant ce temps, plongez les tomates pendant 20 s dans de l'eau bouillante. Rafraîchissez-les dans de l'eau froide, retirez leur peau, coupez-les en deux, épépinez-les et coupez-les en petits morceaux. Hachez le basilic, mélangez-le au restant d'huile d'olive et au parmesan.

4. Au bout de 30 min de cuisson, ajoutez les tomates, les petits pois et les pâtes. Laissez cuire encore 15 min à feu doux. Au moment de servir, ajoutez le mélange d'huile d'olive au basilic et au parmesan.

Velouté de petits pois,
gingembre et menthe, tartines de brousse

2 personnes | Préparation : 10 min |
Cuisson : 15 à 20 min | Matériel : Cocotte, mixeur

350 g de petits pois
2 cuil. à soupe de gingembre râpé
1 cuil. à café d'ail râpé
3 feuilles de menthe + 2 feuilles
1 filet de miel
2 cuil. à soupe d'huile d'olive

Pour les tartines
2 tranches de pain de campagne
4 cuil. à soupe de brousse
2 radis
1 poignée de graines germées
1 poignée de roquette
2 filets d'huile d'olive
Sel, poivre du moulin

Pour la décoration
1 pincée de bicarbonate
2 pincées de sel et de poivre

1. Versez l'huile d'olive dans une cocotte et faites-y revenir le gingembre râpé et l'ail pendant quelques minutes. Ajoutez les petits pois, la menthe et le bicarbonate, puis couvrez d'eau. Portez à ébullition, ajoutez le miel, salez et poivrez. Laissez cuire pendant 15 à 20 min.

2. Versez dans un mixeur en réservant un peu de bouillon et mixez en velouté. Rajoutez du bouillon si nécessaire, salez et poivrez.

3. Faites griller les tranches de pain. Tartinez-les d'une bonne couche de brousse. Lavez et coupez les radis en rondelles et parsemez-en la brousse, ajoutez un peu de graines germées et parsemez de roquette. Versez 1 filet d'huile d'olive, salez et poivrez.

4. Dégustez chaud avec les tartines.

VARIANTE

Remplacez la brousse par du fromage de chèvre frais.

Soupe froide de courgettes,
quenelles de faisselle

2 personnes | Préparation : 10 min | Cuisson : 10 min | Matériel : Cocotte, mixeur

2 belles courgettes
35 cl de bouillon de légumes
4 feuilles de basilic
1 feuille de menthe
½ oignon rouge pelé
2 faisselles
1 cuil. à soupe de ciboulette
1 cuil. à soupe de poivre en gros grains
Sel, poivre du moulin

Pour les rondelles de courgettes
1 grosse courgette bio
70 g de farine de blé
30 g de Maïzena®
5 cl d'eau glacée
Huile de tournesol
1 pincée de sel
1 pincée de poivre

1. Lavez les courgettes et coupez-les en rondelles. Faites chauffer le bouillon dans une casserole et mettez-y les courgettes. Laissez cuire pendant 7 à 8 min, elles doivent être tendres. Versez dans le mixeur, ajoutez le basilic, la menthe et l'oignon rouge. Mixez en velouté, salez légèrement et poivrez. Goûtez et rectifiez l'assaisonnement. Laissez refroidir. Dans un bol, mélangez rapidement les faisselles avec le poivre et la ciboulette.

2. Versez la soupe de courgettes dans des bols. Faites des quenelles de faisselle à l'aide d'une cuillère à soupe et déposez-les dans la préparation aux courgettes.

3. Préparez les rondelles de courgette : lavez la courgette et détaillez 6 rondelles. Versez la farine et la Maïzena® dans un bol, ajoutez le sel et le poivre, puis l'eau glacée. Fouettez en pâte lisse.

4. Trempez les rondelles de courgette une à une dans la pâte. Faites chauffer une poêle avec de l'huile et faites-y revenir pendant 2 à 3 min les rondelles. Déposez-les sur du papier absorbant. Salez si besoin et dégustez immédiatement en accompagnement de la soupe.

VARIANTES

Réalisez une soupe de courgettes parfumée à la coriandre ou au basilic. Faites des faisselles au poivre rose.

Minestrone de légumes d'été et crozets au sarrasin

2 personnes **I** Préparation : 20 min **I** Cuisson : 50 min **I** Repos : 5 min **I** Matériel : Cocotte

50 g de crozets au sarrasin • 1 oignon • 1 gousse d'ail • 6 feuilles de cresson • 1 courgette • 1 carotte épluchée • 1 poivron rouge • 1 petite betterave épluchée • 1 fenouil épluché • 2 tomates • 4 cuil. à soupe de maïs en grains • 1 cuil. à soupe de thym • Un peu de parmesan râpé • 2 cuil. à café de basilic ciselé • Huile d'olive • Sel, poivre du moulin

1. Épluchez l'oignon et l'ail, et hachez-les grossièrement. Lavez les légumes et coupez-les en petits morceaux. Faites chauffer de l'huile dans une cocotte et faites-y revenir l'oignon et l'ail. Ajoutez tous les légumes et le thym.

2. Mélangez et couvrez d'eau. Laissez mijoter à petit bouillon pendant environ 30 min, puis ajoutez les crozets au sarrasin. Laissez encore cuire pendant environ 10 min.

3. Laissez reposer pendant 5 min à couvert. Salez, poivrez et servez dans des assiettes creuses ou des bols. Dégustez bien chaud avec 1 filet d'huile et saupoudrez de parmesan et de basilic.

VARIANTE

Utilisez les légumes d'été que vous avez, ajoutez également du romarin frais.

Gaspacho de concombre et tartines de fromage frais aux graines germées

2 personnes **I** Préparation : 10 min **I** Matériel : Mixeur

1 concombre • 1 avocat • Le jus de 1 citron • 3 brins de menthe • 1 cuil. à soupe d'huile d'olive

Pour les tartines : 2 tartines de pain complet • 4 cuil. à soupe de fromage frais • 1 poignée de graines germées • 1 filet d'huile d'olive • 1 pincée de fleur de sel • 1 pincée de poivre

1. Épluchez le concombre, coupez-le en deux et épépinez-le. Mettez-le dans le mixeur. Ajoutez la chair de l'avocat, le jus de citron, la menthe et l'huile d'olive. Mixez, ajoutez un peu d'eau si la préparation est trop épaisse.

2. Faites griller les tranches de pain et tartinez-les de fromage frais. Ajoutez les graines germées, la fleur de sel, le poivre et 1 filet d'huile d'olive. Dégustez avec le gaspacho.

VARIANTE

Remplacez l'avocat par 3 cuil. à soupe de crème fraîche épaisse.

Velouté d'automne
et sweet potato toasts

2 personnes | Préparation : 10 min | Cuisson : 45 min | Matériel : Mixeur

500 g de potiron
50 cl de lait frais
1 bouquet garni
1 bocal de châtaignes entières
2 cuil. à soupe de beurre
1 cuil. à soupe de noix grillées
Sel, poivre du moulin

Pour les toasts
2 tranches de patate douce d'environ 4 mm d'épaisseur
4 cuil. à soupe de cottage cheese
2 feuilles de sucrine
2 filets d'huile d'olive
Poivre du moulin

1. Enlevez la peau du potiron, coupez-le en morceaux et mettez-le dans une casserole. Ajoutez le lait, le bouquet garni et faites cuire à petit bouillon pendant environ 20 min. Le potiron doit être tendre.

2. Pendant ce temps, faites cuire les châtaignes dans une poêle avec du beurre. Laissez-les dorer pendant environ 15 min. Faites ensuite revenir à sec les noix dans la poêle.

3. Enlevez le bouquet garni. Mixez le potiron en velouté. Salez et poivrez. Hachez les châtaignes et concassez les noix, puis déposez-les sur le velouté.

4. Préparez les toasts. Faites griller les tranches de patate douce dans un grille-pain, à la puissance maximale et deux fois de suite (adaptez selon votre grille-pain).

5. Déposez 2 cuil. à soupe de cottage cheese sur les toasts de patate douce, 1 filet d'huile d'olive et poivrez. Ajoutez les feuilles de sucrine coupées en lamelles fines aux ciseaux. Dégustez bien chaud.

VARIANTE

Vous pouvez aussi faire griller les tranches de patate douce au four. Ajoutez dans le velouté 2 cuil. à soupe de crème de marron non sucrée. Utilisez un lait végétal à la place du lait de vache.

DESSERTS

Bavarois myrtilles

6 personnes | Préparation : 30 min | Cuisson : 25 min | Réfrigération : 3 h | Matériel : Blender, plaque à pâtisserie, papier sulfurisé, cercle à pâtisserie de 20 cm de diamètre, chinois

Pour le biscuit
80 g de farine de riz
20 g d'arrow-root
100 g de sucre de canne blond
5 cuil. à soupe de tofu soyeux

Pour la mousse de myrtilles
500 g de myrtilles
2 g d'agar-agar
20 cl de lait de coco
3 cl de sirop d'agave

Pour le nappage à la framboise
20 cl de jus de framboise
¼ de cuil. à café d'agar-agar

1. Préchauffez le four à 180 °C (th. 6). Préparez le biscuit : mélangez la farine de riz, l'arrow-root et le sucre de canne. Ajoutez le tofu soyeux et mélangez pour obtenir une pâte lisse.

2. Étalez du papier sulfurisé sur une plaque à pâtisserie. Posez le cercle à pâtisserie dessus et versez la préparation. Enfournez pour 20 min de cuisson. Sortez du four et laissez refroidir.

3. Pendant ce temps, préparez la mousse de myrtilles. Mixez les myrtilles dans le blender avec 3 cuil. à soupe d'eau. Filtrez la purée obtenue à l'aide d'un chinois. Mettez la purée de myrtilles filtrée dans une casserole avec l'agar-agar et portez à ébullition pendant 2 min tout en mélangeant. Ôtez du feu et ajoutez le lait de coco, puis le sirop d'agave et mélangez.

4. Versez la purée de myrtilles sur le biscuit cerclé, laissez refroidir, puis placez au moins 2 h au réfrigérateur pour que la mousse prenne bien.

5. Préparez le nappage à la framboise en versant le jus de framboise dans une casserole avec l'agar-agar. Portez à ébullition pendant 30 s tout en mélangeant. Ce coulis de framboises va servir à napper le bavarois.

6. Ôtez du feu et laissez refroidir quelques minutes. Sortez le bavarois du réfrigérateur et versez le nappage à la framboise par-dessus. Laissez refroidir et placez 1 h au réfrigérateur avant de servir.

Gâteau à l'orange et au maïs

4 personnes | Préparation : 15 min | Cuisson : 40 min

120 g de poudre d'amandes • 80 g de beurre • 120 g de sucre • 2 œufs • 1 yaourt • 1 orange non traitée • 60 g de polenta • 1 cuil. à café de levure chimique

1. Faites griller la poudre d'amandes à sec jusqu'à un début de coloration. Laissez tiédir. Préchauffez le four à 175 °C (th. 5-6).

2. Battez le beurre en crème avec le sucre. Incorporez les œufs l'un après l'autre, puis le yaourt, le jus de l'orange ainsi que son zeste râpé, la polenta mélangée à la levure et la poudre d'amandes. Mélangez bien. Versez dans un petit moule et faites cuire pendant 30 min. Servez tiède ou froid.

VARIANTES

Ajoutez de l'extrait d'amande amère ou des graines de cardamome verte finement moulues, ou remplacez l'orange par un citron bergamote.

Gâteau de polenta grillée aux fraises

Pour 4 gâteaux individuels | Préparation : 20 min | Repos : 1 h | Cuisson : 5 min | Matériel : 4 moules ronds individuels

½ barquette de fraises • 1 gousse de vanille • 40 cl de lait de coco • 90 g de polenta • 45 g de sucre blond • 2 petits blancs d'œufs

1. Coupez les fraises en morceaux. Ouvrez la gousse de vanille, grattez les graines et mettez-les dans le lait de coco. Ajoutez 5 cl d'eau et portez à ébullition.

2. Versez la polenta en pluie et laissez cuire à feu moyen pendant 5 min tout en mélangeant. Ajoutez le sucre. Laissez tiédir en mélangeant régulièrement (5 à 10 min), montez les blancs en neige, puis retirez la gousse de vanille et ajoutez délicatement les blancs d'œufs.

3. Versez la moitié de la préparation dans les moules, répartissez les fraises et recouvrez avec le reste de préparation. Lissez, recouvrez de film alimentaire et réservez au frais pendant 1 h. Faites griller sous le gril du four. Servez à température ambiante ou froid.

Moelleux aux myrtilles et yaourt de brebis

8 personnes | Préparation : 15 min | Cuisson : 40 min | Matériel : Moule à cake

250 g de yaourt de brebis nature • 200 g de farine de blé T65 + un peu pour le moule • 160 g de sucre de canne blond • 1 sachet de poudre à lever • 19 cl d'huile d'olive douce + un peu pour le moule • 125 g de myrtilles • 1 pincée de sel

1. Préchauffez le four à 180 °C (th. 6). Dans un récipient, versez le yaourt. Ajoutez la farine, le sucre de canne, la poudre à lever et le sel. Mélangez tout en ajoutant petit à petit l'huile d'olive, jusqu'à obtenir une belle pâte lisse.

2. Ajoutez délicatement les myrtilles et mélangez à l'aide d'une maryse.

3. Huilez et farinez le moule à cake et versez-y la pâte.

4. Enfournez pour 40 min. Laissez le moelleux bien refroidir avant de démouler.

ASTUCE

Pas de myrtilles fraîches ? Vous pouvez utiliser des myrtilles congelées.

Fondant aux pommes, miel et crème d'amande

8 personnes | Préparation : 15 min | Cuisson : 45 min | Matériel : Moule à manqué, mixeur

4 pommes (type reinette du Canada) • 100 g de tofu soyeux • 100 g de miel liquide • 20 cl de crème d'amande • 1 cuil. à café de vanille en poudre • 40 g de pistaches concassées nature • 1 pincée de sel

1. Préchauffez le four à 180 °C (th. 6).

2. Épluchez les pommes, coupez-les en quartiers, ôtez la queue et les pépins, puis coupez la chair en lamelles. Disposez les lamelles dans le moule à manqué en les superposant.

3. Dans un mixeur, déposez le tofu soyeux, le miel liquide et la crème d'amande. Ajoutez la vanille en poudre et le sel. Mixez pour obtenir un mélange bien homogène.

4. Versez cette préparation sur les pommes. Saupoudrez de pistaches concassées et enfournez pour 45 min.

5. Vous pouvez déguster ce fondant tiède ou froid.

INFO NUTRITION

Si vous souhaitez obtenir un fondant moins sucré, réduisez la quantité de miel (75 g peuvent suffire pour cette recette).

Tarte Tatin caramélisée
au sucre de fleur de coco

6 personnes | Préparation : 15 min | Cuisson : 45 min |
Matériel : Moule à manqué

60 g de sucre de fleur de coco
10 cl d'eau
12 cl de lait de coco
1 cuil. à café d'extrait de vanille
8 à 10 pommes fermes
1 pâte brisée maison (voir recette p. 13)
ou du commerce
1 pincée de sel

1. Dans une casserole, versez le sucre de fleur de coco avec l'eau et faites chauffer à feu moyen. Laissez bouillir 2 min.

2. Ajoutez le lait de coco en fouettant pour qu'il soit parfaitement dissous. Laissez cuire encore 10 min, puis ôtez du feu et ajoutez l'extrait de vanille et le sel. Versez au fond du moule.

3. Préchauffez le four à 180 °C (th. 6), chaleur tournante.

4. Épluchez les pommes, coupez-les en deux. Ôtez les pépins et le trognon. Disposez les pommes dans le moule, côté bombé sur le dessus, en les calant les unes contre les autres. Remplissez le moule.

5. Recouvrez avec la pâte brisée que vous glisserez sur les bords entre les pommes et le moule. Faites une petite cheminée au centre et enfournez pour 30 min.

6. Laissez tiédir. Retournez la tarte pour la démouler et dégustez aussitôt.

Framboisier à la farine de riz

8 personnes | Préparation : 1 h | Cuisson : 15 min | Repos : 15 min | Matériel : Moule à manqué

Pour la génoise
4 œufs
120 g de sucre de canne blond
1 cuil. à soupe d'extrait de vanille
100 g de farine de riz
20 g de fécule de pomme de terre
½ cuil. à café de poudre à lever
Huile d'olive et farine de riz (pour le moule)

Pour le sirop
10 cl d'eau
100 g de sucre de canne blond
3 cuil. à soupe de kirsch

Pour la garniture
1 crème pâtissière
800 g de framboises

Pour le décor
40 framboises
30 g d'amandes effilées

1. Préchauffez le four à 200 °C (th. 6-7). Cassez les œufs, séparez les jaunes des blancs. Montez les blancs en neige ferme. Réservez.

2. Fouettez les jaunes d'œufs avec le sucre de canne, jusqu'à ce que le mélange blanchisse. Ajoutez l'extrait de vanille, mélangez. Incorporez délicatement les blancs en neige à l'aide d'une maryse en soulevant la préparation.

3. Mélangez la farine de riz, la fécule de pomme de terre et la poudre à lever. Ajoutez à la préparation précédente et mélangez délicatement. Versez la pâte dans le moule à manqué huilé et fariné. Enfournez pour 15 min.

4. Pendant ce temps, préparez le sirop. Dans une casserole, versez l'eau, le sucre de canne et le kirsch et faites chauffer. Prolongez la cuisson 10 min, jusqu'à obtenir un mélange sirupeux.

5. Laissez refroidir le sirop ainsi que la génoise, puis coupez-la en deux horizontalement. Imbibez les deux parties de la génoise avec le sirop et placez au réfrigérateur 15 min.

6. Sur une moitié de génoise, étalez un tiers de la crème pâtissière. Ajoutez les framboises et refermez avec l'autre partie de la génoise. Recouvrez tout le gâteau avec le reste de crème. Décorez avec les framboises et les amandes effilées. Conservez au réfrigérateur avant de servir.

Tartelettes aux fraises à la sève de kitul

Pour 6 tartelettes | Préparation : 30 min | Cuisson : 12 min | Repos : 1 h | Matériel : 6 moules à tartelettes

200 g de farine de riz complet
125 g de margarine végétale non hydrogénée
50 g de poudre d'amandes
50 g de sucre de canne complet
50 g de sirop d'agave en poudre
1 œuf
1 pincée de sel
Huile (pour les moules)

Pour la garniture
40 cl de lait d'amande à la vanille
10 cl de sève de kitul
2 œufs
60 g de farine de riz
300 g de fraises

1. Préchauffez le four à 180 °C (th. 6).

2. Dans un récipient, mélangez la farine de riz, la margarine végétale, la poudre d'amandes, le sucre de canne, le sirop d'agave en poudre et le sel. Ajoutez l'œuf, puis pétrissez, jusqu'à obtenir une boule de pâte homogène.

3. Huilez les moules. Divisez la pâte en six et étalez-la dans les moules. Faites-le directement à la main ou entre deux feuilles de papier sulfurisé. Piquez les fonds de tarte avec une fourchette, puis enfournez pour 12 min. Sortez du four et laissez refroidir.

4. Préparez la crème pâtissière. Dans une casserole, faites bouillir le lait d'amande avec la sève de kitul.

5. Dans un récipient, cassez les œufs et battez-les en omelette. Ajoutez la farine de riz et continuez à battre. Versez petit à petit le lait d'amande sur la préparation à base d'œufs en mélangeant. Remettez le tout dans la casserole à feu moyen et mélangez jusqu'à épaississement. Laissez refroidir cette crème, puis étalez-la sur les fonds de tartes.

6. Lavez les fraises et équeutez-les. Coupez-les en quatre et disposez-les sur la crème pâtissière. Laissez refroidir et placez 1 h au réfrigérateur avant de servir.

Cheesecakes au citron,
crème de noix de cajou

4 personnes | Préparation : 15 min | Cuisson : 30 min | Repos : 1 nuit + 4 h | Matériel : 4 cercles à pâtisserie de 8 cm de diamètre, plaque à pâtisserie

160 g d'amandes entières
200 g de dattes
1 pincée de sel

Pour la crème
180 g de noix de cajou
5 cl de jus de citron
50 g d'huile de coco
20 cl de lait de coco
10 cl de sirop d'agave
2 g d'agar-agar

Pour le coulis
20 cl de jus de citron
50 g de sucre de canne blond
1 g d'agar-agar

1. La veille au soir, faites tremper dans 2 bols séparés les amandes entières et les noix de cajou.

2. Le jour même, dénoyautez les dattes et déposez-les dans le bol d'un mixeur. Égouttez les amandes et ajoutez-les avec le sel. Mixez, jusqu'à obtenir un mélange granuleux.

3. Disposez les cercles à pâtisserie sur la plaque à pâtisserie. Répartissez la préparation au fond des cercles et tassez bien. Préchauffez le four à 180 °C (th. 6).

4. Préparez la crème. Dans un blender, déposez les noix de cajou égouttées, le jus de citron, l'huile de coco, le lait de coco, le sirop d'agave et l'agar-agar. Mixez, jusqu'à obtenir une crème lisse. Versez dans les cercles à pâtisserie, couvrez avec du papier sulfurisé et enfournez pour 30 min. Sortez du four, laissez refroidir et placez 1 h au réfrigérateur.

5. Préparez le coulis de citron. Dans une casserole, faites chauffer le jus de citron, le sucre de canne et l'agar-agar. Portez à ébullition pendant 1 min. Versez sur les cheesecakes. Laissez refroidir et placez au réfrigérateur au moins 3 h avant de déguster.

6. Au moment de servir, passez la lame d'un couteau sur tout le pourtour de chaque cercle et démoulez.

Cobbler banane,
myrtille et noisette

6 personnes | Préparation : 12 min | Cuisson : 30 min

2 bananes
200 g de myrtilles
100 g de poudre de noisettes maison ou du commerce
50 g de poudre d'amandes maison ou du commerce
70 g de farine
60 g de cassonade brune (corsée) ou sucre muscovado
½ sachet de levure chimique
80 g de beurre demi-sel
100 g de fromage blanc
1 cuil. à café d'extrait de vanille liquide

1. Préchauffez le four à 180 °C (th. 6). Pelez les bananes et coupez-les en morceaux. Mettez-les dans un plat à gratin avec les myrtilles.

2. Dans la cuve d'un robot ménager, versez la poudre de noisettes, la poudre d'amandes, la farine, la cassonade et la levure chimique. Ajoutez le beurre froid coupé en dés. Pétrissez jusqu'à l'obtention d'un mélange sableux.

3. Ajoutez le fromage blanc et la vanille. Mélangez afin que la pâte soit homogène et collante. Répartissez la pâte dans le plat à gratin à l'aide d'une cuillère, en faisant en sorte que quelques fruits ne soient pas recouverts de pâte.

4. Enfournez le cobbler pour 30 min de cuisson, jusqu'à ce qu'il soit doré. Servez tiède avec de la glace, de la crème fraîche d'Isigny ou encore du fromage blanc.

VARIANTES

Ce dessert peut être préparé avec n'importe quel fruit : fraise, framboise, pêche, poire, prune, etc. Bon à savoir : plus le fruit est mûr, plus il est sucré, il faudra donc adapter la quantité de sucre dans la pâte.

Crèmes brûlées
au miel et à la vanille

6 personnes | Préparation : 15 min | Cuisson : 1 h à 1 nuit | Réfrigération : 3 h | Matériel : Thermomètre de cuisson, 6 ramequins, chalumeau

1 gousse de vanille
30 cl de lait entier
20 cl de crème liquide
5 jaunes d'œufs
70 g de miel
3 cuil. à soupe de sucre muscovado

1. Préchauffez le four à 100 °C (th. 3-4).

2. Fendez la gousse de vanille en deux dans la longueur et grattez les graines. Dans une casserole, mettez le lait, la crème et la gousse et les graines de vanille. Portez à ébullition, puis ôtez du feu et laissez infuser 10 min. Retirez la gousse de vanille.

3. Fouettez les jaunes d'œufs et le miel, puis versez le lait tiède dessus. Reversez le tout dans la casserole et chauffez sans faire bouillir, jusqu'à ce que la crème épaississe comme une crème anglaise (si vous avez un thermomètre de cuisson, faites cuire jusqu'à atteindre 82 °C).

4. Répartissez la crème dans les ramequins et enfournez pour 50 min. Les crèmes doivent être encore légèrement tremblotantes. Laissez refroidir, puis réservez au réfrigérateur pendant au moins 3 h, voire toute 1 nuit. Juste avant de servir, parsemez les crèmes de sucre muscovado et caramélisez-les à l'aide du chalumeau.

CONSEIL

Caramélisez ces crèmes brûlées avec délicatesse car le sucre muscovado brunit très vite !

Tarte tropézienne
à la boisson végétale de riz

6 personnes | Préparation : 1 h | Cuisson : 25 min | Repos : 2 h

Pour la crème
25 cl de boisson végétale de riz
3 œufs
50 g de sucre de canne blond
30 g de farine de petit épeautre
1 cuil. à soupe d'extrait de vanille
1 pincée de sel

Pour la brioche
11 g de levure de boulanger sèche
5 cl d'eau tiède
320 g de farine d'épeautre blanche
30 g de sucre de canne blond
3 œufs
110 g de beurre clarifié
3 cuil. à soupe de boisson végétale de riz
20 g d'amandes effilées
4 g de sel

Pour le décor
Sucre glace

1. Dans une casserole, versez la boisson végétale de riz et faites-le chauffer.

2. Pendant ce temps, fouettez les œufs avec le sucre de canne, jusqu'à ce que le mélange blanchisse. Sans cesser de battre, ajoutez la farine de petit épeautre, puis la boisson végétale bouillante. Ajoutez l'extrait de vanille et le sel. Reversez la préparation dans la casserole et prolongez la cuisson de 3 min tout en mélangeant. Versez la crème dans un récipient, filmez et conservez au réfrigérateur.

3. Préparez la brioche. Diluez la levure de boulanger dans l'eau tiède. Dans un récipient, versez la farine d'épeautre, le sel et le sucre de canne. Ajoutez les œufs battus en omelette et la levure. Pétrissez pendant 10 min, puis ajoutez le beurre clarifié en continuant à pétrir jusqu'à complète absorption. Laissez reposer la pâte pendant 1 h.

4. Pétrissez la pâte de nouveau, formez un disque et déposez-le dans le moule à manqué. Laissez encore reposer 1 h.

5. Préchauffez le four à 200 °C (th. 6-7). Badigeonnez la brioche de boisson végétale et saupoudrez d'amandes effilées. Couvrez la brioche de papier sulfurisé et enfournez pour 20 min. Laissez refroidir et coupez-la en deux dans l'épaisseur.

6. Garnissez la brioche de crème, refermez et saupoudrez de sucre glace.

Parfait glacé à la vanille
et sirop d'érable

8 personnes | Préparation : 15 min | Repos : 1 nuit + 30 min | Turbinage : 30 min | Congélation : 6 h | Matériel : Moule à cake en silicone

20 cl de crème de riz
200 g de crème de coco
40 cl de sirop d'érable
50 g de purée d'amandes
2 cuil. à soupe d'extrait de vanille
20 noisettes grillées
1 pincée de sel

1. La veille au soir, placez la crème de riz et la crème de coco au réfrigérateur.

2. Le lendemain, mélangez 35 cl de sirop d'érable avec la purée d'amandes, l'extrait de vanille et le sel. Réservez.

3. Battez la crème de riz au batteur électrique pendant 3 min pour la faire mousser. Réservez. Faites de même avec la crème de coco. Puis mélangez les deux.

4. Incorporez le mélange sirop d'érable-amandes. Mélangez délicatement et placez 30 min au réfrigérateur, puis mettez la préparation à turbiner 30 min en sorbetière.

5. Versez la préparation dans le moule à cake. Placez au congélateur pendant 6 h.

6. Au moment de servir, démoulez, nappez avec le sirop d'érable restant et répartissez les noisettes grossièrement concassées.

Tiramisu matcha,
framboises et baies d'açaï

6 personnes I Préparation : 15 min I
Réfrigération : 4 h minimum

3 œufs
100 g de sucre
250 g de mascarpone
5 cuil. à café de thé matcha
Environ 25 biscuits à la cuiller
250 g de framboises
2 cuil. à soupe de baies d'açaï en poudre

1. Cassez les œufs en séparant les blancs des jaunes. Dans un saladier, battez les jaunes d'œufs avec le sucre jusqu'à ce que le mélange blanchisse. Ajoutez le mascarpone et mélangez de façon à obtenir une texture homogène. Ajoutez 3 cuil. à café de thé matcha. Montez les blancs d'œufs en neige et incorporez-les délicatement à la préparation précédente.

2. Préparez du thé matcha. Versez 15 cl d'eau frémissante sur les 2 cuil. de thé matcha restantes et fouettez jusqu'à ce que le mélange devienne homogène et légèrement crémeux.

3. Montez le tiramisu. Trempez brièvement les biscuits dans le thé matcha et tapissez-en le fond d'un plat. Versez ensuite la moitié de la crème au mascarpone, recouvrez d'une couche de framboises, d'une seconde couche de biscuits imbibés et terminez avec le reste de la crème au mascarpone. Laissez reposer au réfrigérateur pendant 4 h au minimum. Juste avant de servir, saupoudrez le tiramisu de baies d'açaï en poudre.

CONSEIL

Le tiramisu sera encore meilleur après 24 h de repos.

Sorbet à l'ananas rôti
et citron vert

4 personnes | Préparation : 15 min | Cuisson : 15 min | Réfrigération : 3 h | Turbinage : 30 min | Congélation : 10 min | Matériel : Sorbetière

1 ananas
1 gousse de vanille
2 cuil. à soupe de sucre de fleur de coco
Le zeste et le jus de 1 citron vert
30 g de sirop d'agave
5 cl d'eau

1. Pelez l'ananas et retirez le cœur filandreux. Récupérez 500 g de chair et coupez-la en gros dés. Fendez la gousse de vanille en deux dans la longueur et grattez les graines.

2. Dans une poêle, mettez les dés d'ananas et saupoudrez de sucre de fleur de coco. Remuez bien pour envelopper tous les dés d'ananas et faites cuire à feu vif. Ajoutez la gousse et les graines de vanille. Arrêtez la cuisson quand l'ananas est bien moelleux et caramélisé. Déglacez avec le jus de citron vert.

3. Mettez l'ananas, le sirop d'agave et l'eau dans le bol d'un blender et mixez, jusqu'à ce que la préparation soit homogène. Ajoutez le zeste de citron vert et réservez au réfrigérateur pendant au moins 3 h.

4. Versez la préparation dans le bol de la sorbetière et turbinez pendant 20 à 30 min, jusqu'à ce que la glace soit prise. Réservez 10 min au congélateur avant de servir.

VARIANTE

Parsemez ce sorbet de quelques morceaux de spéculoos brisés.

Panna cotta à la framboise

8 personnes | Préparation : 15 min | Cuisson : 5 min | Réfrigération : 2 h | Matériel : Blender

500 g de framboises
25 cl de boisson végétale de soja vanille
25 cl de crème de soja
7 cl de sirop d'agave
2 g d'agar-agar
2 cuil. à soupe de jus de citron

1. Dans une casserole, diluez l'agar-agar dans la boisson végétale et portez à ébullition pendant 1 min. Ôtez du feu et ajoutez la crème de soja, mélangez. Ajoutez ensuite la moitié du sirop d'agave et mélangez de nouveau. Versez dans 4 ramequins et laissez refroidir.

2. Pendant ce temps, rincez les framboises. Réservez-en 8 entières et mettez le reste dans le blender avec le jus de citron. Mixez à pleine puissance pendant 2 min.

3. Passez les framboises mixées au chinois pour ôter toutes les petites graines. Ajoutez le reste de sirop d'agave au coulis de framboises filtré.

4. Placez les panna cotta et le coulis de framboises au réfrigérateur pendant 2 h.

5. Au moment de servir, répartissez le coulis de framboises sur les panna cotta et décorez de 1 framboise.

ASTUCE

Variez les plaisirs en variant les coulis de fruits !

Moelleux pomme et poire aux noisettes

8 personnes I Préparation : 10 min I Cuisson : 45 min I Matériel : Moule à manqué de 20 à 22 cm de diamètre

200 g de farine d'épeautre + un peu pour le moule • 1 sachet de levure chimique • 100 g de poudre de noisettes • 4 œufs • 115 g de sirop d'agave • 10 cl de lait • 100 g d'huile de coco • ½ cuil. à café de vanille en poudre • 2 pommes • 1 poire • Beurre (pour le moule)

1. Préchauffez le four à 180 °C (th. 6).

2. Dans un saladier, mettez la farine, la levure et la poudre de noisettes et faites un puits dans lequel vous ajouterez les œufs et le sirop d'agave. À l'aide d'un fouet, mélangez petit à petit pour éviter la formation de grumeaux. Ajoutez le lait et l'huile de coco préalablement fondue au micro-ondes, puis la vanille en poudre.

3. Pelez les fruits, ôtez le cœur et coupez la chair en petits morceaux avant de les intégrer à la pâte. Versez la pâte dans le moule à manqué beurré et fariné et enfournez pour 40 à 45 min. Dégustez tiède.

VARIANTE

Avant d'enfourner, ajoutez 1 belle poignée de noisettes concassées !

Gâteau au chocolat et patate douce

4 personnes I Préparation : 15 min I Cuisson : 30 min I Réfrigération : 2 h

150 g de chocolat noir pâtissier • 150 g de purée de patates douces • 4 cuil. à soupe de purée d'amandes • 3 cuil. à soupe de sucre de canne • 200 g de tofu soyeux • 2 cuil. à soupe de sirop d'agave • 4 cuil. à soupe de farine de riz

1. Faites fondre le chocolat avec 2 cuil. à soupe de purée d'amandes.

2. Préchauffez le four à 180 °C (th. 6).

3. Dans un saladier, mélangez le chocolat avec le sucre de canne et la moitié du tofu soyeux. Ajoutez 2 cuil. à soupe de farine de riz et mélangez. Réservez.

4. Dans un autre saladier, mélangez la purée de patates douces avec le sirop d'agave et le reste de purée d'amandes. Ajoutez le reste de farine de riz, le reste de tofu soyeux et mélangez. Réservez.

5. Huilez et farinez des moules individuels et versez les deux préparations en même temps (comme pour un gâteau marbré) pour obtenir différentes couches de couleur orange et chocolat.

6. Enfournez pour 30 min de cuisson. Laissez refroidir et placez au moins 2 h au réfrigérateur avant de servir.

Petit épautre au lait végétal

4 personnes | Trempage : 12 h | Préparation : 5 min | Cuisson : 3 h

180 g de grains de petit épeautre • 5 gousses de cardamome verte • 1 petit fragment de cannelle • 1 pincée de muscade • 600 g de boisson végétale aux céréales, éventuellement à la vanille • 300 g de « crème » végétale (d'épeautre ou de riz) • 30 g de sucre blond

1. La veille, mettez à tremper les grains de petit épeautre dans un grand volume d'eau.

2. Le jour même, préchauffez le four à 200 °C (th. 6-7). Versez les grains de petit épeautre dans une casserole à fond épais. Ajoutez les épices, le lait, la crème végétale et le sucre. Faites cuire pendant environ 3 h, jusqu'à ce que les grains aient absorbé l'essentiel du liquide.

3. Dégustez tiède avec une compotée de fruits.

VARIANTE

Remplacez le petit épeautre par de l'orge pour un résultat proche du riz au lait.

Riz au lait végétal

8 personnes | Préparation : 10 min | Cuisson : 45 min

100 g de riz rond • 1 l de boisson végétale de soja à la vanille • 3 cuil. à soupe de sucre de canne blond • 1 cuil. à soupe de purée d'amandes

1. Dans une casserole, versez la boisson végétale à la vanille et portez à ébullition.

2. Ajoutez le sucre ainsi que la purée d'amandes et mélangez.

3. Baissez la température pour faire des petits bouillons et versez le riz en pluie dans la casserole.

4. Mélangez régulièrement jusqu'à ce que le riz affleure à la surface.

5. Versez dans des bols et laissez refroidir avant de déguster tiède ou froid.

ASTUCE

Essayez aussi avec une boisson végétale à la noisette.

Tartelettes au citron meringuées au miel
et à l'huile d'olive

Pour 6 tartelettes I Préparation : 1 h I Réfrigération : 1 h I Cuisson : 40 min I Matériel : 6 moules à tartelette, thermomètre de cuisson, chalumeau

Pour la pâte
60 g d'huile de coco
50 g de sirop d'agave en poudre
1 œuf
1 cuil. à café d'eau
30 g de poudre d'amandes
140 g de farine T65
1 pincée de sel

Pour la crème au citron
Le zeste et le jus de 4 citrons non traités
90 g de miel
3 œufs
1 cuil. à soupe de fécule de maïs
3 cl d'huile d'olive

Pour la meringue
170 g de miel
8 cl d'eau
2 blancs d'œufs
1 pincée de sel

1. Préparez la pâte. Dans un saladier, travaillez l'huile de coco ramollie avec le sirop d'agave en poudre. Ajoutez l'œuf, l'eau et le sel et mélangez bien. Incorporez la poudre d'amandes et la farine. Formez une boule avec la pâte, aplatissez-la légèrement, puis enveloppez-la de film alimentaire. Réservez au réfrigérateur pendant au moins 1 h.

2. Préchauffez le four à 180 °C (th. 6). Étalez la pâte sur 3 mm d'épaisseur sur le plan de travail légèrement fariné, découpez 6 disques et foncez les moules à tartelette. Garnissez-les de papier sulfurisé et de billes de cuisson et enfournez pour 20 min. À la sortie du four, retirez le papier sulfurisé et laissez refroidir sur une grille.

3. Préparez la crème au citron. Dans une casserole, mettez le zeste et le jus des citrons avec le miel et chauffez. Dans un saladier, fouettez les œufs avec la fécule de maïs. Quand le liquide bout, versez-le sur les œufs sans cesser de fouetter, puis reversez le tout dans la casserole. Pour ne pas retrouver les zestes de citron dans la crème, filtrez le jus. Faites cuire doucement, jusqu'à ce que la crème épaississe. Hors du feu, ajoutez l'huile d'olive, émulsionnez vivement comme une mayonnaise et versez dans un bol. Laissez refroidir totalement avant de déposer dans les fonds de tartelette.

4. Préparez la meringue. Dans une casserole, versez le miel et l'eau et chauffez. Mettez les blancs d'œufs et le sel dans un saladier. Quand le liquide atteint 110 °C, commencez à battre les blancs en neige. Lorsqu'il atteint 118 °C, versez doucement le sirop de miel sur les blancs en neige sans cesser de fouetter. Battez jusqu'à ce que la meringue soit revenue à température ambiante. Déposez la meringue sur les tartelettes et dorez-la à l'aide du chalumeau.

Panna cotta croustillante aux pêches et noisettes

4 personnes I Préparation : 25 min I Cuisson : 5 min I Repos : 2 h

6 pêches • 15 cl de boisson végétale de soja • 25 cl de crème d'épeautre ou de soja • 35 g de sucre blond • 40 g de purée de noisettes ou d'amandes • 1 g d'agar-agar • 40 g de chocolat au lait • 4 cuil. à soupe de muesli croustillant

1. Épluchez les pêches et coupez-les en cubes. Répartissez-les au fond de 4 verrines. Portez à ébullition la boisson végétale au soja, la crème, le sucre, la purée de noisettes ou d'amandes et l'agar-agar. Ajoutez le chocolat au lait et laissez frémir pendant 3 min tout en mélangeant.

2. Laissez tiédir pendant 10 min en mélangeant régulièrement, puis versez sur les pêches. Placez au frais pendant 2 h.

3. Dégustez froid, parsemé de muesli croustillant.

INFO NUTRITION

La crème et la boisson végétale de soja remplacent la crème fraîche et le lait de vache dans cette recette. Préférez les versions enrichies en calcium pour couvrir vos besoins journaliers.

Verrines de graines de chia, lait de coco et thé matcha

2 personnes I Préparation : 10 min I Réfrigération : 1 nuit

25 cl de lait de coco • 6 cuil. à soupe de graines de chia • 1 cuil. à soupe de sucre blond de canne • 2 cuil. à café de thé matcha en poudre • ½ grenade

1. La veille au soir, mélangez le lait de coco avec les graines de chia, le sucre et le thé matcha. Versez dans 2 bols et placez au frais toute la nuit.

2. Le jour même, ouvrez la grenade, ôtez les parties blanches pour récupérer les graines. Au moment de servir, parsemez les verrines au matcha de graines de grenade.

CONSEIL

Pour récupérer facilement les graines de chia, coupez les 2 extrémités du fruit, faites 6 entailles peu profondes dans la peau sans entamer la partie où se trouve les graines. Remplissez un saladier d'eau, immergez la grenade et rompez-la en plusieurs morceaux au niveau des entailles. Épluchez la grenade sous l'eau, les graines resteront au fond du saladier tandis que les morceaux de peau remonteront à la surface.

Moelleux au chocolat, cœur coulant caramel

6 personnes | Préparation : 25 min | Cuisson : 50 min | Réfrigération : 3 h | Matériel : 6 ramequins
140 g de purée d'amandes • 4 œufs • 80 g de miel liquide • 90 g de farine T65 + un peu pour les ramequins • 1 cuil. à soupe de cacao amer non sucré • 6 cuil. à café de caramel sans sucre • 1 pincée de sel • Beurre

1. Préchauffez le four à 180 °C (th. 6).

2. Faites fondre le chocolat au bain-marie avec la purée d'amandes. Dans un saladier, fouettez les œufs avec le miel et le sel, jusqu'à ce que le mélange blanchisse et double de volume. Incorporez délicatement le chocolat fondu à l'aide d'une maryse. Ajoutez la farine et le cacao en pluie et mélangez bien.

3. Préparez le caramel sans sucre.

4. Beurrez et farinez les ramequins. Remplissez-les aux deux tiers de pâte au chocolat, déposez 1 cuillerée de caramel sans sucre, puis recouvrez de pâte au chocolat. Enfournez pour 8 à 10 min. Laissez tiédir 5 min, puis démoulez et servez immédiatement.

Rhubarbe compotée, orange et fraises au thym citron

4 personnes | Préparation : 10 min | Cuisson : 10 min | Réfrigération : 10 min | Matériel : Casserole, presse-agrumes
2 oranges • 200 g de fraises • 3 brins de thym citron • 3 cuil. à soupe de sirop d'agave

1. Lavez la rhubarbe et coupez-la en petits tronçons. Déposez-les dans la casserole avec 2 cuillerées et demie de sirop d'agave et le jus des 2 oranges. Faites cuire pendant 10 min.

2. Lavez, équeutez les fraises, et coupez-les en morceaux. Mélangez-les au thym citron, ajoutez le restant de sirop d'agave, mélangez et laissez reposer 10 min au frais. Servez-les avec la compotée de rhubarbe.

Gâteau au yaourt à l'orange

6 personnes | Préparation : 10 min | Cuisson : 25 min |
Matériel : Moule rond de 26 cm de diamètre, râpe à zeste

1 orange bio ou non-traitée
(1 cuil. à soupe de zeste et 1 cuil. à soupe de jus)
50 g de poudre d'amandes
45 g de farine de millet
45 g de fécule de maïs
½ cuil. à café de gomme xanthane (facultatif)
½ cuil. à café de poudre à lever
1 pincée de bicarbonate de sodium
1 pincée de sel fin
100 g de sucre de canne blond en poudre
125 g de yaourt entier, à température ambiante
6 cl d'huile végétale neutre (colza, pépins de raisin)
1 cuil. à café d'extrait de vanille
1 œuf
Un peu de beurre pour le moule

Pour servir
2 ou 3 belles oranges
Sucre glace

1. Préchauffez le four à 175 °C (th. 6). Zestez l'orange et pressez-la. Beurrez le moule. Dans un grand saladier, mélangez les ingrédients secs : poudre d'amandes, farine, fécule, gomme, poudre à lever, bicarbonate et sel fin. Versez le sucre et mélangez à nouveau. Incorporez le yaourt, l'huile et mélangez, puis ajoutez le zeste et le jus de l'orange, enfin la vanille et l'œuf ; mélangez encore. La pâte doit être crémeuse.

2. Versez la pâte dans le moule. Enfournez pour 25 min de cuisson environ, selon votre four. Vérifiez la cuisson en enfonçant une pique en bois au centre du gâteau : elle doit ressortir sèche. Laissez refroidir le gâteau.

3. Pendant la cuisson du gâteau, préparez les oranges : pelez-les à vif et coupez-les en quartiers.

4. Servez le gâteau saupoudré de sucre glace et accompagné de quartiers d'oranges.

Cake au citron

8 personnes | Préparation : 15 min | Cuisson : 50 min | Repos : 1 h | Matériel : Moule à cake, robot (lame de pétrissage ou batteur électrique), grille, papier sulfurisé

220 g de beurre, à température ambiante + 10 g pour le moule
180 g de sucre de canne blond en poudre
4 œufs
1 cuil. à café d'extrait de vanille
1 gros citron non traité (le zeste en entier + 2 cuil. à café de jus)
280 g de mix pâtisserie du commerce
1 cuil. à café de sel fin
2 cuil. à café de poudre à lever

Pour le glaçage au citron

140 g de sucre glace
5 cuil. à café de jus de citron pressé
2 à 4 cuil. à café d'eau

1. Préchauffez le four à 165 °C (th. 5-6). Beurrez légèrement le moule et chemisez-le de papier sulfurisé beurré.

2. Coupez le beurre en petits dés. Mettez-les dans le bol du robot, puis mixez à vitesse moyenne jusqu'à obtenir une consistance crémeuse. Versez doucement le sucre en poudre. Battez à vitesse lente, ajoutez les œufs, l'un après l'autre, en s'assurant de leur bonne incorporation. Ajoutez la vanille, le jus de citron, le zeste de citron et continuez de battre pour obtenir une belle consistance crémeuse.

3. Dans un grand bol, mélangez les ingrédients secs : mix, sel et poudre à lever. Versez doucement le contenu du bol dans le robot, faites tourner jusqu'à obtenir à nouveau une texture crémeuse.

4. Versez la pâte dans le moule à cake. Placez la grille à mi-hauteur du four. Enfournez pour 50 min de cuisson. Vérifiez la cuisson en enfonçant une pique en bois au milieu du cake : elle doit ressortir sèche.

5. Laissez le cake refroidir 15 min dans le moule, puis démoulez le cake et laissez-le complètement refroidir sur la grille.

6. Préparez le glaçage : mélangez le sucre glace et le jus de citron, ajoutez quelques cuillerées d'eau pour obtenir une belle texture de glaçage. Décorez le dessus du cake de ce glaçage, attendez qu'il sèche, puis posez une seconde couche de glaçage pour qu'il soit bien blanc. Laissez sécher.

Salade d'agrumes
et tuiles à la cardamome

Pour 10 personnes | Préparation : 40 min | Cuisson : 10 min

Une douzaine d'oranges Navel
8 pomelos roses

Pour les tuiles
175 g de sucre
75 g de farine
1 pincée de sel
2 pincées de cardamome en poudre
75 g d'amandes hachées
75 g de beurre à température ambiante
Le jus de 1 orange

1. Préchauffez le four à 180 °C (th. 6). Dans un saladier, mélangez le sucre, la farine, le sel, la cardamome, les amandes, puis le beurre. Liez bien et ajoutez le jus d'orange.

Sur une plaque de cuisson garnie de papier sulfurisé, déposez 1 cuil. à soupe de pâte pour former chaque tuile. Aplatissez légèrement la pâte à l'aide d'une cuillère mouillée. Enfournez pour 10 min.

2. Dès que les biscuits sont dorés, sortez-les du four et posez-les sur un rouleau à pâtisserie ou sur une bouteille fine afin que, en refroidissant, ils prennent la forme d'une tuile. À l'aide d'un couteau bien aiguisé, coupez le bout rond des agrumes. Toujours en vous aidant du couteau, épluchez les fruits en retirant la peau et la membrane blanche afin d'obtenir des fruits nus où les quartiers sont séparés par de fins traits blancs. Incisez les agrumes le long de ces membranes jusqu'au cœur afin de détacher les quartiers. Pressez ensuite le cœur pour extraire un maximum de jus.

3. Mélangez les suprêmes d'agrumes et servez-les accompagnés de vos tuiles.

VARIANTES

Vous pouvez aromatiser vos tuiles avec de la vanille ou du gingembre en poudre. En ce qui concerne la salade, si vous le pouvez, remplacez une partie des oranges Navel par des oranges sanguines ou de bonnes clémentines.

Soupe de fruits rouges au gingembre
et à la menthe

4 personnes | Préparation : 10 min | Cuisson : 5 min |
Matériel : Râpe à légumes, presse-agrumes, 4 ramequins

1 cm de gingembre frais
1 citron vert
250 g de fraises
250 g de framboises
125 g de myrtilles
125 g de groseilles
4 cuil. à soupe de cassonade
1 sachet de sucre vanillé
1 étoile de badiane
20 feuilles de menthe
8 tuiles aux amandes

1. Épluchez et râpez le gingembre. Pressez le citron vert et réservez le jus.

2. Lavez les fruits. Coupez les fraises en quatre et mettez-les dans un saladier avec le reste des fruits rouges et le gingembre. Arrosez-les de jus de citron vert et mélangez délicatement.

3. Faites chauffer le wok. Versez-y les fruits rouges et saupoudrez de cassonade et de sucre vanillé. Ajoutez l'étoile de badiane et mélangez très délicatement pour ne pas écraser les fruits. Faites cuire pendant 5 min à feu moyen.

4. Répartissez la soupe de fruits rouges dans 4 ramequins et laissez tiédir. Parsemez de feuilles de menthe ciselées et ajoutez 2 tuiles aux amandes par ramequin. Servez immédiatement.

Yaourts au soja

Pour 12 yaourts | Préparation : 5 min | Repos : 12 h | Matériel : Yaourtière

1 yaourt de soja nature • 1 l de boisson végétale au soja • 2 cuil. à soupe de sirop de votre choix

1. Dans un grand bol à bec verseur, mélangez avec une maryse le yaourt de soja et la boisson végétale, puis ajoutez le sirop.

2. Versez ce mélange dans des pots de yaourts propres et secs et disposez-les dans une yaourtière. Branchez-la pour 12 heures (1 nuit).

3. Fermez les pots avec un couvercle et laissez-les refroidir. Disposez-les au frais pour bien qu'ils prennent.

VARIANTE

Pour des yaourts à la vanille, utilisez de la boisson végétale de soja parfumé à la vanille et retirez le sirop.

Salade de fraises à la gelée d'orange

4 personnes | Préparation : 15 min | Cuisson : 5 min | Repos : 5 h | Matériel : Presse-agrumes

3 oranges • 2 g d'agar-agar • 500 g de fraises • Un peu de sucre en poudre (facultatif) • Un peu de menthe ciselée

1. Pressez les oranges et versez leur jus dans une casserole. Mettez-le à chauffer. Ajoutez l'agar-agar et maintenez une ébullition à petits bouillons pendant 1 min.

2. Versez le liquide dans un plat ou une boîte hermétique assez grande pour obtenir une couche d'environ 1 cm de haut. Laissez refroidir à température ambiante, puis réservez au frais jusqu'à la prise complète, soit pendant environ 4 h. Lorsque la préparation est bien prise, démoulez-la et découpez-la en petits cubes réguliers.

3. Lavez et équeutez les fraises. Déposez-les dans un saladier. Éventuellement sucrez-les un peu, puis ajoutez les cubes de gelée d'orange. Réservez au frais pendant 1 h. Parsemez la salade de menthe fraîche juste avant de la servir bien fraîche.

4. Saupoudrez d'un peu de sucre en poudre si les fraises ne sont pas très sucrées.

Pudding de chia à la vanille
et son coulis de fraises

4 personnes | Préparation : 20 min | Repos : 12 h |
Matériel : 4 jolies verrines transparentes (ou 4 verres)

15 cl de lait d'amande sans sucres ajoutés
250 g de yaourt brassé nature (de vache ou de soja)
4 cuil. à soupe de graines de chia
1 gousse de vanille
4 cuil. à soupe de sirop d'agave
250 g de fraises bien parfumées

1. La veille au soir, mélangez le lait d'amande avec le yaourt dans un grand bol et ajoutez les graines de chia. Ouvrez la gousse de vanille et prélevez-en les graines. Ajoutez à la préparation les graines de vanille ainsi que 2 cuil. à soupe de sirop d'agave. Mélangez bien, couvrez et placez au réfrigérateur pendant toute une nuit.

2. Le lendemain, lavez, équeutez et mixez les fraises avec 2 cuil. à soupe de sirop d'agave. Versez le pudding de chia dans les verrines et ajoutez délicatement le coulis de fraises. Dégustez aussitôt.

VARIANTE

Remplacez le coulis de fraises par un coulis de framboises : mixez 250 g de framboises avec 2 cuil. à soupe d'eau et 2 cuil. à soupe de sirop d'agave. Tamisez le coulis pour éliminer les graines.

INFO NUTRITION

Les graines de chia sont riches en protéines, fibres, acides gras de la famille des oméga-3 et composés antioxydants. Elles apportent également du calcium en quantité intéressante. Elles absorbent le liquide auquel elles sont ajoutées pour former un gel qui joue le rôle de « coupe-faim ».

Pêches snackées infusion de verveine, groseilles et menthe

Pour 4 œufs cocotte I Préparation : 10 min I Repos : 1 h 30 min I Cuisson : 5 min

2 sachets de verveine • 2 branches de menthe • 4 pêches • 1 noisette de beurre • 4 branches de groseille

1. 90 min avant de snacker les pêches, faites bouillir 50 cl d'eau, puis faites-y infuser la verveine pendant 5 min. Ôtez les sachets, laissez refroidir, puis réfrigérez la tisane.

2. Prélevez les petites feuilles des branches de menthe et réservez-les. Coupez les pêches en deux et enlevez le noyau. Préchauffez la plancha à feu moyen, graissez avec le beurre, puis ajoutez les pêches en les posant sur leur partie plate. Laissez-les cuire pendant 2 min.

3. Répartissez l'infusion de verveine froide dans 4 bols, puis ajoutez les pêches, les groseilles et les feuilles de menthe.

Carpaccio de pamplemousse rose au thé

4 personnes I Préparation : 15 min I Réfrigération : 4 h

40 cl d'eau de source ou minérale • 5 g de thé noir à la bergamote type Earl Grey • 35 g de sucre en poudre • 2 pamplemousses roses

1. Portez l'eau à ébullition, éteignez le feu, puis ajoutez le thé dans la casserole. Laissez infuser pendant 5 min et filtrez. Versez ensuite le thé avec le sucre dans un plat creux et remuez jusqu'à ce que le sucre soit totalement dissous. Laissez complètement refroidir à température ambiante.

2. Pelez à vif les pamplemousses, puis coupez-les en rondelles d'environ 0,5 cm d'épaisseur.

3. Déposez les tranches de pamplemousse dans le thé refroidi et placez l'ensemble au réfrigérateur pendant 4 h. Dégustez bien froid.

Salade de melons à la menthe

4 personnes | Préparation : 10 min | Matériel : Cuillère parisienne

2 melons de Cavaillon • ½ melon d'eau ou jaune • 3 cuil. à soupe de sirop de sucre de canne • Le jus de ½ citron jaune • ½ bouquet de menthe

1. Coupez les melons en deux, enlevez les graines et, à l'aide d'une cuillère parisienne, prélevez des boules dans la chair des fruits.

2. Placez les boules de fruits dans un saladier. Arrosez de sirop de sucre de canne et de jus de citron. Réservez au frais jusqu'au moment de servir. Parsemez la salade de menthe ciselée au dernier moment.

VARIANTE

En saison, ajoutez de la pastèque (1 belle tranche) à cette salade.

Granité au citron

4 personnes | Préparation : 20 min | Cuisson : 2 min pour le sirop | Congélation : 8 h

180 g de sucre • Le zeste de 1 citron • 35 cl d'eau • 25 cl de jus de citron (environ 5 citrons ou 4 gros) • 5 cl de limoncello

1. Mettez le sucre, le zeste de citron et l'eau dans une casserole. Portez à ébullition en fouettant, laissez frémir 2 min à feu moyen. Laissez refroidir ce sirop.

2. Mélangez le sirop dans un bol avec le jus de citron et le limoncello.

3. Versez la préparation dans un large récipient pouvant aller au congélateur. Placez-la au congélateur, puis quand elle commence à cristalliser, mélangez-la toutes les 30 min avec une fourchette pour obtenir un granité.

4. Servez le granité dans des petits verres que vous aurez préalablement placés au congélateur pour les faire givrer.

CONSEIL

Ce granité est délicieux en dessert accompagné d'un gâteau ou de biscuits, mais il peut aussi être servi entre deux plats au cours d'un repas.

Bâtonnets de glace au sureau et à la poire

Pour 6 pièces **I** Préparation : 5 min **I** Congélation : 1 h + 1 nuit **I** Matériel : Spiralizer, 6 moules à esquimaux et bâtonnets
1 poire • 50 cl d'eau • 10 cl de sirop de sureau

1. Taillez la poire en spirales. Dans un bol, mélangez l'eau et le sirop de sureau ; ajoutez les spirales de poire.

2. Versez dans les moules et placez 1 h au congélateur. Ajoutez les bâtonnets et remettez une nuit au congélateur.

Sorbet mangue-coco

2 personnes **I** Préparation : 10 min **I** Repos : 1 nuit + 30 min **I** Matériel : Mixeur, 2 coupes à glace
1 belle mangue bien mûre • 5 cl de lait de coco bien froid • 2 cuil. à soupe de sirop d'agave

1. La veille, pelez la mangue et coupez-la en petits morceaux. Mettez les morceaux de mangue dans un sachet congélation (en prenant soin de les répartir en une seule couche) et entreposez au congélateur pendant toute une nuit. Placez aussi le lait de coco au réfrigérateur pour qu'il soit bien froid.

2. Le jour de la dégustation, mettez les morceaux de mangue et le sirop d'agave dans le bol d'un mixeur et mixez jusqu'à l'obtention d'une purée grumeleuse. Ajoutez le lait de coco et mixez de nouveau. Versez le sorbet dans un bac en plastique (ou dans un gros bol) et entreposez au congélateur pendant 30 min environ avant de le consommer. Vous pourrez ainsi former de jolies boules.

VARIANTES

Remplacez le lait de coco par 2 cuil. à soupe de jus de citron et 4 cl d'eau bien fraîche. Vous pouvez préparer de la même manière des sorbets avec d'autres fruits tels que la pêche ou l'ananas.

Fromage blanc léger, vanille, mûres et myrtilles

4 personnes I Préparation : 5 min I Cuisson : 3 min
200 g de fromage blanc au lait de chèvre • 2 barquettes de myrtilles • 1 barquette de mûres • ½ gousse de vanille • 1 cuil. à soupe de sirop d'agave • 1 pincée de cannelle

1. Lavez les myrtilles et les mûres. Mettez la moitié des fruits dans la casserole avec la pincée de cannelle et faites-les cuire pendant 3 min.

2. Ouvrez en deux la gousse de vanille, prélevez-en les graines à l'aide du dos de la lame d'un couteau. Mélangez-les au fromage blanc et au sirop d'agave.

3. Servez le fromage blanc à la vanille avec les fruits frais et la compotée froide ou tiède.

INFO NUTRITION

Les produits laitiers de chèvre sont plus faciles à digérer que ceux à base de lait de vache, tout en apportant protéines et calcium en quantité similaire.

Le sirop d'agave a un pouvoir sucrant plus élevé que le sucre ordinaire et son index glycémique est faible (25).

Sorbet pamplemousse et fraises à la vodka

4 personnes I Préparation : 15 min I Congélation : 4 h minimum I Matériel : Blender
25 cl de jus de pamplemousse rose (environ 500 g de pamplemousse) • 12 fraises moyennes • 15 cl de vodka

1. Pressez les pamplemousses pour obtenir 25 cl de jus. Lavez et équeutez les fraises. Dans un blender, mixez le jus de pamplemousse avec les fraises. Ajoutez la vodka et mixez encore pendant 20 s. Le mélange doit être lisse et homogène.

2. Coulez ce mélange dans un large plat rectangulaire, et placez au congélateur pendant 1 h. Cassez les cristaux toutes les demi-heures en grattant et en fouettant à l'aide d'une fourchette, jusqu'à ce que le sorbet ait pris. Versez-le dans un contenant plus petit pour le servir, ou directement dans des ramequins. Dégustez glacé.

ASTUCES

Si le sorbet est trop dur à la fin de la prise de congélation, mixez-le au blender avant de déguster.

Tiramisu aux framboises et petits-suisses

4 personnes I Préparation : 20 min I Cuisson : 12 min I Repos : 6 h I Matérel : 4 coupelles ou verres

Pour la génoise
1 œuf
40 g de poudre d'amandes
1 cuil. à soupe de miel d'acacia
1 cuil. à soupe de rhum ambré ou d'amaretto
1 cuil. à café d'extrait de vanille

Pour la mousse aux petits-suisses
2 œufs
180 g de petits-suisses bio à 12 % de matière grasse très bien égouttés
2 cuil. à soupe de miel d'acacia
1 cuil. à café d'extrait de vanille

Pour le coulis de framboises
80 g de framboises fraîches ou surgelées
1 cuil. à café de rhum ambré
1 cuil. à café de miel d'acacia
Quelques framboises pour la décoration

1. Préchauffez le four à 180 °C (th. 6). Préparez la génoise : séparez le blanc d'œuf du jaune. Montez le blanc en neige, réservez. Mélangez la poudre d'amandes, le miel d'acacia, le rhum (ou l'amaretto) et l'extrait de vanille avec le jaune d'œuf. Incorporez très délicatement le blanc en neige au mélange, à l'aide d'une spatule. Répartissez la pâte dans les moules à cupcakes. Enfournez pour 12 min. Laissez refroidir avant de démouler.

2. Préparez la mousse : séparez les blancs des jaunes d'œufs. Montez les blancs en neige, réservez. Mélangez les jaunes avec les petits-suisses égouttés, le miel d'acacia et l'extrait de vanille. Une fois que le mélange est souple et homogène, ajoutez les blancs en neige en trois fois et mélangez très délicatement. Réservez au frais.

3. Préparez le coulis : dans un verre ou un récipient avec bec verseur, mettez les framboises, le rhum et le miel d'acacia, puis mixez.

4. À l'aide d'un couteau bien aiguisé, coupez horizontalement les mini-génoises en deux. Réservez 4 ronds entiers et coupez en deux les ronds de génoise restants afin d'obtenir 12 morceaux.

5. Dans chaque coupelle, versez un fond de coulis, puis placez un rond de biscuit en appuyant légèrement. Ajoutez 1 cuil. à soupe de mousse. Répartir ensuite 3 morceaux de génoise, puis mettez un peu de coulis. Recouvrez encore de mousse. Réservez au frais pendant 6 h. Au moment de servir, disposez des framboises sur le dessus.

Pêches crues et cuites pochées à la vanille

4 personnes | Préparation : 15 min | Cuisson : 15 min | Matériel : Casserole, écumoire, passoire fine

2 pêches jaunes • 2 pêches blanches • 1 gousse de vanille • 4 brins d'origan • 2 cuil. à soupe de sirop d'agave

1. Dans la casserole, mélangez le sirop d'agave avec 50 cl d'eau. Fendez la gousse de vanille dans sa longueur, prélevez-en les graines et ajoutez-les dans la casserole ainsi que les brins d'origan. Mettez sur le feu et sitôt l'ébullition atteinte, plongez-y les pêches jaunes. Faites cuire à feu doux pendant 10 min, puis laissez refroidir les pêches dans le sirop.

2. Pelez les pêches blanches et coupez-les en quartiers. Retirez les pêches jaunes avec l'écumoire, pelez-les et coupez-les en quartiers. Filtrez le sirop vanillé à travers la passoire, faites-le réduire quelques minutes sur le feu et laissez refroidir.

3. Répartissez les pêches crues et celles cuites dans les assiettes à dessert et arrosez-les de sirop vanillé réduit.

Ananas et mangue à la citronnelle et menthe

4 personnes | Préparation : 20 min | Cuisson : 1 min

1 ananas • 1 bâton de citronnelle • 2 mangues • 10 feuilles de menthe • 1 cuil. à café de sucre • 1 noix de beurre

1. Pelez l'ananas et coupez-le en rondelles de 5 mm d'épaisseur. Coupez le bâton de citronnelle en fines tranches. Pelez et émincez les mangues. Ciselez la menthe.

2. Sur la plancha à feu moyen, versez le sucre. Lorsqu'il caramélise, ajoutez le beurre, puis l'ananas pour 1 min de cuisson. Déposez les tranches de mangue sur l'ananas et parsemez de menthe et de citronnelle.

CONSEIL

Vous pouvez ajouter du curcuma émincé (1 morceau de 3 cm) pour réhausser le goût.

Petit moelleux au chocolat et à la patate douce

Pour 6 pièces I Préparation : 10 min I Cuisson : 25 min I Repos : 5 min I Matériel : Spiralizer, moules à muffins
1 patate douce • 1 cuil. à café de cannelle en poudre • 1 cuil. à café de bicarbonate de soude • 2 cuil. à soupe de noix de coco râpée • 1 pincée de sel • 1 œuf • 1 blanc d'oeuf • 2 cuil. à soupe de miel • 1 cuil. à café d'extrait de vanille • 70 g de pépites de chocolat • Huile de coco ou autre

1. Préchauffez le four à 190 °C (th. 6 environ). Huilez les moules et taillez la patate douce en spirales.

2. Dans un bol, mélangez la patate douce, la cannelle, le bicarbonate de soude, la noix de coco et le sel. Ajoutez l'œuf et le blanc d'œuf, le miel, l'extrait de vanille et les pépites de chocolat ; mélangez bien.

3. Versez le mélange dans les moules en ne les remplissant qu'à moitié. Enfournez pour 20 à 25 min de cuisson. Insérez la pointe d'un couteau pour vérifier la cuisson, les gâteaux sont prêts lorsque la pointe ressort propre. Laissez-les reposer 5 min avant de les sortir des moules.

CONSEIL

Ces petits gâteaux sont assez moelleux car ils sont sans farine. Afin d'éviter que le dessous devienne humide, laissez reposer 30 min.

Pots de crème à la vanille

4 personnes I Préparation : 10 min I Cuisson : 10 min I Repos : 2 h I Matériel : 4 ramequins
30 g de fécule de pomme de terre • 50 cl de boisson végétale de riz à la vanille • 1 cuil. à café d'extrait de vanille • 3 cl de crème de riz • 50 g de sirop d'agave

1. Dans une casserole, délayez la fécule de pomme de terre dans la boisson végétale de riz. Faites-le petit à petit pour éviter les grumeaux.

2. Ajoutez l'extrait de vanille et la crème de riz. Mélangez.

3. Posez la casserole sur feu moyen et mélangez sans interruption. La crème à la vanille doit napper la spatule.

4. Ôtez du feu, ajoutez le sirop d'agave et mélangez.

5. Versez dans les ramequins. Laissez refroidir et placez 2 h au réfrigérateur avant de servir.

INFO NUTRITION

Choisissez de préférence une boisson végétale de riz à la vanille sans sucre ajouté (vérifiez bien la liste des ingrédients).

Clafoutis pommes et cerises

au lait d'amande

6 personnes I Préparation : 15 min I Cuisson : 40 min I
Matériel : Moule de 20 cm de diamètre

100 g de cerises bio
3 œufs
20 g de farine d'orge mondé
2 cuil. à soupe de purée d'amandes blanche
40 g de sucre de bouleau
30 cl de lait d'amandes
1 cuil. à soupe de rhum ambré
Quelques gouttes d'arôme naturel
de vanille bio

1. Préchauffez le four à 180 °C (th. 6).

2. Épluchez les pommes, coupez-les en dés, puis répartissez-les de façon uniforme dans le moule. Dénoyautez les cerises en les coupant en deux, réservez-les.

3. Battez les œufs en omelette. Ajoutez la farine tout en remuant et en veillant à ne pas faire de grumeaux. Ajoutez la purée d'amandes blanche, le sucre, le lait et l'alcool.

4. Versez cet appareil dans le moule en recouvrant les pommes.

5. Ajoutez les moitiés de cerises par-dessus en veillant à ce qu'elles restent bien à la surface.

6. Enfournez pour 30 à 40 min jusqu'à ce que le bord soit bien doré et bien gonflé, et le centre bien pris. Laissez entièrement refroidir. Servez frais.

Faisselle comme un nuage,

agrumes, basilic et pavot

4 personnes | Préparation : 20 min | Cuisson : 7 min | Égouttage : 1 h | Matériel : Petite casserole, râpe, presse-agrumes

400 g de fromage blanc au lait de chèvre vendu en faisselle
2 pamplemousses
2 oranges
1 citron
2 brins de basilic + quelques feuilles pour décorer
1 cuil. à soupe de sirop d'agave
1 cuil. à café de graines de pavot

1. Avant de commencer, laissez égoutter le fromage pendant 1 h.

2. Fouettez le fromage égoutté avec les graines de pavot, le jus d'un demi-pamplemousse et le sirop d'agave, puis versez-le dans un plat ou dans des verres. Réservez au frais.

3. Prélevez les zestes d'orange et de citron, pressez le citron et 1 orange. Versez le tout dans la casserole et faites bouillir pendant 5 min. Hors du feu, ajoutez le basilic et laissez infuser.

4. Pelez le pamplemousse et l'orange à vif et prélevez les suprêmes. Servez le fromage fouetté avec les suprêmes de pamplemousse et d'orange et la réduction d'agrumes au basilic. Décorez de quelques feuilles de basilic.

GOÛTERS

Crème Budwig au yaourt au soja

1 personne | Préparation : 10 min

½ kaki • ¼ de poire Comice • 1 cuil. à soupe de myrtilles • 4 cuil. à café de yaourt au soja • 1 cuil. à café d'huile de noix • 1 banane mûre • ½ citron • 2 cuil. à café de noix moulues • 2 cuil. à café de riz complet cru et moulu

1. Lavez les fruits, épluchez le kaki et la poire et coupez-les en petits morceaux.

2. Fouettez le yaourt avec l'huile de noix pendant 2 min.

3. Écrasez la banane et mélangez-la avec le jus de citron, les noix et le riz moulus. Ajoutez au yaourt au soja, mélangez et servez avec les fruits.

Barres de céréales noix de cajou, pistaches et abricots

Pour 8 barres | Préparation : 7 min | Cuisson : 20 min

30 g de pistaches décortiquées • 30 g de noix de cajou grillées • 6 abricots secs • 100 g de pétales de riz et de blé complet • 50 g de beurre demi-sel • 1 œuf • 30 g de sirop d'agave

1. Préchauffez le four à 180 °C (th. 6). Hachez les pistaches et les noix de cajou. Émincez les abricots. Écrasez les pétales de céréales à la main. Mélangez le tout.

2. Faites fondre le beurre au four à micro-ondes. Mélangez ensuite le beurre fondu avec l'œuf et le sirop d'agave. Ajoutez cet appareil au mélange de céréales et de fruits secs. Mélangez bien.

3. Versez la préparation dans 8 empreintes d'un moule à financiers. Tassez bien.

4. Enfournez pour 20 min de cuisson. Laissez complètement refroidir à la sortie du four.

CONSEIL

Pour obtenir des barres de céréales un peu plus croquantes, n'ajoutez pas l'œuf dans cette recette.

Barres de céréales
coco et fruits rouges

Pour environ 10 barres | Préparation : 10 min | Cuisson : 30 min |
Matériel : Moule à empreintes rectangulaires en silicone

8 cl de lait de coco
150 g de flocons de céréales (mélange)
50 g de cranberries
25 g de baies de goji
50 g de graines de tournesol
3 cuil. à soupe de confiture de fruits rouges
ou de marmelade de citrons verts
3 cuil. à soupe d'huile de coco
5 cuil. à soupe de noix de coco râpée

1. Versez le lait de coco froid sur les flocons de céréales et réservez pendant 10 min. Préchauffez le four à 175 °C (th. 6).

2. Mélangez les flocons avec les cranberries, les baies de goji, 30 g de graines de tournesol, la confiture et l'huile de coco tiédie.

3. Parsemez le fond du moule à empreintes de noix de coco râpée et de quelques graines de tournesol. Répartissez la préparation dans les empreintes sur environ 2 cm. Lissez la surface et faites cuire au four pendant 15 min. Démoulez les barres et retournez-les.

4. Poursuivez la cuisson pendant encore 15 min. Laissez tiédir sur une grille.

SUGGESTIONS

Pour des barres plus sèches, réduisez la quantité de lait de coco et ajoutez des copeaux de noix de coco. À l'inverse, si vous préférez des barres plus tendres, augmentez la quantité de lait de coco.

Banana bread, chocolat-sésame

Pour 1 cake | Préparation : 15 min | Cuisson : 50 min |
Matériel : Mixeur

4 œufs
120 g de sucre de coco
40 g de sésame blanc
80 g de poudre d'amandes
240 g de farine
1 cuil. à café rase de levure
1 cuil. à café rase de bicarbonate de soude
80 g d'huile de coco
1 cuil. à café d'extrait de vanille
15 cl de lait de coco
100 g de chocolat noir
3 bananes bien mûres
Quelques graines de sésame pour la décoration

1. Préchauffez le four à 170 °C (th. 5-6). Fouettez les œufs avec le sucre de coco jusqu'à ce que le mélange mousse.

2. Mixez le sésame avec la poudre d'amandes et mélangez-les à la farine, à la levure et au bicarbonate de soude.

3. Ajoutez le tout au mélange précédent, mélangez bien, puis versez l'huile de coco préalablement fondue, l'extrait de vanille et le lait de coco. Mélangez bien jusqu'à ce que vous obteniez une texture homogène.

4. Concassez le chocolat, écrasez les bananes bien mûres en purée et ajoutez-les à la pâte avec le chocolat. Versez l'appareil dans un grand moule à cake (ou à pain) beurré et recouvert d'une feuille de papier sulfurisé, lissez la surface, parsemez de sésame et enfournez pour 50 min. Vérifiez que le cœur du gâteau est bien cuit en enfonçant la pointe d'un couteau : elle doit ressortir sèche.

5. Sortez du four et laissez refroidir complètement avant de déguster. Conservez le cake au frais, enveloppé dans du film alimentaire.

Brioche aux pépites de chocolat noir

4 personnes | Préparation : 30 min | Cuisson : 30 min | Repos : 3 h | Matériel : Moule à cake ou à charlotte, robot pâtissier (optionnel)

25 cl de lait de coco
20 g de levure de boulanger fraîche
150 g de farine de blé T65
50 g de fécule de maïs
350 g de farine d'épeautre blanche
50 g de poudre de sirop d'agave
120 g de margarine végétale non hydrogénée
100 g de pépites de chocolat noir
Lait d'amande
10 g de sel

1. Dans une casserole, faites tiédir le lait de coco et émiettez dedans la levure de boulanger. Laissez reposer 10 min.

2. Dans un saladier, mettez la farine de blé, la fécule de maïs, la farine d'épeautre, la poudre de sirop d'agave, le sel et la margarine. Versez le lait de coco et pétrissez pendant 10 min, à la main ou à l'aide d'un robot. Ajoutez un peu de farine si la pâte est trop collante.

3. Laissez la pâte reposer et gonfler pendant 1 h à couvert, dans un endroit chaud.

4. Ajoutez les pépites de chocolat et pétrissez pendant 2 min. Façonnez la brioche selon votre envie, tressez-la ou déposez-la dans un moule à cake ou à charlotte. Laissez reposer la pâte encore 2 h.

5. Préchauffez le four à 200 °C (th. 6-7).

6. Faites des incisions sur la pâte, badigeonnez-la de lait d'amande avant de l'enfourner pour 30 min de cuisson.

7. Dégustez tiède ou froid.

ASTUCE

Vous pouvez remplacer les pépites de chocolat par des raisins secs, des canneberges séchées ou encore des morceaux d'abricots secs.

Financiers cœur de lemon curd
et noix de macadamia

Pour 8 financiers | Préparation : 15 min | Cuisson : 33 min |
Matériel : Presse-agrumes, moule à financier à 8 empreintes

Pour le lemon curd

2 citrons non traités
2 jaunes d'œufs
20 g de cassonade
10 g de fécule de maïs

Pour la pâte

100 g de beurre demi-sel
40 g de farine
80 g de poudre d'amandes
40 g de cassonade
3 blancs d'œufs
30 g de noix de macadamia

1. Préparez le lemon curd. Râpez finement les zestes des citrons, puis pressez ces derniers. Dans un saladier, mélangez les jaunes d'œufs avec la cassonade, puis la fécule de maïs. Incorporez le jus et les zestes de citron.

2. Versez la préparation dans une casserole et faites chauffer environ 3 min, jusqu'à ce que le mélange épaississe. Goûtez et ajustez éventuellement la quantité de sucre. Réservez.

3. Préchauffez le four à 180 °C (th. 6). Réalisez la pâte. Faites fondre le beurre dans une casserole à feu très doux, jusqu'à ce qu'il devienne noisette. Pendant ce temps, mélangez la farine, la poudre d'amandes, la cassonade et les blancs d'œufs dans un saladier. Incorporez ensuite le beurre noisette.

4. Répartissez à peu près la moitié de la pâte dans 8 empreintes d'un moule à financiers. Ajoutez un peu de lemon curd au centre de chaque empreinte, appuyez légèrement, puis recouvrez avec la pâte restante. Hachez les noix de macadamia au couteau, répartissez-les sur les gâteaux.

5. Enfournez les financiers pour 25 à 30 min de cuisson, en surveillant leur coloration. À la sortie du four, laissez-les refroidir, puis servez-les avec le lemon curd restant.

VARIANTE

Testez cette recette avec d'autres agrumes : citron vert, pamplemousse, orange.

Cookies au praliné, épautre
et noix du brésil

Pour 15 cookies environ | Préparation : 11 min | Cuisson : 10 min |
Matériel : Robot pâtissier

60 g de praliné
60 g de purée d'amandes blanches
50 g de cassonade
2 œufs
90 g de farine d'épeautre
100 g de poudre d'amandes
1 cuil. à café de levure chimique
70 g de noix du Brésil concassées
10 g de graines de sésame
Fleur de sel

1. Préchauffez le four à 180 °C (th. 6).
Dans la cuve d'un robot ménager, versez le praliné, la purée d'amandes, la cassonade et les œufs. Mélangez. Ajoutez ensuite la farine, la poudre d'amandes et la levure. Mélangez à nouveau.

2. Ajoutez enfin les noix concassées et mélangez une dernière fois.

3. Déposez 15 tas de pâte sur une plaque de cuisson tapissée de papier sulfurisé. Aplatissez-les à la main ou avec le dos d'une cuillère.

4. Saupoudrez-les de fleur de sel et parsemez-les de graines de sésame. Faites en sorte que les graines de sésame adhèrent à la pâte en appuyant dessus avec les doigts. Enfournez pour 10 min de cuisson.

VARIANTES

Si vous n'avez pas de purée d'amandes blanches, remplacez-la tout simplement par du beurre et remplacez également les noix du Brésil par des noix de pécan.

Pâte à tartiner aux noisettes

Pour 1 pot I Préparation : 15 min I Cuisson : 10 min

80 g de chocolat noir • 1 cuil. à soupe de crème d'amande • 60 g de purée de noisettes • 4 cl de sirop d'érable • 1 cuil. à café de cacao en poudre • 50 g d'huile de coco

1. Faites fondre le chocolat au bain-marie, ajoutez la crème d'amande et la purée de noisettes. Mélangez bien pour obtenir une préparation homogène.

2. Incorporez l'huile de coco.

3. Ôtez du feu et ajoutez le sirop d'érable et le cacao en poudre.

4. Versez dans un pot à confiture et laissez prendre avant de déguster.

CONSEIL

Cette pâte peut se conserver au frais environ deux semaines.

Madeleines à la vanille

Pour 30 madeleines I Préparation : 20 min I Cuisson : 20 min I Repos : 30 min I Matériel : Moules à madeleines

4 œufs • 125 g de sucre roux • 130 g de margarine • 230 g de farine • 1 cuil. à café de vanille en poudre • 1 sachet de levure chimique

1. Dans un saladier, fouettez les œufs avec le sucre jusqu'à ce que le mélange blanchisse.

2. Ajoutez la margarine fondue, puis la farine, la vanille en poudre et la levure. Mélangez bien tous les ingrédients jusqu'à l'obtention d'une pâte homogène. Laissez la pâte reposer au frais pendant 30 min.

3. Préchauffez le four à 240 °C (th. 8). Versez la pâte dans des moules à madeleines antiadhésifs, enfournez pour 20 min en baissant tout de suite le four à 180 °C (th. 6). À la sortie du four, laissez tiédir avant de démouler.

Cookies aux noix et canneberges

Pour 12 cookies | Préparation : 15 min | Cuisson : 15 min | Matériel : Papier sulfurisé

4 cl d'huile de coco • 4 cl d'huile d'olive • 150 g de sucre blond de canne • 1 banane • 200 g de farine • 40 g de cerneaux de noix + quelques-uns pour décorer • 3 cuil. à soupe de cacao en poudre • 1 cuil. à café de vanille en poudre • 1 cuil. à soupe de canneberges séchées

1. Dans un saladier, fouettez les huiles jusqu'à l'obtention d'une texture crémeuse, puis ajoutez le sucre. Écrasez la banane et incorporez-la au mélange précédent avec la farine, les noix grossièrement moulues, la vanille et le cacao. Mélangez à la main pour obtenir une boule de pâte homogène.

2. Préchauffez le four à 180 °C (th. 6). Prélevez des petites boules de pâte de la taille d'une noix et aplatissez-les légèrement.

3. Disposez-les sur une plaque de cuisson tapissée de papier sulfurisé. Disposez sur les cookies quelques cerneaux de noix et quelques canneberges, et enfournez pendant 15 min. Les cookies doivent être encore mous à la sortie du four, ils durciront en refroidissant.

Cookies aux noisettes aux flocons d'avoine

Pour 12 cookies | Préparation : 20 min | Cuisson : 15 min

100 g de purée de noisettes du commerce • 150 g de sucre en poudre • 5 cl d'huile de pépins de raisin • 1 œuf • 100 g de flocons d'avoine • 120 g de farine • 1 cuil. à café de levure chimique • 100 g de pépites de chocolat

1. Préchauffez le four à 180 °C (th. 6). Dans un saladier, fouettez la purée de noisettes avec le sucre, l'huile et l'œuf.

2. Une fois le mélange bien lisse, ajoutez les flocons d'avoine, la farine et la levure chimique, et pour finir les pépites de chocolat. Mélangez bien jusqu'à obtenir une préparation homogène.

3. À l'aide de deux cuillères, disposez des petits tas de pâte sur une plaque à pâtisserie recouverte de papier cuisson. Enfournez pour 15 min. À l'aide d'une spatule, décollez et laissez refroidir sur une grille.

Biscuits fourrés
aux figues et graines de chia

Pour environ 20 biscuits | Préparation : 25 min | Repos : 2 h | Trempage : 3 h | Cuisson : 20 min | Matériel : Robot

250 g de farine de petit épeautre
50 g de sucre glace
150 g de beurre
180 g de figues séchées
2 tasses de jus de fruits (pommes ou poires)
1,5 cuil. à soupe de graines de chia
1 cuil. à soupe d'eau de fleur d'oranger
1 œuf entier + 1 jaune d'œuf
Sel

1. Préparez la pâte. Versez la farine, le sucre glace, le beurre et 1 pincée de sel dans un saladier ou la cuve d'un robot et mélangez jusqu'à l'obtention d'une consistance sableuse. Ajoutez l'œuf et le jaune d'œuf et travaillez pour obtenir une pâte homogène. Enveloppez de film alimentaire et réservez au frais pendant au moins 2 h.

2. Rincez les figues et mettez-les à gonfler à couvert dans le jus de fruit pendant 3 h.

3. Mettez à gonfler les graines de chia dans l'eau de fleur d'oranger.

4. Préparez les biscuits. Préchauffez le four à 175 °C (th. 6). Égouttez les figues (conservez le jus pour rectifier la consistance) et mixez-les, puis ajoutez les graines de chia. Ajoutez un peu de jus de fruits si la préparation est trop sèche.

5. Étalez finement la pâte en rectangle et partagez-la en deux moitiés. Badigeonnez l'une des moitiés de pâte de figues et recouvrez avec l'autre moitié de pâte. Badigeonnez de jaune d'œuf, puis quadrillez légèrement la pâte de façon à pouvoir détacher les biscuits après la cuisson. Faites cuire en bas du four pendant environ 20 min. Laissez tiédir avant de séparer les biscuits.

Lamelles à la framboise

4 personnes | Préparation : 20 min | Déshydratation : 12 h | Matériel : Déshydrateur, chinois étamine

200 g de framboises
2 cuil. à soupe de jus de citron
100 g de banane mûre
50 g de sucre de canne blond
30 g de purée d'amandes blanches

1. Mixez les framboises avec le jus de citron et passez la préparation au chinois pour ôter toutes les petites graines.

2. Mixez le jus obtenu avec la banane, le sucre de canne et la purée d'amandes.

3. Étalez la préparation sur une feuille de papier cuisson pour déshydrateur. Aidez-vous d'une maryse pour former une fine couche.

4. Faites déshydrater à 50 °C pendant environ 12 h. La durée de déshydratation sera à adapter à votre déshydrateur. La pâte doit se tenir et ne plus être trop collante.

5. Ensuite, coupez des lamelles dans la pâte de framboise. Vous pouvez les conserver six mois dans un bocal hermétiquement fermé à l'abri de l'air et de la lumière.

ASTUCE

Si vous n'avez pas de déshydrateur, vous pouvez préparer les lamelles à la framboise au four à 60 °C (th. 2) pendant 6 h, puis à 45 °C (th. 1-2) pendant 5 h.

Lunettes à la confiture d'abricots secs
et canneberges

Pour 20 biscuits **I** Préparation : 30 min **I** Réfrigération : 1 h **I** Cuisson : 30 min **I** Matériel : Emporte-pièce ovale, emporte-pièce rond

Pour la pâte
120 g d'huile de coco ramollie
100 g de sirop d'agave en poudre
2 œufs
1 cuil. à soupe d'eau
60 g de poudre d'amandes
280 g de farine T65
1 pincée de sel

Pour la confiture
200 g d'abricots secs (moelleux de préférence)
50 g de canneberges séchées
40 g de sucre muscovado
Le jus de ½ citron

1. Préparez la confiture. Hachez finement les abricots secs et les canneberges. Mettez-les dans une casserole avec le sucre muscovado et le jus de citron. Couvrez d'eau. Faites chauffer à feu doux et laissez cuire pendant 20 min en remuant de temps en temps. Si la confiture attache au fond de la casserole, ajoutez un peu d'eau. Mixez, versez dans un pot et laissez refroidir.

2. Préparez la pâte. Dans un saladier, travaillez l'huile de coco ramollie avec le sirop d'agave en poudre. Ajoutez les œufs, l'eau et le sel, puis mélangez bien. Incorporez la poudre d'amandes et la farine. Formez une boule avec la pâte, aplatissez-la légèrement, puis enveloppez-la de film alimentaire. Réservez au réfrigérateur pendant au moins 1 h.

3. Préchauffez le four à 170 °C (th. 6). Étalez la pâte sur 3 ou 4 mm d'épaisseur sur le plan de travail légèrement fariné. À l'aide de l'emporte-pièce ovale, découpez les biscuits. Avec l'emporte-pièce rond, découpez 2 ronds au centre de la moitié des sablés. Déposez tous les biscuits sur la plaque du four recouverte de papier sulfurisé. Enfournez pour 10 min, puis laissez refroidir sur une grille.

4. Quand les sablés sont bien froids, déposez 1 cuil. de confiture sur les biscuits pleins et assemblez-les avec les biscuits à trous.

Boulettes énergie
dattes et quinoa

Pour 14 boulettes | Préparation : 16 min | Cuisson : 10 min

15 g d'amandes entières décortiquées
15 g de noix de macadamia décortiquées
15 g de noisettes décortiquées
1 pincée de fleur de sel
8 dattes Medjool (200 g environ)
20 g de quinoa soufflé
3 cuil. à soupe de lait

1. Préchauffez le four à 180 °C (th. 6). Hachez finement les amandes, les noix de macadamia et les noisettes. Ajoutez la pincée de fleur de sel, mélangez et réservez.

2. Dénoyautez les dattes et coupez-les en morceaux. Mettez-les dans un récipient. Ajoutez 2 cuil. à soupe d'eau et écrasez le tout à la fourchette jusqu'à obtention d'une pâte de dattes. Ajoutez le quinoa et mélangez. Formez 14 boulettes de cette préparation.

3. Versez le lait et les fruits secs hachés respectivement dans une assiette creuse. Passez chaque boulette dans le lait tout d'abord, puis dans les fruits secs hachés. Ceux-ci doivent enrober les boulettes. Appuyez si besoin pour les faire adhérer le plus possible aux boulettes.

4. Placez les boulettes sur une plaque de cuisson tapissée de papier sulfurisé, puis enfournez pour 10 min de cuisson. Laissez totalement refroidir.

VARIANTE

Ces boulettes sont également délicieuses sans passer par la case cuisson.

CONSEIL

Le hachis de fruits secs doit être vraiment fin, sinon il n'adhérera pas suffisamment aux boulettes.

Muffins aux myrtilles
et sirop d'érable

Pour 6 à 8 muffins | Préparation : 15 min | Cuisson : 25 min | Matériel : Moule à muffins

- 225 g de farine T65
- 1 sachet de levure chimique
- ½ cuil. à café de cannelle en poudre
- 1 cuil. à soupe de flocons d'avoine
- 50 g d'huile de coco
- 100 g de sirop d'érable
- 4 cl de lait
- Le jus de ½ citron
- 1 cuil. à soupe de purée d'amandes
- 1 œuf
- 150 g de myrtilles
- 1 cuil. à soupe de sucre de fleur de coco
- 1 pincée de sel

1. Préchauffez le four à 200 °C (th. 6-7).

2. Dans un saladier, mélangez la farine, la levure, le sel, la cannelle en poudre et les flocons d'avoine. Dans un second saladier, mélangez l'huile de coco préalablement fondue au micro-ondes, le sirop d'érable, le lait, le jus de citron, la purée d'amandes et l'œuf.

3. Ajoutez le premier mélange et les myrtilles au second mélange et remuez grossièrement à l'aide d'une fourchette. Remplissez aux trois quarts 6 à 8 alvéoles du moule à muffins, saupoudrez avec un peu de sucre de fleur de coco et enfournez pour 5 min, puis baissez la température à 180 °C (th. 6). Poursuivez la cuisson pendant encore 20 min.

4. Laissez refroidir les muffins sur une grille avant de déguster.

VARIANTE

Remplacez les myrtilles par 1 grosse pomme coupée en petits dés.

Sablés lentilles et céréales

Pour une quinzaine de sablés | Préparation : 10 min | Repos : 1 h | Cuisson : 10 min
125 g de beurre à température ambiante • 100 g de sucre glace • 1 œuf • 120 g de farine de lentilles • 200 g de farine de riz complet • 5 cuil. à soupe de sucre cristallisé • Sel

1. Battez le beurre et le sucre glace jusqu'à l'obtention d'une crème blanche. Incorporez l'œuf et mélangez bien. Ajoutez alors les farines, 1 pincée de sel et travaillez la préparation jusqu'à l'obtention d'une pâte homogène.

2. Formez deux boudins, roulez-les dans le sucre cristallisé et enveloppez-les dans du film alimentaire. Réservez au froid pendant 1 h.

3. Préchauffez le four à 175 °C (th. 6). Détaillez les boudins en palets de 5 à 8 mm.

4. Disposez-les sur une plaque de four recouverte d'une feuille de papier cuisson. Faites cuire pendant 10 min environ. Laissez tiédir avant de les retirer de la plaque. Réservez dans une boîte à biscuits.

Crêpes à la vanille

Pour 20 crêpes | Préparation : 10 min | Cuisson : 3 min | Repos : 1 h | Matériel : Crêpière
4 œufs • 20 g de sucre en poudre • 350 g de farine • 70 cl boisson végétale de soja à la vanille • 2 cuil. à soupe d'huile de pépins de raisin

1. Dans un saladier, fouettez les œufs avec le sucre.

2. Ajoutez la farine, puis délayez petit à petit avec la boisson végétale, et ajoutez l'huile de pépins de raisin. Couvrez d'un torchon et laissez reposer 1 h.

3. Faites chauffer votre crêpière et graissez-la légèrement. Disposez une louche de pâte et faites cuire la crêpe pendant 2 min, retournez-la et laissez-la cuire 1 min encore, avant de la déposer dans une assiette. Répétez l'opération avec le reste de pâte.

Barres chocolatées aux corn flakes

Pour environ 6 barres | Préparation : 10 min | Cuisson : 10 à 25 min | Matériel : Moule rectangulaires en silicone
90 g de corn flakes • 40 g de confiture d'abricots lisse • 30 g de sucre blond • 10 g de margarine • 80 g de chocolat (lait ou noir)

1. Préchauffez le four à 150 °C (th. 5). Concassez grossièrement les corn flakes. Faites chauffer la confiture d'abricot avec le sucre. Ajoutez la margarine, puis les corn flakes.

2. Tassez dans de petites empreintes rectangulaires en silicone et faites cuire pendant environ 10 min. Laissez légèrement tiédir, puis démoulez.

3. Faites fondre le chocolat au bain-marie. Recouvrez-en une face de chaque barre et réservez au frais avant de déguster.

INFO NUTRITION

Préférez le chocolat noir pour profiter des bienfaits du cacao (magnésium, fibres, substances protectrices du système cardiovasculaire...).

Truffes à la noix de coco

Pour 1 quinzaine de truffes | Préparation : 20 min | Cuisson : 5 min | Repos : 2 h
200 g de chocolat noir • 5 cuil. à soupe de crème de coco • 2 cuil. à soupe de margarine • 1 cuil. à soupe de sirop d'agave • 1 cuil. à café d'huile de coco • Noix de coco râpée

1. Faites fondre le chocolat noir avec la crème de coco, la margarine, et le sirop d'agave.

2. Une fois le chocolat fondu, ajoutez l'huile de coco. Mélangez bien et laissez le mélange figer au frais pendant 2 h.

3. Dès que le mélange a figé, prélevez à l'aide d'une cuillère à café quelques morceaux de la préparation. Roulez celle-ci entre les paumes de vos mains, puis passez-les dans la noix de coco râpée. Réservez au frais avant dégustation.

Cupcakes
chocolat-vanille

Pour 12 cupcakes I Préparation : 20 min I Cuisson : 25 min I
Matériel : Caissettes en papier, batteur électrique, poche à douille munie d'une douille cannelée

3 œufs
150 g de sucre en poudre
10 cl d'huile d'olive
180 g de farine
3 cuil. à soupe de cacao en poudre
1 sachet de levure chimique
1 pincée de sel

Pour le topping

150 g de margarine
150 g de sucre glace
1 cuil. à café de vanille en poudre
Décorations en sucre

1. Préchauffez le four à 180 °C (th. 6). Dans un saladier, fouettez les œufs avec le sucre, puis ajoutez l'huile.

2. Dans un autre saladier, mélangez la farine, le cacao, la levure et le sel. Assemblez le mélange à base de farine au mélange aux œufs. Mélangez bien jusqu'à ce que la préparation soit homogène.

3. Répartissez la pâte dans des petites caissettes en papier, et enfournez pour 25 min. Une fois cuit, laissez complètement refroidir.

4. Pendant ce temps, préparez le topping : disposez la margarine, le sucre glace et la vanille dans un saladier et, à l'aide d'un batteur électrique, fouettez pendant 5 min, jusqu'à l'obtention d'un mélange crémeux.

5. Garnissez de topping une poche à douille munie d'une douille cannelée et réservez au frais. À l'aide de la poche, répartissez le topping sur les muffins et décorez de petits sucres. Réservez au frais.

CONSEIL

Vous pouvez conserver vos cupcakes quelques jours dans une boîte hermétique.

Cake pops
au chocolat

Pour 30 cake pops | Préparation : 20 min | Cuisson : 5 min |
Matériel : Mixeur, bâtons de sucettes

1 quatre-quarts maison ou du commerce
3 cuil. à soupe de tofu soyeux
200 g de chocolat noir de couverture
4 cuil. à café de sirop d'agave
Sucres colorés, paillettes...

1. Mixez finement le quatre-quarts et ajoutez le tofu soyeux. Mélangez bien jusqu'à l'obtention d'une pâte compacte.

2. Prélevez des petites quantités de pâte et roulez-les entre vos mains. Réservez-les au congélateur le temps de préparer le chocolat.

3. Faites fondre le chocolat au bain-marie avec le sirop d'agave. Remuez soigneusement jusqu'à ce que le chocolat soit bien fondu et bien liquide.

4. Trempez un bâton de sucette dans le chocolat jusqu'à 1 cm, puis enfoncez-le bien droit dans une boule de pâte jusqu'à mi-hauteur. Répétez l'opération pour les autres boules.

5. Plongez les boules dans le chocolat fondu et laissez égoutter l'excédent sur une grille. Décorez les boules avec des sucres colorés, des paillettes...

CONSEIL

Piquez les sucettes sur un bloc de polystyrène ou autre pour égoutter le chocolat ou les garder au frais jusqu'à la dégustation.

Jus pomme, avocat, orange, épinard
et céleri

Pour 1 grand verre **I** Préparation : 10 min **I**
Matériel : Extracteur, blender

1 pomme verte • 1 orange à jus • 1 poignée d'épinards • 1 branche de céleri • 1 petit avocat • 3 glaçons

1. Coupez la pomme en quatre. Épluchez l'orange et coupez-la en deux. Mettez-les dans l'extracteur de jus, ajoutez les épinards et le céleri. Versez le mélange dans le blender, ajoutez l'avocat et les glaçons. Mixez. Buvez immédiatement.

VARIANTE

Ajoutez 3 branches de persil.

INFO NUTRITION

L'association de fruits et de légumes permet d'obtenir un jus ou un smoothie équilibré, peu sucré, riche en nutriments essentiels (antioxydants, vitamines, minéraux et oligoéléments).

Smoothie brocoli, banane
et citron

Pour 1 grand verre **I** Préparation : 5 min **I**
Matériel : Blender

1 tête de brocoli ultra-frais • 1 banane • Le jus de 1 citron • 2 cuil. à soupe de persil • 3 glaçons

1. Coupez les queues et toutes les parties dures du brocoli. Mettez-les dans le blender, ajoutez la banane, le jus de citron, le persil et les glaçons. Mixez. Ajoutez un peu d'eau si la préparation est trop dense.

VARIANTE

Remplacez le persil par de la coriandre et le citron par un citron vert.

Smoothie citron vert, kiwi
et banane

Pour 1 grand verre **I** Préparation : 5 min **I**
Matériel : Blender

Le jus de 1 citron vert • 1 banane • 2 kiwis • 5 glaçons

1. Versez le jus de citron vert dans le blender. Ajoutez la banane épluchée. Épluchez les kiwis et coupez-les en quatre. Mettez-les dans le blender et ajoutez les glaçons. Mixez jusqu'à ce que la préparation soit bien homogène. Dégustez immédiatement.

VARIANTE

Ajoutez 1 poignée d'épinards frais.

Smoothie grenade,
mangue et ananas

Pour 1 grand verre | Préparation : 10 min |
Matériel : Blender

½ mangue • ½ ananas victoria • 2 cuil. à soupe de coriandre • 15 cl de jus de grenade bien frais

1. Coupez la mangue et l'ananas en morceaux et mettez-les dans le blender après les avoir épluchés. Ajoutez la coriandre et la moitié du jus de grenade. Mixez. Versez le reste du jus de grenade et mixez pour bien homogénéiser la préparation. Buvez immédiatement.

VARIANTE

Remplacez le jus de grenade par de l'eau de coco.

Smoothie pêche,
abricot et curcuma

Pour 1 grand verre | Préparation : 5 min |
Matériel : Blender

2 pêches • 4 abricots • 1 cuil. à café de curcuma • 1 pincée de poivre • 3 glaçons

1. Pelez les pêches et dénoyautez les abricots. Mettez-les dans le blender, ajoutez le curcuma et les glaçons. Mixez bien, puis ajoutez un peu d'eau pour détendre la préparation. Buvez immédiatement.

VARIANTE

Ajoutez une demi-banane.

INFO NUTRITION

Le curcuma est une épice aux mille vertus. Fortement antioxydant, il possède des propriétés anticancéreuses, anti-inflammatoires et dépuratives, notamment grâce à sa teneur en curcumine.

Milk-shake
coco-fraise

Pour 6 verres | Préparation : 5 min |
Matériel : Blender

250 g de fraises • 50 cl de sorbet coco • 30 cl de lait d'amande • 10 cl de crème de soja • Feuilles de menthe fraîches (facultatif)

1. Lavez, équeutez et taillez grossièrement les fraises.

2. Disposez-les ensuite dans un blender avec le sorbet coco, puis versez petit à petit le lait et la crème bien froids par-dessus, tout en mixant.

3. Servez aussitôt dans un verre avec une paille. Vous pouvez décorer le verre avec des petits morceaux de fraises et des feuilles de menthe fraîches.

CONSEIL

Pour plus de gourmandise, ajoutez un peu de chantilly de coco.

Muffins au sarrasin
et zeste de citron

18 muffins I Préparation : 20 min I Cuisson : 30 min I
Matériel : Moules à muffins en métal, 16 caissettes en papier, râpe à zeste, spatule en silicone, batteur électrique

1 citron bio ou non-traité (le zeste)
360 g de farine de sarrasin
3 cuil. à café de poudre à lever
280 g de sucre de canne blond
225 g de yaourt nature entier
12 cl d'huile d'olive
2 blancs d'œufs

1. Préchauffez le four à 175 °C (th. 6). Glissez les caissettes en papier dans les cavités du moule à muffins. Zestez le citron à la râpe. Dans un bol, mélangez ensemble les ingrédients secs : la farine de sarrasin, la poudre à lever et le sucre.

2. Dans un grand saladier, versez le yaourt, ajoutez la moitié du mélange des ingrédients secs et mélangez à l'aide de la spatule. Versez l'huile, en remuant à la spatule, puis ajoutez le reste des ingrédients secs. Ajoutez le zeste du citron et mélangez encore. La pâte est très épaisse et sent bon le citron.

3. Montez les blancs d'œufs en neige et incorporez-les à la pâte en tournant toujours dans le même sens pour ne pas les « casser ». La pâte est plus souple mais un peu collante, c'est normal.

4. Répartissez la pâte dans les petits moules en papier et enfournez pour 30 min de cuisson environ. Les muffins sont alors gonflés, croustillants sur le dessus et tendres à l'intérieur.

CONSEILS

Ces muffins sont particulièrement délicieux tièdes, avec de la confiture d'oranges et un thé à la bergamote, pour le petit déjeuner ou le goûter.

Banana bread
aux pépites de chocolat sans lactose

12 tranches | Préparation : 15 min | Cuisson : 1 h | Repos : 10 min | Matériel : Moule à cake, robot, lame de pétrissage, spatule en silicone, grille

- 80 g de poudre d'amandes
- 120 g de mix pâtisserie
- 10 g de fécule de tapioca
- 1 cuil. à café de bicarbonate de sodium
- 2,5 cuil. à café de poudre à lever
- ½ cuil. à café de sel fin
- 150 g de sucre de canne blond
- 2 bananes très mûres
- 5 cl d'huile végétale neutre (pépin de raisin, colza)
- 2 cuil. à café d'extrait de vanille
- 2 œufs entiers + 1 jaune d'œuf
- 120 g de pépites de chocolat noir

1. Préchauffez le four à 175 °C (th. 6). Huilez le moule à cake. Dans un bol, mélangez les ingrédients secs : poudre d'amandes, mix, fécule, bicarbonate, poudre à lever, sel. Ajoutez le sucre et mélangez à nouveau.

2. Dans une assiette, écrasez les bananes et versez-les dans le bol du robot. Mixez ensemble les bananes écrasées, l'huile et la vanille. Ajoutez les œufs, l'un après l'autre. Versez les ingrédients secs et mixez jusqu'à obtenir une texture homogène et fluide. Robot éteint, ajoutez les pépites de chocolat et mélangez avec la spatule.

3. Versez la pâte dans le moule et enfournez pendant 1 h.

4. Laissez reposer 10 min sur la porte du four ouverte, four éteint. Démoulez et laissez refroidir sur une grille.

Cookies noix
et chocolat

Pour 10 cookies | Préparation : 15 min | Cuisson : 12 min |
Matériel : Robot muni d'une lame en S

100 g de pois chiches cuits
100 g de cerneaux de noix
80 g de chocolat noir
30 g de graines de lin
7,5 cl de sirop d'agave
1 cuil. à café de poudre de vanille
1 cuil. à café de bicarbonate de soude
1 pincée de sel

1. Dans le bol du robot, versez les pois chiches cuits. Ajoutez les cerneaux de noix.

2. Coupez le chocolat en petits morceaux et ajoutez-les dans le bol.

3. Passez les graines de lin au moulin à café et ajoutez-les. Elles remplaceront les œufs et donneront du liant.

4. Versez le sirop d'agave dans le bol, puis la poudre de vanille, le bicarbonate de soude et le sel.

5. Mixez le tout à pleine puissance. Vous devez obtenir une texture homogène et assez lisse. Faites-le en plusieurs fois pour que le robot ne chauffe pas trop.

6. Préchauffez le four à 180 °C (th. 6).

7. À l'aide d'une cuillère à soupe, façonnez les biscuits sur une plaque à pâtisserie. Enfournez pour 12 min de cuisson.

8. Sortez les cookies du four et laissez refroidir avant dégustation.

Raw truffes aux baies de goji
et noisettes

Pour 20 truffes environ | Préparation : 10 min | Réfrigération : 1 h | Matériel : Mixeur

30 g de noisettes + 20 noisettes entières
30 g d'amandes
30 g de noix de cajou
20 g de baies de goji
30 g de pépites de chocolat
3 cuil. à soupe de cacao en poudre
+ 3 cuil. à soupe pour l'enrobage
2 cuil. à soupe de purée de noisettes
3 cuil. à soupe de noix de coco râpée

1. Mixez ensemble les 30 g de noisettes, les amandes, les noix de cajou et les baies de goji jusqu'à l'obtention d'une poudre fine. Ajoutez les pépites de chocolat et mixez brièvement, afin d'obtenir de petits morceaux de chocolat. Ajoutez 3 cuil. à soupe de cacao en poudre et la purée de noisettes, et mélangez à la main jusqu'à l'obtention d'une boule de pâte.

2. Formez 20 boules de la taille d'une petite noix et incorporez au centre de chacune d'elles une noisette entière. Roulez la moitié des boules dans le cacao en poudre et l'autre moitié dans la noix de coco râpée.

3. Placez au réfrigérateur pendant 1 h avant de pouvoir déguster ces délicieuses truffes bourrées d'énergie.

Crêpes
au petit épeautre

Pour une douzaine de crêpes | Préparation : 10 min | Repos : 1 h | Cuisson : 35 min | Matériel : Crêpière

250 g de farine intégrale de petit épeautre
1 pincée de sel
3 œufs
60 g de sucre de coco
30 g de beurre
60 cl de lait d'amande sans sucres ajoutés
2 cuil. à soupe de rhum

1. Dans un saladier, mélangez la farine et le sel. Faites un puits et ajoutez les œufs, le sucre et le beurre fondu. Ajoutez une partie du lait d'amande et mélangez au fouet pour éviter la formation de grumeaux. Incorporez le rhum et le reste du lait d'amande et laissez la pâte reposer pendant 1 h au réfrigérateur.

2. Prenez une poêle à crêpes antiadhésive, graissez-la si besoin avec un pinceau ou avec un papier absorbant et faites cuire les crêpes une à une de chaque côté jusqu'à ce qu'elles soient bien dorées.

3. Consommez-les nature, légèrement saupoudrées de sucre de coco et arrosées avec un filet de citron, ou garnies de pâte à tartiner choco-noisettes pour un goûter encore plus gourmand.

CONSEIL

Manipulez-les avec précaution pour les retourner à la cuisson car la farine de petit épeautre est pauvre en gluten et les crêpes sont plus fragiles que celles réalisées avec de la farine de blé.

Minestrone
de fruits exotiques

4 personnes | Préparation : 15 min | Réfrigération : 12 h | Repos : 30 min | Matériel : 1 grand récipient

2 branches de menthe
2 à 4 fruits de la Passion
(ou 4 cuil. à soupe de grains de grenade)
½ ananas
1 grosse mangue
1 papaye
3 kiwis
75 cl d'eau de coco
6 cuil. à soupe de cubes de goyave séchées

1. Lavez les fruits et la menthe. Séchez la menthe dans du papier absorbant et écrasez les feuilles. Prélevez la pulpe des fruits de la Passion. Épluchez le reste des fruits, retirez les graines et les noyaux, puis découpez les fruits en cubes.

2. Versez le tout dans l'eau de coco avec les goyaves séchées. Laissez macérer au froid pendant 12 h.

3. Sortez à température ambiante 30 min avant le service.

SUGGESTIONS

Pour un minestrone plus « pêchu » en saveurs et qui donne plus de peps, ajoutez 2 cuil. à soupe de jus de gingembre frais ou de gingembre épluché frais et râpé. Ajoutez quelques cubes de pulpe d'aloe vera préparée ou remplacez l'eau de coco par du jus d'aloe-vera.

INFO NUTRITION

L'eau de coco est pauvre en sucre et riche en eau et en potassium, ce qui lui confère des propriétés diurétiques. Elle a également une action drainante, agit comme tonique digestif et permet de réguler le pH de l'organisme. Très rafraîchissante, elle est idéale pour réaliser des jus et des soupes froides avec des fruits.

Table des recettes

TECHNIQUES ET RECETTES DE BASE

PETITS DÉJEUNERS

APÉROS

ENTRÉES

PLATS

SALADES

SOUPES ET BOUILLONS

DESSERTS

GOÛTERS

Index des recettes

A

B

C

D-E

F

G

H

I-J

K-L

M-N

O-P

Q-R

S

T

U-V-W-Y

Crédits des recettes

Zoé Ambruster : pp. 90, 94, 163, 190, 249, 250, 255, 286, 332, 337 ; Marie-Laure André et Ella Hagege : pp. 47, 64, 70, 73, 75, 96, 98, 153, 167, 169, 170, 172, 194, 251, 329, 330, 332, 338, 366 ; Agathe Audouze : pp. 52, 49, 50, 360, 361 ; Maya Barakat-Nuq : pp. 65, 71, 77, 95, 98, 104, 195, 251 ; Karen Chevallier : pp. 18, 20, 21, 22, 23, 24-25, 26, 27, 57, 82, 85, 90, 91, 92, 93, 123, 125, 126, 129, 131, 136, 143, 145, 146, 147, 148, 149, 150, 151, 152, 154, 268, 303, 305, 306, 307, 308, 310, 313, 314, 317, 318, 319, 336, 337, 345, 348, 351, 364 ; Marjolaine Daguerre : pp. 35, 42, 48, 50, 56, 58, 60, 62, 113, 114, 121, 126, 311, 342, 346, 347, 354 ; Stéphanie de Turckheim : pp. 44, 49, 50, 53, 63, 64, 65, 66, 68, 103, 105, 106, 107, 108, 109, 132, 133, 134, 154, 155, 156, 157, 158, 159, 160, 161, 162, 193, 198, 199, 200, 201, 202, 203, 204, 206, 207, 208, 209, 210, 211, 212, 213, 214, 215, 216, 217, 227, 256, 257, 258, 259, 260, 261, 262, 263, 271, 283, 296, 297, 298, 299, 324, 325, 360, 361, 362, 363 ; Clémentine Donnaint : pp. 225, 228 ; Valéry Drouet : pp. 72, 102, 171, 253, 290, 295, 331 ; Sophie Dupuis-Gaulier : p. 287 ; Thomas Feller : pp. 74, 100, 164, 173, 174, 175, 176, 177, 190, 229, 230, 269, 278, 279, 282, 285, 326 ; Coralie Ferreira : pp. 19, 30, 31, 32, 33, 36, 37, 38, 39, 41, 42, 43, 44, 45, 46, 47, 48, 80, 81, 91, 112, 115, 116, 119, 120, 128, 129, 163, 187, 188, 189, 220, 221, 254, 269, 270, 271, 288, 323, 333, 336, 339, 342, 344, 360 ; Virginie Garnier : p. 196 ; Isabelle Guerre : pp. 8-9, 87, 88, 89, 101, 222, 223, 224, 226, 231, 232, 233, 234, 235, 236, 237, 238, 239, 240, 241, 242, 244, 245, 246, 247, 248, 250, 328, 331 ; Loïc Hanno : p. 197 ; Audrey Le Goff : pp. 178, 179, 180, 181, 184, 186, 327 ; Mélanie Martin : pp. 51, 67, 99, 102, 103, 166, 168, 183, 185, 232, 252, 275, 276, 284, 330, 333, 334 ; Clémentine Miserolle : pp. 136, 137, 137, 138, 139, 140, 140, 141, 142, 144 ; Suzy Palatin : p. 280 ; Estérelle Payany : pp. 253, 292, 293, 294 ; Émilie Perrin : pp. 10-11, 12, 13, 14, 15, 16, 17, 34, 40, 56, 59, 60, 61, 118, 119, 124, 348, 349, 356, 357, 358, 359, 188, 189, 192, 222, 289, 291, 328, 361 ; Alexandra Retion : pp. 223, 225 ; Clémence Roquefort : pp. 41, 42, 43, 43, 57, 58, 59, 61, 62, 66, 67, 76, 117, 128, 130, 267, 315, 322, 349, 365 ; S'cuiz'in : pp. 30, 31, 32, 37, 45, 51, 83, 86, 87, 116, 117, 122, 127, 193, 220, 221, 266, 272, 273, 274, 281, 304, 319, 322, 343, 350, 356, 357, 367 ; Noémie Strouk : pp. 312, 316, 318, 321, 352, 355.

Crédits photographiques

Zoé Ambruster : pp. 90, 94, 163, 190, 249, 250, 255, 286, 332, 337 ; Maud Argaïbi : pp. 52, 227 ; Stéphane Bahic : pp. 62, 66, 67, 312, 316, 318, 320, 353, 355 ; Aimery Chemin : pp. 18, 19, 20, 21, 22, 23, 24-25, 26, 27, 39, 41, 42, 43, 44, 46, 47, 57, 58, 59, 61, 76, 80, 81, 82, 84, 91, 115, 116, 117, 119, 120, 123, 125, 126, 128, 129, 130, 131, 136, 163, 187, 188, 189, 220, 221, 254, 268, 269, 270, 271, 288, 302, 315, 317, 318, 322, 323, 333, 336, 339, 345, 348, 349, 351, 360, 365 ; Emanuella Cino : pp. 166, 168, 183, 185, 253, 284, 292, 293, 294, 330, 335 ; Guillaume Czerw : pp. 35, 56, 58, 60, 62, 113, 114, 121, 287, 311, 342, 346, 347, 354 ; Delphine Constantini : pp. 136, 137, 138, 139, 140, 141, 142, 144, 305, 306, 307, 309, 310, 313, 314 ; Virginie Garnier : pp. 30, 31, 32, 33, 36, 37, 38, 39, 41, 45, 49, 50, 53, 112, 196, 269, 271, 278, 279, 285, 342, 344, 361 ; Isabelle Kanako : p. 232 ; Nicolas Lobbestaël : pp. 90, 91, 92, 93, 143, 145, 146, 147, 148, 149, 150, 151, 152, 154, 364 ; Frédéric Lucano : pp. 87, 88, 89, 190, 231, 232, 233, 234, 235, 236, 237, 238, 239, 240, 241, 242, 244, 245, 246, 247, 248, 275, 277, 280 ; Julie Méchani : pp. 67, 99, 102, 103, 252 ; Françoise Nicol : pp. 12, 14, 15, 16, 222 ; Aline Princet: pp. 8-9, 47, 48, 64, 65, 70, 71, 73, 74, 75, 77, 95, 98, 98, 99, 101, 104, 153, 154, 155, 155, 156, 156, 157, 157, 158, 158, 159, 159, 160, 160, 161, 161, 162, 162, 167, 169, 170, 172, 175, 194, 195, 197, 223, 223, 224, 225, 226, 229, 230, 250, 251, 326, 328, 329, 330, 331, 332, 336, 338, 366 ; Bernard Radvaner: pp. 44, 63, 64, 65, 66, 69, 100, 103, 105, 106, 107, 108, 109, 132, 133, 135, 165, 173, 174, 176, 177, 178, 179, 180, 181, 184, 186, 193, 198, 199, 200, 201, 202, 203, 205, 206, 207, 208, 209, 210, 211, 212, 213, 214, 215, 216, 217, 256, 257, 258, 259, 260, 261, 262, 263, 282, 283, 296, 297, 298, 299, 324, 325, 327, 362, 363 ; S'cuiz'in : pp. 10-11, 13, 17, 30, 31, 32, 34, 37, 40, 45, 51, 56, 59, 60, 61, 83, 86, 87, 116, 117, 118, 119, 122, 124, 127, 188, 189, 192, 193, 220, 221, 266, 267, 272, 273, 274, 276, 281, 289, 291, 304, 319, 322, 328, 343, 348, 350, 356, 357, 358, 359, 367 ; Philippe Vaurès-Santamaria : pp. 225, 228, 278 ; Pierre-Louis Viel : pp. 72, 97, 102, 171, 251, 253, 290, 295, 331.

Direction : **Catherine Saunier-Talec**
Responsable éditoriale : **Lisa Grall**
Éditrice : **Maïa Biegatch, assistée de Soizic Hauchecorne**
Responsable artistique : **Nicolas Gallois**
Mise en page : **Les PAOistes**
Fabrication : **Amélie Latsch**
Responsable partenariats : **Dana Lichiardopol (dlichiardopol@hachette-livre.fr)**
Responsable communication : **Johanna Rodrigue (jrodrigue@hachette-livre.fr)**

58, rue Jean Bleuzen - 92178 Vanves Cedex

Dépôt légal : avril 2023
79-4298-9/01
ISBN : 978-2-01-946827-9
Imprimé en Chine par LPP